中国地名沿革对照表

（第二版）

ZHONGGUO DIMINGYANGE DUIZHAOBIAO

薛国屏 编著

上海辞书出版社

出 版 说 明

中国历史悠久，地名历经变迁，广大文史研究者、爱好者在工作及学习中往往会遇到涉及地名沿革变迁的问题需要查考。《中国地名沿革对照表》正是满足广大读者需求，查检方便、实用性强的简明地名工具书。它可以说是广大读者阅读文献典籍，了解地名变迁，扩充文史知识，提高文化修养的“入门书”。

《中国地名沿革对照表》是在吸收《中国古今地名对照表》的“实用性”“多功能性”等长处的基础上编成。本次推出的第二版，又通过增补内容、更新资料、修正错误、优化表格等以满足读者更多需求。

本表编辑出版得到薛国屏先生及社领导、兄弟出版单位的大力支持，在此一并表示谢意！

上海辞书出版社

2025 年 4 月

凡　　例

一、本表为全国县级以上(含县级)行政区划地名的沿革对照,县级以下地名不属本表收录范围。

二、本表内容包括今地名和古旧地名(不包括废置地名)。分设今地名、沿革变迁二栏,其中今地名按《中华人民共和国行政区划简册》收词,沿革变迁包括地名更改和设置年代两个部分。

三、本表今地名收录中华人民共和国、中央直辖市及其市辖区,各省(区)所辖的地级市、县级市和县,以及由县或县级市改置的区。如江苏省南京市郊的江宁区和六合区(分别由江宁县和六合县改置)。

地级市中除驻地所在的辖区外,城区范围内的辖区一般不收,如河北省唐山市收录市郊的丰润、丰南二区(原为丰润县和丰南县),不收城区范围内的路南等区(因为这些区变化很大,有些区在最初设置时不属县级行政区)。

今地名中有些县设置后至今没有变化,如浙江省的象山县,为照顾今地名的完整性仍予以收录。

四、本表中沿革变迁是指今地名自古至今变迁的过程,包括其治所变迁的过程。因本表属于地名沿革简表,故沿革变迁中一般不写明地名归属,如有必要,仅在表中用“注”表示其归属。

五、本表中的行政区划变动资料截至 2024 年底,部分重要行政区划变更延至 2025 年。政区设置年代一般以国家批准的年代为准,民族自治县则在成立年代后括注批准年代。

六、本表中郡、州、路、府相同的市、县,县条不写明治所,采用参见市条的办法。

七、为便于读者查阅,本表前附有“词目表”,后附有“地名笔画索引”。

目　　录

词　目　表

说　明

本词目表参照《中华人民共和国行政区划简册》排列，时间截至 2024 年底。

中华人民共和国

北京市

天津市

河北省

山西省

内蒙古自治区

辽宁省

吉林省

黑龙江省

上海市

江苏省

浙江省

安徽省

福建省

江西省

山东省

河南省

湖北省

湖南省

广东省

广西壮族自治区

海南省

重庆市

四川省

贵州省

云南省

西藏自治区

陕西省

甘肃省

青海省

宁夏回族自治区

新疆维吾尔自治区

香港特别行政区

澳门特别行政区

台湾省

中华人民共和国

	今地名	沿革变迁	
中华人民共和国	中华人民共和国（北京市）	简称中国。	
		中国	西周
		京师	西周
		诸夏列国	西周
		中原之国	春秋
		中原	春秋
		中州	春秋
		中华	春秋
		中华民国	1912 年
		中华人民共和国	1949 年
		注：中国历史悠久，有文字记载的历史已有四千多年。“中国”一名最早出现于西周初期，其含义随着时代与地域不同，有所区别与变化。最初中国指京师，指周天子所居的都城，后扩展到诸夏列国(为周代王室所分封的诸国)。春秋时，指中原之国，晋、卫、齐、鲁、宋、郑、陈、许是中国(又称中原、中州、中华)；到战国，随着疆域扩大和文化进步，吴、越、楚、秦、燕，也逐渐被认为是中国。战国后期，魏、赵、韩、齐、秦、楚、燕七国，都是中国。中国已成诸夏国家共同的国号和共有的专称。秦、汉统一后，随着新的大一统国家的形成和疆域的扩大，中国的地域范围也不断地变化。秦代疆域“东至海暨朝鲜，西至临洮、羌中，南至北向户，北据河为塞，并阴山至辽东”(《史记·秦始皇本纪》)。西汉较秦又有拓展，东扩至今朝鲜中部，西至巴尔喀什湖及葱岭以西，南至越南中北部，“中国”已代表秦、汉王朝的直接统治区。东汉以后，经历了东晋、十六国、南北朝分裂时期，同时存在着非汉族建立的政权与同期存在的汉族政权争夺中国名号。羯人石勒建立的后赵政权、氐人苻坚建立的前秦政权，拥有中原，自居中国。南朝政权和东晋一样，自认为中国；北朝政权占据中原，以中国正朔自居。隋代结束长期分裂割据局面，重新统一。唐代是封建社会繁荣强盛时期，疆域又有拓展，中国的地域范围进一步扩大。宋、辽、夏、金对峙时期，同为中国，契丹的辽、女真的金是北朝，汉族的宋是南朝，党项的夏是西朝。明朝自称中国，中国作为明朝的代名词。鸦片战争后，中国作为国家或清朝的代名词。到晚清，中国作为国家的概念已明确，中国的地域范围即指清朝主权所达到的范围。1912 年中华民国建立，中国成为中华民国的正式简称。1949 年 10 月 1 日中华人民共和国成立，简称中国，首都北京市。台湾、澎湖、金门、马祖和南海诸岛等岛屿为中国不可分割的组成部分。中国政府于 1997 年 7 月 1 日对香港恢复行使主权，1999 年 12 月 20 日对澳门恢复行使主权，分别建立特别行政区，实行“一国两制”。特别行政区享有高度的自治权。台湾是中国的一个省，自古为中国的领土。	

北 京 市

	今地名	沿革变迁	
北京市	北京市（通州区）	简称京。	
		蓟	西周
		燕国都	春秋、战国
		蓟县	秦
		广阳郡治	秦
		燕国治	西汉
		广阳郡治	西汉
		燕国治	西汉
		广阳郡治	西汉
		广阳国治	西汉
		上谷郡治	东汉
		广阳郡治	东汉
		燕国治	三国魏
		燕郡治	后赵
		幽州治	隋
		涿郡治	隋
		幽州治	唐
		幽都县	唐
		幽州治	唐
		蓟北县	辽
		幽都府治	辽
		南京	辽
		燕京	辽
		析津府治	辽
		析津县	辽
		宛平县	辽
		中都	金
		大兴府治	金
		大兴县	金
		大都	元
		大都路治	元

续 表

	今地名	沿 革 变 迁	
北京市	北京市 (通州区)	北平府治	明
		顺天府治	明
		北京	明、清
		京师(为京都)	明、清
		京兆地方	1914 年
		北平特别市	1928 年
		北平市	1930 年
		北京市(为首都)	1949 年
		注:① 1949 年 10 月 1 日中华人民共和国成立,建为首都。为中央直辖市。 ② 本市郊区县 1956 年和 1958 年由河北省划入。	
	通州区 (潞源街道)	通州(治潞县,今区)	金
		潞县	金
		通州	明
		通县	1913 年
		通州市	1953 年
		通州区	1958 年
		通县	1960 年
		通州区	1997 年
		注:1958 年通州市由河北省划入北京市,改置通州区。2019 年北京市人民政府由东城区迁此。	
	东城区 (景山街道)	北平市内一区	1929 年
		北平市内三区	1929 年
		东单区	1952 年
		东四区	1952 年
		东城区	1958 年
		注:2010 年崇文区撤销并入。 附:崇文区—1929 年设区,初为北平市外一、外三区。1952 年为崇文、前门二区,1958 年前门区并入崇文区。2010 年撤销并入东城区。	

续 表

	今地名	沿革变迁
北京市	西城区 (金融街街道)	北平市内二区 1929 年 北平市内四区 西单区 1952 年 西四区 西城区 1958 年 注：2010 年宣武区撤销并入。 附：宣武区—1929 年设区，初为北平市外二、外四区。1950 年为北京市第八区，1952 年改为宣武区。2010 年撤销并入西城区。
	朝阳区 (朝外街道)	北平市郊一区 1929 年 北平市郊二区 北平市郊三区 东郊区 1952 年 朝阳区 1958 年
	丰台区 (丰台街道)	北京市十二区 1950 年 丰台区 1952 年 附：① 南苑区—1952 年置。因南苑位于区内得名。1958 年撤销并入丰台区。 ② 宛平县—辽开泰元年(1012 年)改幽都县置，治今北京城西南隅。为析津府治。金为大兴府治，元为大都路治，明、清为顺天府治。1913 年迁治今区卢沟桥。次年还治城内，1926 年仍迁治卢沟桥。1952 年并入丰台区。
	石景山区 (鲁谷街道)	北京市十五区 1950 年 石景山区(1958 年并入丰台区，1967 年复置) 1952 年
	海淀区 (海淀街道)	北平市郊区 1929 年 北京市十三区 1950 年 海淀区 1952 年
	门头沟区 (大峪街道)	北京市二十区 1949 年 京西矿区 1952 年 门头沟区 1958 年

续 表

	今地名	沿革变迁	
北京市	房山区 (拱辰街道)	万宁县(治今城关街道) 奉先县 房山县 周口店区 房山县 燕山区 房山区 注：1958年房山县由河北省划入北京市,改置周口店区。	金 金 元 1958年 1960年 1980年 1986年
	顺义区 (双丰街道)	顺州(治今区) 顺义郡 顺州 顺义县 顺义区 顺义县 顺义区 注：1958年顺义县由河北省划入北京市,改置顺义区。	唐 唐 唐 明 1958年 1960年 1998年
	昌平区 (城北街道)	昌平县(治今区东南) 昌平州 昌平县(治今址) 昌平州 昌平县 昌平区 昌平县 昌平区 注：1956年昌平县由河北省划入北京市,改置昌平区。	西汉 明 明 明 1913年 1956年 1960年 1999年

续 表

	今地名	沿革变迁	
北京市	大兴区（兴丰街道）	蓟县(治今北京城西南隅)	秦
		广阳郡治	秦
		燕国治	西汉
		广阳郡治	西汉
		广阳国治	西汉
		广阳郡治	东汉
		幽州治	东汉
		燕国治	三国魏
		燕郡治	后赵
		幽州治	后赵
		涿郡治	隋
		幽州治	唐
		幽都府治	辽初
		蓟北县	辽初
		析津县	辽
		析津府治	辽
		大兴县	金
		大兴府治	金
		大都路治	元
		北平府治	明初
		顺天府治	明、清
		大兴县(1928 年迁治黄村,今址)	1914 年
		大兴区	1958 年
		大兴县	1960 年
		大兴区	2001 年
		注：1958 年大兴县由河北省划入北京市,2001 年改置大兴区。	
	怀柔区（龙山街道）	怀柔县(治今顺义区)	唐
		温阳县	金
		怀柔县(治今址)	明
		怀柔区	2001 年
		注：1958 年怀柔县由河北省划入北京市,2001 年改置怀柔区。	

续 表

	今地名	沿革变迁	
北京市	平谷区 （滨河街道）	平谷县（治今区西北） 平峪县（治今区） 平谷县 平谷区 注：1958 年平谷县由河北省划入北京市，2001 年改置平谷区。	西汉 金 元 2001 年
	密云区 （鼓楼街道）	密云县（治今河北丰宁县东北，东魏迁今区） 檀州治 密云县 密云区 注：1958 年密云县由河北省划入北京市，2015 年改置密云区。	北魏 唐 明 2015 年
	延庆区 （儒林街道）	居庸县（治今区） 妫川县 缙山县 儒州治 缙山县 镇州治 龙庆州 延庆州 延庆县 延庆区 注：延庆县—1928 年属察哈尔省，1952 年属河北省，1958 年划入北京市，2015 年改置延庆区。	西汉 唐 唐末 唐末 金 金 元 明 1913 年 2015 年

天　津　市

	今地名	沿　革　变　迁	
天津市	天津市（河西区）	简称津，别称津门、津沽。	
		渔阳、右北平等郡	秦
		渔阳、勃海等郡	汉
		燕国、章武国	西晋
		幽州、瀛州	北魏
		涿郡	隋
		幽州	唐
		析津府	辽、宋
		大兴府	金
		大都路	元
		海津镇	元
		天津戍	明
		天津卫	明
		天津左卫	明
		天津右卫	明
		天津卫	清
		天津直隶州	清
		天津府	清
		天津县	清
		天津特别市	1928 年
		天津市	1930 年
		注：1949 年为中央直辖市。1953 年天津县并入。1958 年改为河北省辖市，为河北省会。1967 年复为中央直辖市，河北省会迁保定（1968 年迁石家庄）。本市郊区县 1973 年由河北省划入。	
	和平区（小白楼街道）	天津市一区	1945 年
		和平区	1955 年
	河东区（上杭路街道）	天津特别三区	1924 年
		天津市四区	1952 年
		河东区	1955 年

续 表

	今地名	沿革变迁	
天津市	河西区（大营门街道）	天津特别一区 天津市十区 天津市六区 河西区	1919年 1943年 1945年 1955年
	南开区（长虹街道）	天津特别二区 天津市十一区 天津市七区 南开区	1928年 1947年 1952年 1955年
	河北区（望海楼街道）	天津特别三区 天津市三区 河北区	1924年 1952年 1955年
	红桥区（西于庄街道）	天津市二警区 天津市三警区 天津市四警区 天津市八区 红桥区	1928年 1947年 1955年
	东丽区（张贵庄街道）	津东郊区 东郊区 东丽区	1953年 1955年 1992年
	西青区（杨柳青镇）	津西郊区 西郊区 西青区	1953年 1955年 1992年
	津南区（八里台镇）	津南郊区 南郊区 津南区	1953年 1955年 1992年

续　表

	今地名	沿　革　变　迁	
天津市	北辰区 (果园新村街道)	津北郊区 北郊区 北辰区	1953 年 1955 年 1992 年
	武清区 (运河西街道)	雍奴县(治今区西北) 渔阳郡治 武清县(明迁城关镇,1950 年迁今区) 武清区 注:1973 年武清县由河北省划入天津市,2000 年改置武清区。	西汉 北魏 唐 2000 年
	宝坻区 (宝平街道)	宝坻县(治今区) 盈州 宝坻县 宝坻区 注:1973 年宝坻县由河北省划入天津市,2001 年改置宝坻区。	金 金 金 2001 年
	滨海新区 (塘沽街道)	2009 年 10 月由塘沽、汉沽、大港三区合置。 附:① 塘沽区—1949 年设塘大区,1952 年改塘沽区。2009 年 10 月与大港、汉沽二区合置滨海新区。 ② 汉沽区—1948 年设汉沽特区,1949 年撤区为镇。1954 年升设汉沽市,1958 年撤市设区。1960 年撤区置市,1962 年复置汉沽区。2009 年 10 月与塘沽、大港二区合置滨海新区。 ③ 大港区—1963 年设北大港区,1969 年并入南郊区。1979 年析置大港区。2009 年 10 月与塘沽、汉沽二区合置滨海新区。	2009 年
	宁河区 (芦台街道)	宁河县(治今宁河镇,1938 年迁今址) 宁河区 注:1973 年宁河县由河北省划入天津市,2015 年改置宁河区。	清 2015 年

续 表

	今地名	沿革变迁	
天津市	静海区 （朝阳街道）	靖海县（治今址）	金
		静海县	明
		静海区	2015年
		注：1973年静海县由河北省划入天津市，2015年改置静海区。	
	蓟州区 （文昌街道）	无终县（治今区）	秦
		右北平郡治	秦
		渔阳郡治	隋
		渔阳县	隋
		蓟州	唐
		蓟县	1913年
		蓟州区	2016年
		注：1973年蓟县由河北省划入天津市，2016年撤销并设立蓟州区。	

河 北 省

	今地名	沿革变迁
河北省	河北省 （石家庄市）	简称冀。 燕、晋等国　春秋 赵国　战国 上谷、右北平等郡　秦 上谷、常山、勃海等郡　西汉 上谷、巨鹿、中山等郡国　东汉 幽、冀二州　三国 幽、冀、司三州　西晋 燕、安、平等州　北魏 涿、渔阳等郡　隋 河北道　唐 河北路　宋 河北东、西二路　宋 中书省　元 京师　明 直隶省（省会保定）　清 河北省（1968 年省会迁石家庄）　1928 年 注：① 清置直隶省，治保定府（今保定市）。1928 年改河北省，治北平市（今北京市）。1930 年迁治天津，1935 年复迁保定。1958 年天津市划入，省会迁天津。1967 年天津市改中央直辖市，省会仍迁保定。1968 年省会迁驻石家庄市。 ② 热河省—1914 年设热河特别行政区。1928 年改热河省，治今承德市。1955 年撤销，分别并入河北、辽宁两省及内蒙古自治区。 ③ 察哈尔省—1914 年设察哈尔特别行政区。1928 年改察哈尔省，治今张家口市。1952 年撤销，分别并入河北、山西两省。
石家庄市	石家庄市 （长安区）	石门市（原获鹿县属镇设市）　1925 年 石家庄市　1947 年 注：1968 年河北省会由保定迁此，1978 年升设地级市。
	长安区 （育才街道）	长安区（由石家庄市郊区析设）　1958 年 东方红区　1968 年 长安区　1980 年

续 表

	今地名	沿革变迁	
石家庄市	藁城区 (廉州镇)	藁城县(治今区西南)	西汉
		高城县	北齐
		藁城县(治今址)	隋
		稾平县	唐
		高城县	五代唐
		藁城县	蒙古
		永安州	蒙古
		藁城县	蒙古
		藁城市	1989年
		藁城区	2014年
	鹿泉区 (获鹿镇)	鹿泉县(治今址)	隋
		获鹿县	唐
		鹿泉市	1994年
		鹿泉区	2014年
	栾城区 (栾城镇)	关县(治今区北)	西汉
		栾城县	东汉
		栾氏县	唐
		栾城县(明迁今址)	五代唐
		栾城区	2014年
	辛集市 (辛集镇)	鄡县(治今市东南)	西汉
		鄡县	东汉
		安国县	北齐
		安定县(治今市东北)	隋
		鹿城县	隋
		束鹿县(明迁治新城镇,1949年迁今市)	唐
		辛集市	1986年
	晋州市 (晋州镇)	下曲阳县(治今市西)	西汉
		曲阳县	北魏
		昔阳县(治今市)	隋
		鼓城县	隋
		晋州	蒙古
		晋县	1913年
		晋州市	1991年

续 表

	今地名	沿革变迁	
石家庄市	新乐市 (长寿街道)	新乐县(治今市东北) 新乐市(1958年迁今市)	隋 1992年
	井陉县 (微水镇)	井陉县(治今县西北) 石邑县 井陉县 石邑县 井陉县 井州 井陉县(北宋治今天长镇,元治今井陉镇,1960年迁治今址)	秦 北齐 北齐 隋 隋 隋 唐
	正定县 (正定镇)	东垣县(治今石家庄市郊东古城) 真定县 真定国治 常山郡治 恒州治 恒山郡治 恒州(治今址) 镇州治 中山县 真定县 真定府治 恒州治 镇州治 真定府治 真定路治 真定府治 正定县 正定府 正定县	秦 西汉 西汉 西晋 北周 隋 唐 唐 唐 唐 五代唐 五代晋 五代汉 北宋 元 明 清 清 1913年

续 表

	今地名	沿 革 变 迁	
石家庄市	行唐县 (龙州镇)	南行唐邑 南行唐县(治今县东北故郡村) 行唐县(治今址) 章武县 行唐县 章武县 行唐县 永昌县 行唐县	战国赵 西汉 北魏 唐 唐 五代梁 五代唐 五代晋 五代汉
	灵寿县 (灵寿镇)	春秋、战国时为中山国都城。西汉置县,治今县西北故城。西晋迁今址。	西汉
	高邑县 (高邑镇)	鄗县(治今柏乡县北) 高邑县(北齐迁今址)	西汉 东汉
	深泽县 (深泽镇)	深泽县(治今县东南故县村) 南深泽县 深泽县(北齐废。隋复置,迁治今址)	西汉 西汉末 北魏
	赞皇县 (赞皇镇)	由高邑县析置,治今址。	隋
	无极县 (无极镇)	毋极县(治今县西新城。西晋废。北齐复置,迁今址) 无极县 祁州治 无极县	西汉 唐 唐、宋 北宋
	平山县 (平山镇)	房山县(治今址,1970年迁岗南,1977年复今址) 平山县 建屏县 平山县	隋 唐 1946年 1958年

续 表

	今地名	沿革变迁	
石家庄市	元氏县(槐阳镇)	元氏邑 元氏县(治今县西北故城村) 常山国治 常山郡治 元氏县(治今址)	战国赵 西汉 西汉 北魏 隋
石家庄市	赵　县(赵州镇)	平棘县(治今县西南) 赵国治(北魏迁今址) 赵州 赵县	西汉 三国魏 唐 1913 年
唐山市	唐山市(路北区)	唐山镇 唐山市 注：1938 年设县级市,1949 年为地级市,1958 年降县级市,1960 年复地级市,1961 年又降县级市,1978 年复地级市。	清末 1938 年
唐山市	路北区(乔屯街道)	路北区 市区(与路南区等合设) 路北区(由市区析设)	1955 年 1956 年 1963 年
唐山市	丰南区(胥各庄街道)	丰南县(初治稻地,1949 年迁今区) 丰南市 丰南区	1945 年 1994 年 2002 年
唐山市	丰润区(太平路街道)	永济县(治今区) 丰润县 丰闰县 丰润县 丰润区	金 金 金 明 2002 年
唐山市	曹妃甸区(唐海镇)	柏各庄垦区 唐海县(治今址) 曹妃甸区	1956 年 1982 年 2012 年
唐山市	遵化市(遵化镇)	遵化县(治今市) 遵化州 遵化县 遵化市	五代唐 清 1913 年 1992 年

续 表

	今地名	沿革变迁	
唐山市	迁安市（永顺街道）	安喜县（治今市东北） 迁安县（治今市） 迁安市	辽 金 1996年
	滦州市（滦河街道）	滦州（治今市） 滦县 滦州市	辽 1913年 2018年
	滦南县（友谊路街道）	由滦县析置，治今址。	1942年
	乐亭县（乐安街道）	治今址。	金
	迁西县（兴城镇）	由迁安县析置，治今址。1958年并入迁安、遵化二县，1961年复置。	1946年
	玉田县（无终街道）	无终县（治今址） 玉田县	唐 唐
秦皇岛市	秦皇岛市（海港区）	秦榆市 秦皇岛市 山海关市 秦皇岛市 注：1948年为省辖市，1983年升地级市。	1948年 1949年 1949年 1953年
	海港区（建设大街街道）	治今址。	1956年
	抚宁区（抚宁镇）	卢龙县地 抚宁县（治今址） 抚宁区	隋 唐 2015年

续 表

	今地名	沿革变迁	
秦皇岛市	昌黎县(昌黎镇)	广宁县(治今址) 昌黎县	辽 金
	卢龙县(卢龙镇)	新昌县(治今址) 卢龙县 卢城县 卢龙县	北魏 隋 北宋 金
	青龙满族自治县(青龙镇)	都山设治局 青龙县(治今址) 青龙满族自治县	1930 年 1933 年 1987 年
邯郸市	邯郸市(丛台区)	邯郸邑(治今市) 邯郸县 邯郸郡治 赵国治 邯郸郡治 邯郸县 邯郸市 邯郸镇 邯郸市	春秋卫 秦 秦 西汉 西汉 隋 1946 年 1949 年 1952 年
		注：① 1946 年设县级市,1953 年为地级市,1958 年降县级市,1983 年复升地级市。 ② 邯郸县—秦置,治今邯郸市,为邯郸郡治。隋开皇六年(586 年)改易阳县重置,十年改临洺县,十六年复置邯郸县。2016 年撤销并入邯郸市。	
	丛台区(丛台西街道)	治今址。	1980 年

续　表

	今地名	沿革变迁	
邯郸市	肥乡区 （肥乡镇）	肥乡区（三国魏时置县，治今区西，隋治今址）	2016年
	永年区 （临洺关镇）	广年县（治今区东故县村） 永年县 武安郡治 洺州治 广平路治 广平府治 永年县（1958年迁今址） 永年区	西汉 隋 隋 唐 元 明 1913年 2016年
	武安市 （武安镇）	武安邑 武安县（治今市西南固镇，隋迁今市） 武安市	战国赵 秦 1988年
	临漳县 （临漳镇）	邺邑 邺县（治今县西南邺城镇） 魏郡治 临漳县 邺县 临漳县（明时迁今址） 注：1924—1949年曾属河南省。	春秋齐 战国魏 西汉 西晋 东魏 东魏
	成安县 （成安镇）	斥丘县（治今县东南） 成安县（治今址） 斥丘县 成安县	西汉 北齐 唐 五代唐

续　表

	今地名	沿　革　变　迁	
邯郸市	大名县 (大名镇)	贵乡县(治今县西北) 魏州治 武阳郡治 魏州治 冀州治 魏州治 贵乡县 广晋县 兴唐府治 广晋府治 大名县(治今县东北) 大名府治 大名路治 大名府治 大名县(治今址)	东魏 北周 隋 唐 唐 唐 唐 五代唐 五代唐 五代晋 五代汉 五代汉 元 明、清 1913 年
	涉　县 (平安街道)	初治今县城西,隋治今址。	西汉
	磁　县 (磁州镇)	滏阳县(治今址) 磁州 磁县	北周 隋 1913 年
	邱　县 (新马头镇)	平恩侯国 平恩县(治今县西南) 邱县(治邱城镇,1954 年迁今址)	西汉 东汉 元
	鸡泽县 (鸡泽镇)	广平县(治今县东南故城) 广平国治 广平郡治 平干国治 广平郡治 鸡泽县(金大定初迁今址)	西汉 西汉 西汉 西汉 西晋 隋

续 表

	今地名	沿革变迁	
邯郸市	广平县（广平镇）	治今址。	金
	馆陶县（馆陶镇）	冠氏邑 馆陶县（治今址） 阳平郡治 屯州治 馆陶县 注：西汉初治南馆陶（今址），金迁治今山东省冠县北馆陶镇。1949 年由山东省划入河北省，复迁南馆陶。1952 年划归山东省，1965 年复由山东省划归河北省，仍治今址。	春秋晋 西汉 三国魏 北周 隋
	魏　县（魏城镇）	初治今大名县魏城，明初迁今址。	西汉
	曲周县（曲周镇）	曲周县（治今县东北） 曲安县 曲周县（治今县东北，北宋迁今址）	西汉 北魏 隋
邢台市	邢台市（襄都区）	邢台市 邢台镇 邢台市 注：1945 年设县级市，1983 年升地级市。	1945 年 1947 年 1953 年
	襄都区（南长街街道）	桥东区 襄都区 注：2020 年由桥东区更名，同时撤销邢台县，部分区域并入。	1980 年 2020 年
	信都区（钢铁路街道）	桥西区 信都区 注：2020 年由桥西区更名，同时撤销邢台县，部分区域并入。	1980 年 2020 年

续 表

	今地名	沿革变迁	
邢台市	任泽区 (任城镇)	任邑 任县(治今区东,蒙古至元时迁今址) 任泽区	春秋晋 西汉 2020年
	南和区 (和阳镇)	南和县(治今址) 北广平郡治 南和县 南和区	西汉 北魏 北齐 2020年
	南宫市 (凤岗街道)	南宫县(治今市北旧城村,明迁今市) 南宫市	西汉 1986年
	沙河市 (褡裢街道)	沙河县(治今市东) 温州 沙河县(五代晋迁今沙河城) 沙河市(沙河县1969年迁此,1987年设市)	隋 唐 唐 1987年
	临城县 (临城镇)	房子县(治今高邑县西南) 赵国治 冀州治 临城县(治今址) 房子县 临城县	西汉 三国魏 西晋 唐 唐 五代唐
	内丘县 (内丘镇)	中丘县(治今县西) 内丘县(治今址)	西汉 隋
	柏乡县 (柏乡镇)	柏乡侯国(治今县西南) 柏乡县(治今址)	西汉 隋
	隆尧县 (隆尧镇)	由隆平、尧山二县合置(治今址)。 附:① 隆平县—北宋开宝二年(969年)改昭庆县置,治今隆尧县东。熙宁六年(1073年)废,元祐元年(1086年)复置。大观二年(1108年)迁治今址。1947年与尧山县合置隆尧县。 ② 尧山县—唐天宝元年(742年)改柏人县置,治今隆尧县西南。熙宁六年(1073年)废,元祐初复置。金改唐山县,1928年复名尧山县。1947年与隆平县合置隆尧县。	1947年

续 表

	今地名	沿 革 变 迁	
邢台市	宁晋县（凤凰镇）	杨氏县（治今址） 廮陶县（治今县西北） 廮遥县（治今址） 廮陶县 宁晋县	西汉 西汉 北魏 隋 唐
	巨鹿县（巨鹿镇）	巨鹿县 巨鹿郡治 南䜌县 巨鹿县（治今县北旧城，唐迁今址）	秦 秦 西汉 隋
	新河县（新河镇）	堂阳县（治今县西北） 新河县（治今址） 振堂县 新河县	西汉 北宋 1947 年 1949 年
	广宗县（广宗镇）	广宗县（治今威县东） 广宗郡治 宗城县 广宗县 宗城县 广宗县（治今址）	东汉 北魏 隋 唐 五代唐 蒙古
	平乡县（中华路街道）	初治今县西南，1945 年迁今址。	西汉
	威 县（洺州镇）	威州（治今县北） 威县（治今址）	蒙古 明
	清河县（葛仙庄镇）	武城县（治今县西） 清河县（北宋迁治今址）	北齐 隋
	临西县（临西镇）	治今址。	1965 年

续　表

	今地名	沿　革　变　迁	
保定市	保定市(竞秀区)	清苑县(隋开皇中移置,治今市)	隋
		保塞军	北宋
		保州(治今市)	北宋
		顺天军	金
		顺天路治	蒙古
		保定路治	元
		保定府治	明、清
		清苑县	1913 年
		保定市	1948 年
		注：清为直隶省会,民国为河北省会。1948 年设县级市,1949 年升为地级市,1958 年降县级市,1960 年复为地级市,1961 年又为县级市。1983 年复为地级市。	
	竞秀区(先锋街道)	新市区	1983 年
		竞秀区	2015 年
	满城区(满城镇)	北平县(治今区北)	西汉
		北平郡治	北魏
		永乐县	东魏
		满城县(金迁今址)	唐
		满城区	2014 年
	清苑区(清苑镇)	清苑县(治今区东北,隋迁今保定市)	北魏
		保塞县	北宋
		清苑县	金
		保定路治	元
		保定府治	明、清
		清苑县(治今址)	1913 年
		清苑区	2014 年
	徐水区(安肃镇)	静戎县(治今址)	北宋
		静戎军治	北宋
		安肃县	北宋
		安肃军治	北宋
		安肃州治	金
		安肃县	明
		徐水县	1914 年
		徐水区	2014 年

续 表

	今地名	沿革变迁	
保定市	涿州市（双塔街道）	涿县(治今市)	秦
		涿郡治	西汉
		范阳郡治	三国魏
		范阳县	唐
		涿州	唐
		涿县	1913 年
		涿州市	1986 年
	定州市（南城区街道）	卢奴县(治今市)	西汉
		中山国治	西汉
		中山郡治	西汉
		安州	北魏
		定州	北魏
		安喜县	北齐
		鲜虞县	隋
		安喜县	唐
		定州路治	北宋
		中山府治	北宋
		定州	明
		定县	1913 年
		定州市	1986 年
	安国市（祁州路街道）	安国县(治今市东南)	西汉
		义丰县(治今市)	隋
		立节县	唐
		义丰县	唐
		蒲阴县	北宋
		祁州	北宋
		祁县	1913 年
		安国县	1914 年
		安国市	1991 年
	高碑店市（兴华路街道）	新城县(治今市东南新城)	唐
		新泰州	蒙古
		新城县(1962 年迁高碑店，今址)	蒙古
		高碑店市	1993 年

续　表

	今地名	沿革变迁	
保定市	涞水县 (涞水镇)	遒县(治今县北) 遒侯国 遒县 永阳县(治今址) 涞水县	西汉 东汉 三国魏 隋 隋
	阜平县 (阜平镇)	治今址。	金
	定兴县 (定兴镇)	范阳县(治今县西南) 遒县 定兴县(治今址)	秦 隋 金
	唐　县 (仁厚镇)	唐县(治今县东北,西晋迁今址) 中山县 唐县 博陵县 唐县	西汉 五代梁 五代唐 五代晋 五代汉
	高阳县 (锦华街道)	高阳县(治今县东旧城镇) 高阳郡治 高阳县 顺安军 高阳县(治今址)	西汉 北魏 北宋 北宋 明
	容城县 (容城镇)	容城县(治今县北) 遒县 全忠县 遒县 容城县(明景泰初迁今址)	西汉 唐 唐 唐 唐
	涞源县 (涞源镇)	广昌县(治今县北) 飞狐县(治今址) 广昌县 涞源县	西汉 隋 明 1914 年

续 表

	今地名	沿革变迁	
保定市	望都县 （望都镇）	望都县（治今唐县西北，唐迁今址） 庆都县 望都县	西汉 金 清
	安新县 （安新镇）	武兴县（治今县南） 唐兴县 宜川县 安州（治今安州镇） 安县 安州 安县 安新县（1950 年迁今址）	唐 唐 五代晋 金 明 明 1913 年 1914 年
	易县 （易州镇）	易州（治今县） 易县 易州 易州直隶州 易县	隋 隋 明 清 1913 年
	曲阳县 （恒州镇）	曲阳县（治今县西） 上曲阳县（北魏初迁今址） 曲阳县 石邑县 恒阳县 曲阳县	秦 西汉 北齐 隋 隋 唐
	蠡县 （蠡吾镇）	陆成县（治今县南） 博陵县 博陆县 博野县（治今址） 蠡州 蠡县	西汉 东汉 三国魏 北魏 唐 明

续　表

	今地名	沿　革　变　迁	
保定市	顺平县 (蒲阳镇)	北平县(治今五公城,隋迁今址) 燕平县 北平县 北平军 永平县 完州 永平县 完州 完县 顺平县	北齐 五代唐 北宋 北宋 金 金 蒙古 蒙古 明 1993 年
	博野县 (博野镇)	蠡吾县(治今县西南) 博野县(治今址)	西汉 明
	雄　县 (雄州镇)	归义县(治今容城县东) 雄州(治今址) 归信县 雄州 雄县	唐 五代周 北宋 明 明
张家口市	张家口市 (桥东区)	张家口堡 来远堡 张家口厅 张家口市 注:1928—1952 年曾为察哈尔省会。1939 年为察哈尔省辖市。1950—1952 年曾为内蒙古自治区首府。1952 年为河北省地级市,1958 年降县级市,1959 年复升地级市。1961 年又降县级市,1983 年再升地级市。	明 明 清 1939 年
	桥东区 (红旗楼街道)	桥东区 东安、花园二区 桥东区	1956 年 1961 年 1963 年

续 表

	今地名	沿革变迁	
张家口市	宣化区 （建国街街道）	文德县（治今区） 宣德县 宣德州治 宣化县 宣化府治 宣化县 宣化市 宣化区 宣化市 宣化县 宣化区 注：1928—1952 年曾属察哈尔省。	唐末 金 金 清 清 1913 年 1949 年 1955 年 1960 年 1963 年 2016 年
	万全区 （孔家庄镇）	万全右卫（治今怀安县东） 万全县（治万全城，1983 年迁今址） 万全区 注：1928—1952 年曾属察哈尔省。	明 清 2016 年
	崇礼区 （西湾子镇）	崇礼设治局（治今区东北） 崇礼县（1949 年迁今址） 崇礼区 注：1934—1952 年曾属察哈尔省。	1934 年 1936 年 2016 年
	张北县 （张北镇）	治今址。 注：1928—1952 年曾属察哈尔省。	1913 年
	康保县 （康保镇）	康保招垦设治局（治今址） 康保县 注：1928—1952 年曾属察哈尔省。	1923 年 1925 年

续　表

	今地名	沿　革　变　迁	
张家口市	沽源县 (平定堡镇)	独石口厅(治今县东南独石口) 独石县 沽源县(1950年迁今址) 注：1928—1952年曾属察哈尔省。	清 1913年 1915年
	尚义县 (南壕堑镇)	尚义设治局(治大青沟) 尚义县(1944年迁今址) 注：1934—1952年曾属察哈尔省。	1934年 1936年
	蔚　县 (蔚州镇)	安边县(治今址) 安边郡 兴唐县 兴唐郡治 隆化县 安边县 灵仙县 蔚州 蔚县 注：1928—1952年曾属察哈尔省。	唐 唐 唐 唐 五代梁 五代唐 五代晋 明 1913年
	阳原县 (西城镇)	阳原县(治今县西南) 西宁县(治今址) 阳原县 注：1928—1952年曾属察哈尔省。	西汉 清 1914年
	怀安县 (柴沟堡镇)	怀安县(治旧怀安) 怀安卫 怀安县(1949年迁今址) 注：1928—1952年曾属察哈尔省。	唐末 明 清

续 表

	今地名	沿革变迁	
张家口市	怀来县（沙城镇）	沮阳县（治今县东南）	秦
		上谷郡	秦
		怀戎县	唐
		怀来县（1951 年迁今址）	辽
		注：1928—1952 年曾属察哈尔省。	
	涿鹿县（涿鹿镇）	涿鹿县（治今县东南古城）	西汉
		保安州（治今址）	元
		保安县	1913 年
		涿鹿县	1914 年
		注：1928—1952 年曾属察哈尔省。	
	赤城县（赤城镇）	赤城堡（治今县）	明
		赤城县	清
		龙关县	1958 年
		赤城县	1960 年
		注：1928—1952 年曾属察哈尔省。	
承德市	承德市（双桥区）	热河厅（治今市）	清
		承德直隶州	清
		承德府	清
		承德县	1913 年
		承德市	1945 年
		注：1928—1955 年为热河省会。1945 年设市（省直辖）。1955 年划归河北省。1960 年升设地级市，1961 年降为县级市，1983 年复为地级市。	
	双桥区（中华路街道）	由原翠桥区、虹桥区合并设立。	1980 年

续 表

	今地名	沿革变迁
承德市	平泉市 (平泉镇)	八沟厅(治今址) 清 平泉州 清 平泉县 1913年 平泉市 2017年 注:1928—1955年曾属热河省。
	承德县 (下板城镇)	初治今承德市,1949年迁今址。 1913年 注:1928—1955年曾属热河省。
	兴隆县 (兴隆镇)	由遵化县析置,治今址。 1931年 注:1931—1955年曾属热河省。
	滦平县 (中兴路街道)	初治今县东滦河镇,1940年迁今址。 清 注:1928—1955年曾属热河省。
	隆化县 (安州街道)	初治唐三营,1915年迁今址。 清 注:1928—1955年曾属热河省。
	丰宁满族自治县 (新丰路街道)	四旗厅(治今县东) 清 丰宁县(1940年迁今址) 清 丰宁满族自治县 1987年 注:1928—1955年曾属热河省。
	宽城满族自治县 (宽城镇)	宽城县(治今址) 1962年 宽城满族自治县 1990年

续 表

	今地名	沿革变迁	
承德市	围场满族蒙古族自治县（围场镇）	木兰围场	清
		围场厅（治克勒沟）	清
		围场县（1930年迁今址）	1913年
		围场满族蒙古族自治县	1990年
		注：1928—1955年曾属热河省。	
沧州市	沧州市（运河区）	沧市（治今址）	1947年
		沧镇	1949年
		沧州市	1958年
		注：1958年设县级市，1983年升地级市。	
	运河区（南环中路街道）	治今址。	1980年
	泊头市（解放街道）	泊镇市（明清为交河县泊镇，1946年设市）	1946年
		泊头市	1948年
		泊头镇	1949年
		泊头市	1953年
	任丘市（新华路街道）	任丘县（治今市）	北齐
		任丘市	1986年
	黄骅市（骅西街道）	新海设治局（治今市）	1935年
		新海县	1937年
		青城县	1942年
		新青县	1942年
		黄骅县	1945年
		黄骅市	1989年

续 表

	今地名	沿革变迁	
沧州市	河间市(瀛州路街道)	河间县(治今市)	隋
		河间郡治	隋
		河间府治	北宋
		河间路治	元
		河间府治	明、清
		河间县	1913 年
		河间市	1990 年
	沧县(沧州市新华区东环中街街道)	浮阳县(治今旧州镇)	西汉
		勃海郡治	西汉
		浮阳侯国	东汉
		浮阳县	东汉
		浮阳郡治	北魏
		清池县	隋
		沧州治(元迁长芦镇)	唐
		沧县	1913 年
	青县(清州镇)	永安县(治今址)	五代周
		乾宁县	北宋
		乾宁军治	北宋
		清州	北宋
		会川县	金
		清州	明
		清县	明
		青县	明
	东光县(东光镇)	东光县(治今县东)	西汉
		景州治(今址)	五代梁
		定远军治	五代周
		永静军治	北宋
		景州治	金
		东光县	明
	海兴县(苏基镇)	初治小山,1970 年迁今址。	1965 年

续 表

	今地名	沿革变迁	
沧州市	盐山县（盐山镇）	高成县（治今县东南） 高城县 盐山县（明迁治今址）	西汉 东汉 隋
	肃宁县（肃宁镇）	肃宁城 肃宁县（治今址）	北宋 金
	南皮县（南皮镇）	初治今县东北古城村，东魏迁今址。	秦
	吴桥县（桑园镇）	初治今县东吴桥，1958年迁今址。	金
	献县（乐寿镇）	乐成县（治今县东南） 河间郡 乐陵县 乐城县 河间国治 广城县 乐寿县（治今址） 寿州 献州 献县	西汉 西汉 东汉 三国魏 西晋 隋 隋 金 金 明
	孟村回族自治县（孟村镇）	由黄骅、沧县、盐山三县析置，治今址。	1955年
廊坊市	廊坊市（广阳区）	初为县级市，1988年升地级市。	1981年
	广阳区（解放道街道）	由安次区析置。	2000年

续 表

	今地名	沿革变迁	
廊坊市	安次区 (广阳区银河北路街道)	安次县(治今区西北古县村) 安城县 安次县 东安州 东安县 安次县(1950年迁廊坊) 廊坊市 安次区	西汉 北魏 北魏 蒙古 明 1914年 1981年 1988年
	霸州市 (霸州镇)	霸州(治今市) 益津县 霸州 霸县 霸州市	五代周 金 明 1913年 1990年
	三河市 (鼎盛东大街街道)	临泃县(治今市东) 三河县(治今市) 三河市	唐 唐 1993年
	固安县 (固安镇)	方城县(治今县西南) 固安县(唐迁今址) 固安州 固安县	西汉 隋 蒙古 明
	永清县 (永清镇)	武隆县(治今址) 会昌县 永清县	唐 唐 唐
	香河县 (淑阳镇)	香河县(治今址) 清化县 香河县	辽 北宋 金
	大城县 (平舒镇)	东平舒县(治今址) 平舒县 大城县	西汉 北魏 五代周
	文安县 (文安镇)	西汉治今大柳河镇,唐迁今址。	西汉
	大厂回族自治县 (大厂镇)	由三河、香河二县析置,治今址。	1955年

续 表

	今地名	沿革变迁	
衡水市	衡水市（桃城区）	衡水县(治今市西南) 衡水市 注：1982年设县级市，1996年升设地级市。	隋 1982年
	桃城区（中华大街街道）	由原县级衡水市改置，治今址。	1996年
	冀州区（冀州镇）	信都县(治今区) 广川郡治 广川国治 信都郡治 信都国治 乐成国治 安平国治 长乐国治 冀州 长乐县 信都县 尧都县 信都县 冀州 冀州直隶州 冀县 冀州市 冀州区	西汉 西汉 西汉 西汉 西汉 东汉 东汉 西晋 三国魏 隋 唐 唐 唐 明 清 1913年 1993年 2016年
	深州市（深州镇）	静安县(治今市南) 深州治(明省静安县入深州，治今市) 深州直隶州 深县 深州市	北宋 北宋 清 1913年 1994年
	枣强县（枣强镇）	初治今县东故县村，金天会中迁今址。	西汉

续 表

	今地名	沿革变迁	
衡水市	武邑县 (武邑镇)	武邑县(治今址) 武邑郡治 武邑县	西汉 西晋 隋
	武强县 (武强镇)	初治今县西南旧城村,1951 年迁今址。	西晋
	饶阳县 (饶阳镇)	饶邑(治县东北) 饶阳县(北宋迁今址)	战国赵 西汉
	安平县 (安平镇)	安平邑(治今址) 安平县 博陵国治 博陵郡治 安平县	战国赵 西汉 西晋 北齐 隋
	故城县 (郑口镇)	初置今县东故城镇,1945 年迁今址。	元
	景县 (景州镇)	脩县(治今县南,西晋迁今县西) 蓨县(治今址) 景州治 景县	西汉 隋 元 1913 年
	阜城县 (阜城镇)	阜城县(治今县东) 汉阜县(治今址) 阜城县	西汉 唐 五代唐

山　西　省

	今地名	沿　革　变　迁	
山西省	山西省（太原市）	简称晋。	
		晋国	春秋
		赵国	战国
		韩国	战国
		魏国	战国
		太原、河东等郡	秦
		太原、上党、河东等郡	西汉
		太原、上党、定襄等郡	东汉
		并、司、幽三州	西晋
		并、汾、恒等州	北魏
		太原、上党等郡	隋
		河东道	唐
		河东路	宋
		河东山西道宣慰司	元
		山西行中书省	明
		山西布政使司	明
		山西省（省会太原）	清
		注：1949—1952 年本省北部曾属察哈尔省。	
太原市	太原市（杏花岭区）	晋阳邑（治今市）	春秋赵
		晋阳县	战国秦
		太原郡治	战国秦
		太原国治	西汉
		太原郡治	西汉
		并州治	东汉
		太原国治	三国魏
		太原郡治	北魏
		龙山县	北齐
		晋阳县	隋
		太原县	隋
		并州治	隋

续 表

	今地名	沿革变迁	
太原市	太原市(杏花岭区)	太原府	唐
		北都	唐
		北京	唐
		西京	五代唐
		北京	五代晋
		并州	北宋
		太原府	北宋
		太原路	元
		冀宁路	元
		太原府(为山西省会)	明、清
		太原县	1912 年
		太原市	1927 年
		注:1927 年太原为省直辖市。1949 年为地级市。 附:晋源县—1947 年改太原县置,治今太原市西南晋源街道。1949 年迁治今太原市,1951 年并入太原市。	
	杏花岭区(巨轮街道)	由北城区、北郊区等撤并设置。	1997 年
	古交市(东曲街道)	河口工矿区	1958 年
		古交工矿区	1958 年
		古交市	1988 年
	清徐县(清源镇)	清源县(治今址)	隋
		徐沟县(治今县东南徐沟镇)	金
		清徐县(治今址)	1952 年
	阳曲县(黄寨镇)	阳曲县(治今定襄县东南)	西汉
		阳直县	隋
		汾阳县	隋
		阳曲县(北宋迁今太原市,1948 年迁今址)	唐
	娄烦县(娄烦镇)	楼烦县(治今址)	唐
		宪州治	唐
		楼烦镇	元
		娄烦县	1971 年

续 表

	今地名	沿革变迁	
大同市	大同市（平城区）	平城县（治今大同市东北古城）	秦
		司州治	北魏
		万年县	北魏
		平城县	北魏
		恒州治	北魏
		代郡治	北魏
		太平县（治大同市西）	北齐
		云中县	北周
		云内县	隋
		北恒州治	唐
		定襄县（治今大同市）	唐
		云州治	唐
		云中县	唐
		云中郡治	唐
		云州治	唐
		西京	辽
		大同府治	辽
		大同县（治今大同市）	辽
		云中府治	北宋
		大同路治	元
		大同府治	明
		大同县	1912年
		大同市	1949年
		注：① 1949—1952年曾属察哈尔省。 ② 1949年为察哈尔省辖市。1952年为山西省地级市。1958年降为县级市，1961年复为地级市，1970年又降县级市，1972年再升地级市。	
	平城区（向阳里街道）	第一、二区	1952年
		市区（后改城区）	1954年
		平城区	2018年
	云州区（西坪镇）	大同县（治今大同市）	辽
		大仁县	1954年
		大同县（1971年迁今址）	1964年
		云州区	2018年
		注：1949—1952年曾属察哈尔省。	

续 表

	今地名	沿 革 变 迁	
大同市	阳高县 (龙泉镇)	高柳县(治今址) 代郡治 高柳郡治 长青县(治今县东南) 白登县 阳和卫(治今县) 阳高卫(治今县) 阳高县 注：1949—1952 年曾属察哈尔省。	西汉 东汉 北魏 辽 金 明 清 清
	天镇县 (玉泉镇)	天成军(治今县) 天成县 天城县 天成县 天成卫 天镇卫 天镇县 注：1949—1952 年曾属察哈尔省。	唐 辽 金 元 明 清 清
	广灵县 (壶泉镇)	广陵县(治今址) 广灵县 注：1949—1952 年曾属察哈尔省。	五代唐 金
	灵丘县 (武灵镇)	灵丘县(治今县东。东汉废，北魏复置) 灵丘郡治(治今址) 蔚州 灵丘县 注：1949—1952 年曾属察哈尔省。	西汉 北魏 金 元

续　表

	今地名	沿　革　变　迁	
大同市	浑源县 （永安镇）	浑源县（治今址） 浑元县 浑源县 浑源州 浑源县 注：1949—1952年曾属察哈尔省。	唐 五代唐 五代唐 金 1912年
大同市	左云县 （云兴镇）	武周县（治今址） 左云川卫 左云卫 左云县 注：1949—1952年曾属察哈尔省。	北魏 明 清 清
阳泉市	阳泉市 （城区）	阳泉市 阳泉工矿区 阳泉市 注：1947年为县级市，1951年为省直辖。1952年升为地级市，1958年降县级市，1961年复为地级市。1970年又降县级市，1972年再升地级市。	1947年 1949年 1951年
阳泉市	城　区 （上站街道）	阳泉市一区 站上区 城区	1953年 1956年 1969年
阳泉市	平定县 （冠山镇）	上艾县（治今址） 石艾县 广阳县 平定县 平定军 平定州 平定县	西汉 北魏 唐 北宋 北宋 金 1912年

续　表

	今地名	沿革变迁	
阳泉市	盂县 (秀水镇)	原仇县(治今址) 盂县 盂州 盂县	隋 隋 金 明
长治市	长治市 (潞州区)	长治市 长治工矿区 长治市 注：1945 年设县级市,1953 年升为地级市,1958 年降县级市,1975 年复升地级市。	1945 年 1949 年 1951 年
	潞州区 (太行东街街道)	由城区、郊区撤并设立	2018 年
	上党区 (韩店街道)	上党县(治今长治市) 上党郡治 潞州治 上党郡治 潞州治 隆德府治 潞州治 隆德府治 潞州治 长治县 潞安府治 潞安县 长治县(1972 年迁今治) 上党区	隋 隋 唐 唐 唐 北宋 金 元 元 明 明 1954 年 1962 年 2018 年
	屯留区 (麟绛街道)	屯留县(治今区南,唐初迁今址) 屯长县 屯留县 屯留区	西汉 1958 年 1961 年 2018 年

续 表

	今地名	沿革变迁	
长治市	潞城区（潞华街道）	潞城县（治今区）	隋
		潞子县	唐
		潞城县	五代唐
		潞安县	1954 年
		潞城县	1962 年
		潞城市	1994 年
		潞城区	2018 年
	襄垣县（古韩镇）	襄垣县（治今县北）	西汉
		襄垣郡治	北魏
		韩州（唐初迁今址）	北周
		襄沁县	1958 年
		襄垣县	1960 年
	平顺县（青羊镇）	治今址。清废，1912 年复置。1958 年并入壶关、黎城二县，1960 年复置。	明
	黎城县（黎侯镇）	黎国	春秋晋
		刈陵县（治今县北）	北魏
		黎城县	隋
		黎亭县	唐
		黎城县（北宋迁今址）	五代唐
	壶关县（龙泉镇）	治今上党区东南，唐贞观中迁今址。	秦
	长子县（丹朱镇）	长子县（治今县西南）	秦
		上党郡治	秦
		寄氏县（治今址）	隋
		长子县	隋
		屯长县	1958 年
		长子县	1961 年

续 表

	今地名	沿革变迁	
长治市	武乡县(丰州镇)	涅氏县(治今县西北)	西汉
		涅县	东汉
		乡县	北魏
		武乡县(1948年迁今址)	唐
	沁县(定昌镇)	铜鞮邑(治今县南)	春秋晋
		铜鞮县	秦
		威胜军(治今址)	北宋
		沁州治	金、元
		沁县	1912年
		襄沁县	1958年
		沁县	1958年
	沁源县(沁河镇)	沁源县(治今址)	北魏
		义宁郡治	北魏
		沁州治	隋、唐
		谷州	金
		沁源县	蒙古
晋城市	晋城市(城区)	高都县(治今市)	西汉
		建州治	北魏
		高都郡治	北魏
		泽州治	隋
		丹川县	隋
		晋城县	唐
		泽州治	唐
		丹川县	唐
		晋城县	五代唐
		泽州	明
		凤台县	清
		泽州府	清
		凤台县	1912年
		晋城县	1914年
		晋城市	1983年
		注：1983年设县级市，1985年升设地级市。	

续 表

	今地名	沿革变迁	
晋城市	城区（东街街道）	治今址。	1985年
	高平市（北城街街道）	泫氏邑 泫氏县（治今市） 玄氏县 高平县（治今市西北，北齐迁今市） 高平市	战国赵 西汉 北魏 北魏 1993年
	沁水县（龙港镇）	东永安县（治今县西北） 泰宁郡治 永宁县 沁水县（治今址）	北魏 北魏 北齐 隋
	阳城县（凤城镇）	濩泽县（治今县西，北魏迁今址） 阳城县 濩泽县 阳城县 勣州 阳城县	西汉 唐 唐 五代唐 金 元
	陵川县（崇文镇）	治今址。	隋
	泽州县（金村镇）	治今址。	1996年
朔州市	朔州市（朔城区）	马邑县（治今市） 招远县 朔州治 鄯阳县 朔州 朔县 朔州市（地级） 注：1949—1952年曾属察哈尔省。	秦 北齐 北齐 隋 明 1912年 1988年

续 表

	今地名	沿革变迁	
朔州市	朔城区 (北城街道)	由原朔县改置,治今北城街道市府街。	1988 年
	平鲁区 (井坪镇)	平虏卫(治今大同市) 平鲁卫 平鲁县(1951 年迁今址) 平鲁区 注:1949—1952 年曾属察哈尔省。	明 清 清 1988 年
	怀仁市 (云中街道)	怀仁县(治今市西) 云州(治今址) 怀仁县 大仁县 怀仁县 怀仁市 注:1949—1952 年曾属察哈尔省。	辽 金 元 1954 年 1964 年 2018 年
	山阴县 (岱岳镇)	河阴县(治今县东南) 山阴县(元末迁今古城镇,1937 年迁今址) 注:1949—1952 年曾属察哈尔省。	辽 金
	应　县 (金城镇)	金城县治(治今县东) 应州治(北宋迁今址) 应县 注:1949—1952 年曾属察哈尔省。	唐 五代唐 1912 年
	右玉县 (新城镇)	右玉林卫(治今县北) 右玉卫 右玉县(治右玉城,1961 年迁今址) 注:1949—1952 年曾属察哈尔省。	明 清初 清

续 表

	今地名	沿革变迁	
晋中市	晋中市（榆次区）	晋中地区和榆次市撤销，改设晋中市（地级）。原县级榆次市改置榆次区。	1999年
	榆次区（新建街道）	榆次县（治今晋中市）	秦
		中都县	北齐
		榆次县	隋
		榆次市	1954年
		榆次区	1999年
	太谷区（水秀镇）	阳邑县（治今区东，北魏迁今址）	西汉
		太谷县	隋
		太谷区	2019年
	介休市（北关街道）	界休县（治今市东南）	秦
		介休县（北魏迁今址）	西晋
		平昌县	北周
		介休县	隋
		介休郡治	隋
		介州治	唐
		介休县	唐
		介休市	1992年
	榆社县（箕城镇）	榆社县（治今址）	隋
		榆州治	唐
		榆社县	唐
	左权县（辽阳镇）	辕阿县（治今址）	东汉
		辕阳县	西晋
		辽阳县	北魏
		辽山县	隋
		辽州治	唐
		南辽州	金
		辽州	金
		辽县	1912年
		左权县	1942年

续 表

	今地名	沿革变迁	
晋中市	和顺县(义兴镇)	梁榆县(治今址) 和顺县	北齐 隋
	昔阳县(乐平镇)	沾县(治今县西南) 乐平县(治今址) 平定州 乐平县 昔阳县	西汉 东汉 清 1912年 1914年
	寿阳县(朝阳镇)	寿阳县(治今县西南) 受阳县(治今址) 寿阳县	西晋 唐 唐
	祁　县(昭余镇)	祁邑 祁县(治今县东南祁城,北魏迁今址) 祈县 祁县	春秋晋 西汉 金 元
	平遥县(古陶镇)	京陵县(治今县东北) 平陶县(治今址) 平遥县	西汉 北魏 北魏
	灵石县(翠峰镇)	治今址。1958年并入介休县,1961年复置。	隋
运城市	运城市(盐湖区)	运城县(治今市) 运城市 注:1983年设县级市。2000年升设地级市,原县级运城市改置盐湖区。	1958年 1983年
	盐湖区(中城街道)	由原县级运城市改置,治今区。	2000年

续 表

	今地名	沿革变迁	
运城市	永济市（城西街道）	蒲坂县（治今市西南蒲州镇）	秦
		蒲反县	西汉
		蒲坂县	东汉
		并州治	前赵
		雍州治	前秦
		并州治	后秦
		冀州治	后秦
		并州治	夏
		雍州	北魏
		泰州	北魏
		河东郡治	北魏
		蒲州治	北周
		河东县	隋
		河东郡治	隋
		蒲州	隋
		河中府	唐
		蒲州	唐
		河中府	唐
		蒲州	金
		河中府	金
		蒲州	明
		永济县（1949 年迁今市）	清
		永济市	1994 年
	河津市（城区街道）	皮氏县（治今市西）	秦
		龙门县	北魏
		河津县（治今址）	北宋
		河津市	1994 年
	临猗县（猗氏镇）	由临晋、猗氏二县合置，治今址。	1954 年
		附：① 猗氏县—西汉置，治今临猗县南。西魏改桑泉县，北周复改猗氏县。隋大业九年(613 年)迁治今县。1954 年与临晋县合置临猗县。 ② 临晋县—唐改桑泉县置，治今临猗县西。1954 年与猗氏县合置临猗县。	

续 表

	今地名	沿 革 变 迁	
运城市	万荣县 (解店镇)	由万泉、荣河二县合置,治今址。	1954 年
		附:① 万泉县—唐武德三年(620 年)置,治今万荣县西南万泉村。蒙古至元三年(1266 年)废,元至元十五年复置,后又废。至正十四年(1354 年)又置,迁治今县西南万泉村。1954 年与荣河县合置万荣县。 ② 荣河县—北宋大中祥符三年(1010 年)改宝鼎县置,治今万荣县西南。贞祐三年(1215 年)升荣州。元初复改荣河县。1947 年迁治今县西南荣河镇。1954 年与万泉县合置万荣县。 ③ 汾阴县—西汉置,治今万荣县城关西南。唐开元中改宝鼎县,北宋改荣河县。	
	闻喜县 (桐城镇)	左邑县(治今址)	秦
		闻喜县	西汉
	稷山县 (稷峰镇)	高凉县(治今县东南)	北魏
		稷山县(治今址)	隋
	新绛县 (龙兴镇)	正平县(治今址)	隋
		绛郡治	隋
		绛州治	唐、宋
		晋安府	金
		绛州	元
		新绛县	1912 年
	绛 县 (古绛镇)	南绛县(治今县南)	北魏
		绛县(唐迁治今址)	西魏
	垣曲县 (新城镇)	垣邑(治今县东南)	战国魏
		垣县	西汉
		东垣县	东汉
		白水县	北魏
		亳城县	北周
		垣县	隋
		垣曲县(1959 年迁今址)	北宋

续 表

	今地名	沿革变迁	
运城市	夏县（瑶峰镇）	安邑县（治今县西北）	秦
		河东郡治	秦
		南安邑县	北魏
		北安邑县	北魏
		夏县	北魏
		安邑郡（治今址）	北周
		夏县	唐
	平陆县（圣人涧镇）	大阳县（治今县西南）	西汉
		河北郡治	北魏、西魏
		河北县	北周
		平陆县（治平陆城，1958年迁治今址）	唐
	芮城县（古魏镇）	河北县（治今县西 ）	西汉
		河北郡治	后秦、北魏
		安戎县	西魏
		芮城县（治今址）	北周
忻州市	忻州市（忻府区）	秀容县（治今市西北）	北魏
		秀容郡治	北魏
		忻州治（今市）	隋
		忻县	1912年
		忻定县	1958年
		忻县	1961年
		忻州市（地级）	1983年
	忻府区（秀容街道）	由原县级忻州市改置，治今区。	2000年
	原平市（北城街道）	原平县（治今市）	西汉
		石城县	北魏
		平寇县	隋
		崞县	隋
		崞州	蒙古
		崞县	明
		原平县	1958年
		原平市	1993年

续 表

	今地名	沿革变迁	
忻州市	定襄县(晋昌镇)	阳曲县(治今县东南)	西汉
		定襄县	东汉
		永安郡治(今址)	北魏
		定襄县	唐
		忻定县	1958年
		定襄县	1961年
	五台县(台城镇)	虑虒县(治今址)	西汉
		驴夷县	北魏
		五台县	隋
		台州	金
		五台县	明
	代县(上馆镇)	广武县(治今县西,北魏迁今址)	西汉
		代州治	隋
		雁门县	隋
		代州	蒙古
		代县	明
		代州	明
		代州直隶州	清
		代县	1912年
	繁峙县(繁城镇)	霍人邑	春秋晋
		霍人县(治今县东)	秦
		葰人县	西汉
		繁畤县	隋
		坚州	金
		繁峙县(治今址)	明
	宁武县(凤凰镇)	宁化县(治今县西南)	北宋
		宁化军治	北宋
		宁化州治	金
		宁化所	明
		宁武县(治今址)	清
		宁武府	清
		宁武县	1913年

续 表

	今地名	沿革变迁	
忻州市	静乐县（鹅城镇）	岢岚县(治今岚县北)	北魏
		岚州治	北魏
		汾源县(治今址)	隋
		静乐县	隋
		楼烦郡治	隋
		管州治	唐
		宪州治	宋
		管州治	金
		静乐县	明
	神池县（龙泉镇）	神武县(治今县东北)	北齐
		神武郡治	北齐
		太平郡治	北齐
		武州治	辽
		神池堡	明
		神池县(治今址)	清
	五寨县（砚城镇）	宁远县(治今县北)	辽
		五寨堡	明
		五寨县(治今址)	清
	岢岚县（岚漪镇）	岢岚镇	隋
		岚谷县(治今址)	唐
		岢岚军治	唐
		岢岚州治	金
		岢岚县	元
		岢岚州	明
		岢岚县	1912年
	河曲县（西口镇）	火山县(治今县东南)	北宋
		火山军治	北宋
		河曲县(清迁今址)	金

续 表

	今地名	沿革变迁	
忻州市	保德县 (东关镇)	定羌军(治今县) 保德军 保德县 保德州 保德县	北宋 北宋 金 金 1912年
忻州市	偏关县 (新关镇)	偏头寨 偏头关 偏头关千户所 偏关县(治今址)	五代北汉 元 明 清
临汾市	临汾市 (尧都区)	平阳县(治今市西南金殿镇,北魏迁今市) 平河县 临汾县 晋州治 临汾郡治 晋州治 平阳府治 晋宁路治 平阳府治 临汾县 临汾市 注:1971年设县级市。2000年升设地级市,原县级临汾市改置尧都区。	春秋晋 隋 隋 隋 隋 唐、五代 宋 元 明、清 1912年 1971年
临汾市	尧都区 (路东街道)	由原县级临汾市改置,治今址。	2000年
临汾市	侯马市 (路东街道)	侯马市 曲沃县 侯马市	1958年 1963年 1971年

续 表

<table>
<tr><th></th><th>今地名</th><th colspan="2">沿 革 变 迁</th></tr>
<tr><td rowspan="27">临
汾
市</td><td rowspan="8">霍州市
（开元街街道）</td><td>彘县（治今市）</td><td>西汉</td></tr>
<tr><td>永安县</td><td>东汉</td></tr>
<tr><td>霍邑县</td><td>隋</td></tr>
<tr><td>霍州</td><td>金</td></tr>
<tr><td>霍县</td><td>1912 年</td></tr>
<tr><td>霍汾县</td><td>1958 年</td></tr>
<tr><td>霍县</td><td>1961 年</td></tr>
<tr><td>霍州市</td><td>1989 年</td></tr>
<tr><td>曲沃县
（乐昌镇）</td><td>治今县东南，隋迁今址。</td><td>北魏</td></tr>
<tr><td rowspan="9">翼城县
（唐兴镇）</td><td>北绛县（治今县东南）</td><td>北魏</td></tr>
<tr><td>翼城县（治今址）</td><td>隋</td></tr>
<tr><td>翼城郡</td><td>隋</td></tr>
<tr><td>浍州治</td><td>唐</td></tr>
<tr><td>北浍州治</td><td>唐</td></tr>
<tr><td>浍川县</td><td>唐</td></tr>
<tr><td>翼城县</td><td>北宋</td></tr>
<tr><td>翼州</td><td>金</td></tr>
<tr><td>翼城县</td><td>元</td></tr>
<tr><td rowspan="2">襄汾县
（新城镇）</td><td>由襄陵、汾城两县合置，治今址。</td><td>1954 年</td></tr>
<tr><td colspan="2">附：① 襄陵县—(1) 西汉置，治今襄汾县城北古城村。北齐废。(2) 隋大业二年(606 年)改禽昌县置，治今临汾市东南。北宋迁治今县西北襄陵镇。1954 年与汾城县合置襄汾县。
② 汾城县—1914 年改太平县置，治今襄汾县西南汾城镇。1954 年与襄陵县合置襄汾县。</td></tr>
<tr><td rowspan="5">洪洞县
（大槐树镇）</td><td>杨氏县（治今县东南）</td><td>春秋晋</td></tr>
<tr><td>杨县</td><td>西汉</td></tr>
<tr><td>洪洞县（治今址）</td><td>隋</td></tr>
<tr><td>洪赵县</td><td>1954 年</td></tr>
<tr><td>洪洞县</td><td>1958 年</td></tr>
</table>

续 表

	今地名	沿革变迁	
临汾市	古　县 (岳阳镇)	治今址。	1971年
	安泽县 (府城镇)	安泽县(治今古县北) 岳阳县(治今县东旧县镇,唐迁今址) 安泽县	北魏 隋 1914年
	浮山县 (天坛镇)	浮山县(治今县西) 神山县(治今址) 浮山县 忠孝县 浮山县	唐 唐 金 金 元
	吉　县 (吉昌镇)	定阳县(治今址) 吉昌县 吉乡县 吉州 吉县	北魏 隋 五代唐 金 1912年
	乡宁县 (昌宁镇)	昌宁县(治今县西) 乡宁县(北宋迁今址)	北魏 五代唐
	大宁县 (昕水镇)	大宁县(治今县西,隋迁今址) 隰宁县 吕梁县 大宁县	北周 1958年 1958年 1961年
	隰　县 (龙泉镇)	蒲子县(治今址) 长寿县 隰川县 隰州 隰县 隰宁县 吕梁县 隰县	西汉 北周 隋 隋 1912年 1958年 1958年 1961年

续 表

	今地名	沿革变迁	
临汾市	永和县（芝河镇）	狐讘县（治今县西南）	西汉
		临河县	北周
		永和县（唐初迁今址）	隋
	蒲　县（蒲城镇）	石城县（治今县东南）	北魏
		蒲子县	北周
		蒲县（唐初迁今址）	隋
	汾西县（永安镇）	临汾县（治今址）	北齐
		汾西郡治	东魏
		汾西县	隋
		霍汾县	1958年
		汾西县	1961年
吕梁市	吕梁市（离石区）	吕梁地区	1971年
		吕梁市（地级）	2003年
	离石区（滨河街道）	离石邑	战国赵
		离石县（治今区）	秦
		西河郡治	东汉
		西河国治	西晋
		昌化县	北齐
		离石县	北周
		石州治	北周
		离石郡治	北周
		石州治	隋
		离石郡治	隋
		石州治	唐
		永宁县	1912年
		离石县	1914年
		离山县	1954年
		离石县	1958年
		离石市	1996年
		离石区	2003年

续 表

	今地名	沿革变迁	
吕梁市	孝义市 (新义街道)	中阳县(治今市) 永安县 孝义县 孝义市	三国魏 北魏 唐 1992 年
	汾阳市 (太和桥街道)	兹氏邑(治今市东南) 兹氏县 隰城县 西河县 汾州 汾阳府 汾阳县(治今市) 汾阳市	战国赵 秦 西晋 唐 明 明 明 1996 年
	文水县 (凤城镇)	受阳县(治今县东南) 文水县 武兴县 文水县(北宋迁今址)	北魏 隋 唐 唐
	交城县 (天宁镇)	初治今古交市,唐迁今址。	隋
	兴　县 (蔚汾镇)	蔚汾县(治今县西北) 临泉县 临津县 合河县(北宋迁今址) 兴州 兴县	北齐 隋 唐 唐 金 明
	临　县 (临泉镇)	乌突县(治今县西南) 乌突郡治 太和县 临泉县 临州(治今县) 临县	北周 北周 隋 唐 蒙古 明

续 表

	今地名	沿革变迁	
吕梁市	柳林县 （柳林镇）	由离石、中阳二县析置，治今址。	1971 年
	石楼县 （灵泉镇）	土军县（治今址） 岭西县 吐京郡治 吐京县 石楼县	西汉 北魏 北魏 北魏 隋
	岚　县 （东村镇）	岢岚县（治今县北） 岚州治 岚城县 宜芳县 岚州治 岚县（1950 年迁今址）	北魏 北魏 隋 唐 唐 明
	方山县 （圪洞镇）	良泉县（治今县南） 方山县 方州 方山县 离山县 离石县 方山县（治今址）	北齐 隋 金 蒙古 1954 年 1958 年 1971 年
	中阳县 （宁乡镇）	中阳邑 中阳县（治今址） 平夷县 宁乡县 中阳县	战国赵 西汉 北周 金 1914 年
	交口县 （水头镇）	由隰县、孝义、灵石三县析置，治今址。	1971 年

内蒙古自治区

	今地名	沿 革 变 迁	
内蒙古自治区	内蒙古自治区（呼和浩特市）	简称内蒙古。	
		赵、燕等国及匈奴、东胡地	战国
		匈奴、乌桓、鲜卑及五原、朔方、云中等郡	秦、汉
		丰、胜、云等州	唐
		上京、西京、中京等道	辽
		上都、集宁、全宁等路	元
		东胜、云川、大宁等卫	明
		内蒙古及察哈尔部	清
		绥远及热河、察哈尔等省	1928 年
		内蒙古自治区（首府初治乌兰浩特，1954 年迁今呼和浩特市）	1947 年
		注：① 1954 年绥远省撤销并入。1956 年将旧宁夏省部分地区及甘肃省所辖的阿拉善、额济纳旗并入本区。1969 年东部原昭乌达、哲里木、呼伦贝尔三盟分别划归辽宁、吉林、黑龙江三省；西部巴彦淖尔盟的阿拉善左旗划归宁夏回族自治区，阿拉善右旗和额济纳旗划归甘肃省。1979 年上述地区复划归本区。 ② 绥远省—1914 年设绥远特别行政区。1928 年改绥远省，治归绥市（今呼和浩特市）。1954 年撤销，并入内蒙古自治区。 ③ 兴安省—1945 年置，治今海拉尔市。为东北九省之一。1947 年并入内蒙古自治区。 ④ 卓索图盟—明末置，以会盟地在今辽宁省北票市境卓索图得名。1928 年属热河省，1955 年撤销，并入内蒙古自治区昭乌达盟。	
呼和浩特市	呼和浩特市（新城区）	归化城（治今市）	明
		归化城厅	清
		绥远城	清
		绥远城厅	清
		绥远县	1912 年
		归化县	1913 年
		归绥县	1914 年
		归绥市	1928 年
		呼和浩特市（地级）	1954 年
		注：① 1928—1954 年为绥远省会。 ② 1954 年至今为内蒙古自治区首府。	

续 表

	今地名	沿 革 变 迁	
呼和浩特市	新城区 （成吉思汗大街街道）	新城区 呼和浩特市新城区 东风区 新城区	1953 年 1954 年 1966 年 1979 年
	托克托县 （双河镇）	脱脱城 托克托厅（治今址） 托克托县 注：1928—1954 年曾属绥远省。	明 清 1912 年
	和林格尔县 （城关镇）	和林格尔厅（治今县） 和林格尔县 注：原属山西省，1928—1954 年属绥远省。1954 年划入内蒙古自治区。	清 1912 年
	清水河县 （城关镇）	清水河厅（治今县） 清水河县 注：原属山西省，1928—1954 年属绥远省。1954 年划入内蒙古自治区。	清 1912 年
	武川县 （可可以力更镇）	武川厅（治归化城） 武川县（治今址） 注：原属山西省，1928—1954 年属绥远省。1954 年划入内蒙古自治区。	清 1912 年
	土默特左旗 （察素齐镇）	由土默特旗东部地区析置，治今址。	1965 年
包头市	包头市 （昆都仑区）	包头设治局（治今市） 包头县 包头市 注：1928—1954 年曾属绥远省。	1923 年 1926 年 1933 年

续 表

	今地名	沿革变迁
包头市	昆都仑区（少先路街道）	新市区办事处 1955 年 昆都仑区 1956 年
包头市	固阳县（金山镇）	固阳设治局(治今址) 1919 年 固阳县 1926 年 注：1928—1954 年曾属绥远省。
包头市	土默特右旗（萨拉齐镇）	由土默特西部地区析置,治今址。 1965 年
包头市	达尔罕茂明安联合旗（百灵庙镇）	由达尔罕、茂明安二旗合并设置,治今址。 1952 年 注：① 1952 年置,属绥远省。1954 年划入内蒙古自治区。 ② 达尔罕旗—清顺治十年(1653 年)置,治今达尔罕茂明安联合旗北。1949 年改达尔罕旗,1952 年与茂明安旗合置达尔罕茂明安联合旗。 ③ 茂明安旗—清康熙三年(1664 年)置,治今固阳县东北。后迁今达尔罕茂明安联合旗西北。1952 年与达尔罕旗合置达尔罕茂明安联合旗。
乌海市	乌海市（海勃湾区）	乌海市 1961 年 海勃湾市 1961 年 乌海市(地级) 1975 年
乌海市	海勃湾区（凤凰岭街道）	桌子山矿区 1955 年 海勃湾市 1961 年 海勃湾区 1975 年
乌海市	乌达区（滨海街道）	乌达镇 1958 年 乌达市 1961 年 乌达办事处 1975 年 乌达区 1979 年

续表

	今地名	沿革变迁	
赤峰市	赤峰市（红山区）	赤峰县（治今市）	清
		赤峰直隶州	清
		赤峰县	1913年
		赤峰市	1945年
		注：① 原属直隶省（今河北省），1928—1955年曾属热河省，1955年划入内蒙古自治区。1969—1979年市境辖区曾属辽宁省。 ② 昭乌达盟—清代设置，以会盟地在翁牛特旗昭乌达得名。1956年迁治赤峰市。1983年改置赤峰市（地级）。	
	红山区（站前街道）	由原县级赤峰市改置。	1983年
	林西县（林西镇）	治今址。	清
		注：原属直隶省（今河北省），1928—1949年曾属热河省，1969—1979年曾划入辽宁省。	
	宁城县（天义镇）	宁城设治局（治今县西北）	1931年
		宁城县	1932年
		喀喇沁旗宁城联合县	1948年
		宁城县（治今址）	1949年
		注：1955年属内蒙古自治区。1969—1979年曾划入辽宁省。	
	阿鲁科尔沁旗（天山镇）	阿鲁科尔沁部（治今旗西北）	明
		阿鲁科尔沁旗（1946年迁今址）	清
		注：1928—1949年曾属热河省，1969—1979年曾划入辽宁省。	
	巴林左旗（林东镇）	巴林部（治今旗东北）	明
		巴林左旗（1933年迁今址）	清
		注：1928—1949年曾属热河省，1969—1979年曾划入辽宁省。	
	巴林右旗（大板镇）	巴林部（治今旗西北）	明
		巴林右旗（1945年迁今址）	清
		注：1928—1949年曾属热河省，1969—1979年曾划入辽宁省。	

续　表

	今地名	沿　革　变　迁	
赤峰市	克什克腾旗 (经棚镇)	克什克腾部 克什克腾旗(治克什克腾王府) 经棚设治局(治今址) 经棚县 克什克腾旗 注：1928—1949 年曾属热河省,1969—1979 年曾划入辽宁省。	明 清 1912 年 1914 年 1948 年
	翁牛特旗 (乌丹镇)	翁牛特部 翁牛特右翼旗 翁牛特旗 翁牛特蒙古族自治区 翁牛特蒙古族自治旗 翁牛特旗(治今址) 注：1969—1979 年曾划入辽宁省。	明 清 1946 年 1953 年 1954 年 1956 年
	喀喇沁旗 (锦山镇)	建西县 喀喇沁右旗建西县联合旗 喀喇沁旗(治今址)	1946 年 1947 年 1949 年
	敖汉旗 (新惠镇)	初治王子庙,1949 年迁今址。 注：1928—1955 年曾属热河省,1969—1979 年曾划入辽宁省。	清
通辽市	通辽市 (科尔沁区)	通辽县(治今市) 哲里木盟 通辽市 注：① 哲里木盟—清代设置,以会盟地在科尔沁右翼中旗哲里木得名。伪满时撤销。1945 年复设,迁治通辽县(今市)。1953 年撤销,1954 年复置。1999 年撤销,改置通辽市(地级)。 ② 1969—1979 年哲里木盟所属行政区域曾划入吉林省。	1918 年 1947 年 1951 年
	科尔沁区 (西门街道)	由原县级通辽市改置,治今区。	1999 年

续 表

	今地名	沿革变迁	
通辽市	霍林郭勒市 (莫斯台街道)	治珠斯花街。	1985 年
	开鲁县 (开鲁镇)	治今址。 注：1928—1949 年曾属热河省，1969—1979 年曾划入吉林省。	清
	扎鲁特旗 (鲁北镇)	扎鲁特部 扎鲁特左翼旗 扎鲁特右翼旗 扎鲁特旗(治今址) 注：1928—1947 年曾属热河省，1969—1979 年曾划入吉林省。	明 清 清 1949 年
	科尔沁左翼中旗 (保康镇)	科尔沁部 科尔沁左翼中旗(治巴彦塔拉，1956 年迁今址) 注：1969—1979 年曾划入古林省。	明 清
	科尔沁左翼后旗 (甘旗卡镇)	科尔沁部 科尔沁左翼后旗(治双合山，1955 年迁今址) 注：1969—1979 年曾划入吉林省。	明 清
	库伦旗 (库伦镇)	锡埒图库伦旗 绥东县(治今址) 小库伦旗 库伦旗 注：1969—1979 年曾划入吉林省。	清 清 1933 年 1949 年
	奈曼旗 (大沁他拉镇)	治今址。 注：1928—1947 年曾属热河省，1969—1979 年曾划入吉林省。	清

续　表

	今地名	沿 革 变 迁
鄂尔多斯市	鄂尔多斯市 (康巴什区)	鄂尔多斯部　明 伊克昭盟　清 鄂尔多斯市(治东胜区)　2001 年 注：① 1928—1954 年曾属绥远省。 ② 伊克昭盟—清代设置,以会盟地在鄂尔多斯部伊克昭(蒙古语意为“大庙”)得名。1950 年迁治东胜县(今区)。2001 年撤销,改设鄂尔多斯市(地级)。
	康巴什区 (滨河街道)	析东胜区南部设立。　2016 年
	东胜区 (天骄街道)	东胜厅(治今区)　清 东胜县　1912 年 东胜市　1983 年 东胜区　2001 年 注：1928—1954 年曾属绥远省,2016 年析置康巴什区。
	达拉特旗 (工业街道)	治今旗西北,1953 年迁今址。　清 注：1928—1954 年曾属绥远省。
	准格尔旗 (兴隆街道)	治扎勒谷,1950 年迁沙圪堵,1996 年迁今址。　清 注：1928—1954 年曾属绥远省。
	鄂托克前旗 (敖勒召其镇)	由鄂托克旗析置,治今址。　1980 年
	鄂托克旗 (乌兰镇)	初治锡拉布里多淖尔,1950 年迁今址。　清 注：1928—1954 年曾属绥远省。

续 表

	今地名	沿 革 变 迁
鄂尔多斯市	杭锦旗 （锡尼镇）	初治今旗西北沙日召，1939年迁今址。　清 注：1928—1954年曾属绥远省。
	乌审旗 （嘎鲁图镇）	初治巴哈淖尔，1950年迁今址。　清 注：1928—1954年曾属绥远省。
	伊金霍洛旗 （阿勒腾席热镇）	由扎萨克、郡王二旗析置，治新街。　1958年 1965年迁今址。 附：① 扎萨克旗—清顺治五年（1648年）置，治今伊金霍洛旗南。1958年与郡王旗合置伊金霍洛旗。 ② 郡王旗—清顺治六年（1649年）置，治今伊金霍洛旗。1958年与扎萨克旗合置伊金霍洛旗。
呼伦贝尔市	呼伦贝尔市 （海拉尔区）	呼伦直隶厅（治海拉尔）　清 呼伦贝尔盟　1945年 呼伦贝尔纳文慕仁盟　1949年 呼伦贝尔盟　1954年 呼伦贝尔市（治今址）　2001年 注：① 1969—1979年间呼伦贝尔盟所属区域曾划入黑龙江省。2001年呼伦贝尔盟撤销，改设呼伦贝尔市（地级），治今海拉尔区。 ② 呼伦贝尔盟—1945年解放后成立呼伦贝尔自治省政府，1946年改呼伦贝尔地方自治政府。1948年改呼伦贝尔盟，治今海拉尔市。2001年撤销，改置呼伦贝尔市（地级）。
	海拉尔区 （正阳街道）	呼伦直隶厅（治今区）　清 呼伦县　1913年 海拉尔市　1940年 海拉尔区　2001年 注：1945—1947年曾为兴安省会，1969—1979年曾划入黑龙江省。为呼伦贝尔行署驻地。

续 表

	今地名	沿 革 变 迁	
呼伦贝尔市	满洲里市(东山街道)	胪滨府(治今市) 胪滨县 满洲里市 注：1969—1979 年曾划入黑龙江省。	清 1913 年 1934 年
	牙克石市(新工街道)	喜桂图旗(治今市) 牙克石市 注：1969—1979 年曾划入黑龙江省。	1950 年 1983 年
	扎兰屯市(兴华街道)	雅鲁县(治今市) 布特哈旗 扎兰屯市 注：1945—1947 年曾属兴安省，1969—1979 年曾划入黑龙江省。	1929 年 1934 年 1983 年
	额尔古纳市(拉布大林街道)	额尔古纳右翼旗(治今市北) 额尔古纳旗(治三河镇) 额尔古纳右翼旗(1975 年治今市) 额尔古纳市 注：1969—1979 年曾划入黑龙江省。	1934 年 1948 年 1966 年 1994 年
	根河市(河西街道)	额尔古纳左翼旗(治奈勒穆图) 额尔古纳旗(治三河镇，1961 年迁今址) 额尔古纳左翼旗 根河市 注：1969—1979 年曾划入黑龙江省。	1934 年 1948 年 1966 年 1994 年
	阿荣旗(那吉镇)	初治红花梁子，1941 年迁今址。 注：1945—1947 年曾属兴安省，1969—1979 年曾划入黑龙江省。	1933 年

续 表

	今地名	沿革变迁	
呼伦贝尔市	陈巴尔虎旗（巴彦库仁镇）	陈巴尔虎部 陈巴尔虎旗（治今址） 注：1945—1947 年曾属兴安省，1969—1979 年曾划入黑龙江省。	清 1919 年
	新巴尔虎左旗（阿木古郎镇）	新巴尔虎左翼四旗 新巴尔虎左旗（治今址） 注：1945—1947 年曾属兴安省，1969—1979 年曾划入黑龙江省。	清 1933 年
	新巴尔虎右旗（阿拉坦额莫勒镇）	新巴尔虎右翼四旗 新巴尔虎右旗（治今址） 注：1945—1947 年曾属兴安省，1969—1979 年曾划入黑龙江省。	清 1933 年
	莫力达瓦达斡尔族自治旗（尼尔基镇）	莫力达瓦旗（治今址） 莫力达瓦达斡尔族自治旗 注：1945—1947 年曾属兴安省，1969—1979 年曾划入黑龙江省。	1933 年 1958 年
	鄂伦春自治旗（阿里河镇）	鄂伦春旗 鄂伦春自治旗（治小二沟，1958 年迁今址） 注：1969—1979 年曾划入黑龙江省。	1951 年 1952 年
	鄂温克族自治旗（巴彦托海镇）	索伦旗（治今址） 鄂温克族自治旗 注：1945—1947 年曾属兴安省，1969—1979 年曾划入黑龙江省。	1932 年 1958 年
巴彦淖尔市	巴彦淖尔市（临河区）	巴彦淖尔盟（治巴彦浩特市，1958 年迁磴口县，1969 年迁今市） 巴彦淖尔市（地级）	1956 年 2003 年

续 表

	今地名	沿革变迁	
巴彦淖尔市	临河区（解放街道）	临河县(治今区东北古城)	秦
		临河设治局(治今区)	1925年
		临河县	1929年
		临河市	1984年
		临河区	2003年
		注：1928—1954年曾属绥远省。	
	五原县（隆兴昌镇）	五原直隶厅(治今包头市)	清
		五原县(治今址)	1912年
		注：1928—1954年曾属绥远省。	
	磴口县（巴彦高勒镇）	磴口县(治归磴口,1949年迁三盛公)	1929年
		巴彦高勒市	1960年
		磴口县(治今址)	1964年
		注：1929—1954年属宁夏省,1954年改属甘肃省,1956年划归内蒙古自治区。	
	乌拉特前旗（乌拉山镇）	乌拉特部	明
		乌拉特前旗(西公旗,治今址)	清
		注：1928—1954年曾属绥远省。	
	乌拉特中旗（海流图镇）	乌拉特部	明
		乌拉特中旗(中公旗,治今址)	清
		乌拉特中后联合旗	1952年
		乌拉特中旗	1981年
		注：1928—1954年曾属绥远省。	
	乌拉特后旗（巴音宝力格镇）	乌拉特部	明
		乌拉特后旗(东公旗,治赛乌苏镇)	清
		乌拉特中后联合旗	1952年
		潮格旗	1970年
		乌拉特后旗(2005年治今址)	1981年
		注：1928—1954年曾属绥远省。	

续 表

	今地名	沿 革 变 迁
巴彦淖尔市	杭锦后旗（陕坝镇）	米仓县（治今旗西三道桥） 1942年 杭锦后旗（1958年治今址） 1953年 注：1942—1954年曾属绥远省。
乌兰察布市	乌兰察布市（集宁区）	乌兰察布盟 清 乌兰察布市 2003年 注：以会盟红螺谷（“乌兰察布”）得名。2003年乌兰察布盟撤销，改设乌兰察布市（地级）。
	集宁区（新体路街道）	集宁县（治察哈尔右翼前旗东北土城子） 金 集宁路 元 集宁招垦设治局（治今区） 1921年 集宁县 1922年 平地泉镇 1951年 集宁市 1956年 集宁区 2003年 注：1928—1954年曾属绥远省。
	丰镇市（北城区街道）	丰镇厅（治今市） 清 丰镇直隶厅 清 丰镇县 1912年 丰镇市 1946年 丰镇县 1947年 丰镇市 1990年 注：1928—1954年曾属绥远省。
	卓资县（卓资山镇）	龙胜县（治今址） 1946年 卓资县 1952年 注：1928—1954年曾属绥远省。

续 表

	今地名	沿革变迁	
乌兰察布市	化德县 (长顺镇)	化德设治局(治今址) 新明设治局 化德县 新明县 化德县 注：1934—1950年曾属察哈尔省。	1934年 1936年 1945年 1947年 1949年
	商都县 (七台镇)	商都垦务局 商都招垦设治局 商都县(治今址) 注：1928—1949年曾属察哈尔省,1962年由河北省划归内蒙古自治区。	1916年 1917年 1918年
	兴和县 (城关镇)	兴和厅(治今址) 兴和县 注：1928—1954年曾属绥远省。	清 1912年
	凉城县 (岱海镇)	宣德县(治今县东北) 宣宁县 宣德卫 宁远厅 宁远县 凉城县(治田家镇,1937年迁今址) 注：1928—1954年曾属绥远省。	辽 金 明 清 1912年 1914年
	察哈尔右翼前旗 (土贵乌拉镇)	正黄旗(治今址) 察哈尔右翼前旗	清 1954年
	察哈尔右翼中旗 (科布尔镇)	察哈尔右翼镶蓝旗 察哈尔右翼镶红旗 镶蓝镶红联合旗 察哈尔右翼中旗(治今址)	清 清 1950年 1954年

续 表

	今地名	沿革变迁	
乌兰察布市	察哈尔右翼后旗（白音察干镇）	正红旗 东四旗中心旗 察哈尔右翼后旗（治今址）	清 1950年 1954年
	四子王旗（乌兰花镇）	四子部落 四子王旗（治今址） 注：1928—1954年属绥远省。	明 清
兴安盟	兴安盟（乌兰浩特市）	1945年设盟，寄治索伦镇，1949年迁乌兰浩特市。1953年撤销，1980年复置。	1945年
	乌兰浩特市（和平街道）	1947年设市，1947—1949年为内蒙古自治区首府，1949—1964年和1980年至今为兴安盟驻地。	1947年
	阿尔山市（温泉街道）	由科尔沁右翼旗析置，治阿尔山。	1996年
	突泉县（突泉镇）	醴泉县（治今址） 突泉县 注：1969—1979年曾划入吉林省。	清 1914年
	科尔沁右翼前旗（科尔沁镇）	科尔沁部 科尔沁右翼前旗（治王爷庙，2003年迁今址） 注：1969—1979年曾划入吉林省。	明 清
	科尔沁右翼中旗（巴彦呼舒镇）	科尔沁部 科尔沁右翼中旗（治代钦他拉，2004年迁今址） 注：1969—1979年曾划入辽宁省。	明 清

续 表

	今地名	沿革变迁	
兴安盟	扎赉特旗(音德尔镇)	科尔沁部 扎赉特旗(治图卜绅察,1936年迁今址) 注:1969—1979年曾划入黑龙江省。	明 清
锡林郭勒盟	锡林郭勒盟(锡林浩特市)	治贝子庙(今锡林浩特市) 注:1928—1947年曾属察哈尔省。	清
	锡林浩特市(希日塔拉街道)	原名贝子庙,治锡林浩特镇(今址)。	1983年
	二连浩特市(乌兰街道)	治二连浩特镇(今址)。	1966年
	多伦县(多伦淖尔镇)	多伦诺尔厅(治今址) 多伦县 注:1928—1950年曾属察哈尔省。	清 1913年
	阿巴嘎旗(别力古台镇)	阿巴嘎部 阿巴嘎左翼旗 阿巴嘎右翼旗 西部联合旗 阿巴嘎旗(治今址)	明 清 清 1952年 1956年
	苏尼特左旗(满都拉图镇)	苏尼特部 苏尼特左翼旗 苏尼特左旗(治今址)	明 清 1946年
	苏尼特右旗(赛汉塔拉镇)	苏尼特部 苏尼特右翼旗 苏尼特右旗(治温都尔庄,治今址)	明 清 1948年

续 表

	今地名	沿革变迁	
锡林郭勒盟	东乌珠穆沁旗（乌里雅斯太镇）	乌珠穆沁部 乌珠穆沁左翼旗 东乌珠穆沁旗 东部联合旗 东乌珠穆沁旗（治今址）	明 清 1946 年 1949 年 1956 年
	西乌珠穆沁旗（巴拉嘎尔高勒镇）	乌珠穆沁部 乌珠穆沁右翼旗 西乌珠穆沁旗 东部联合旗 西乌珠穆沁旗（治今址）	明 清 1946 年 1949 年 1956 年
	太仆寺旗（宝昌镇）	太仆寺左翼牧群 太仆寺右翼牧群 太仆寺左旗 太仆寺右旗 太仆寺左旗 明安太右联合旗 太仆寺旗（治今址）	清 清 1936 年 1936 年 1950 年 1950 年 1956 年
	镶黄旗（新宝拉格镇）	由商都镶黄旗改置，治化德镇。1963 年迁今址。	1960 年
	正镶白旗（明安图镇）	察哈尔部 正白镶白联合旗 正镶白旗（治察汗淖尔，2004 年迁今址）	清 1950 年 1956 年
	正蓝旗（上都镇）	初治今旗西北，1979 年迁今址。	清

续 表

	今地名	沿 革 变 迁	
阿拉善盟	阿拉善盟(阿拉善左旗)	由巴彦淖尔盟析置,治阿拉善左旗。	1979年
	阿拉善左旗(巴彦浩特镇)	阿拉善旗 阿拉善自治旗 阿拉善旗 阿拉善左旗(治今址)	清 1950年 1954年 1961年
	阿拉善右旗(巴丹吉林镇)	阿拉善旗 阿拉善右旗(治今雅布赖镇,1964年迁今址)	清 1961年
	额济纳旗(达来呼布镇)	土尔扈特部 额济纳土尔扈特旗(治今址,1949年迁治建国营) 额济纳自治区 额济纳自治旗 额济纳旗(1959年复治今址) 注:1952年属宁夏省,1954年划甘肃省,1956年划归内蒙古自治区。	清 清 1952年 1955年 1956年

辽　宁　省

	今地名	沿　革　变　迁	
辽宁省	辽宁省（沈阳市）	简称辽。	
		燕国	战国
		辽东、辽西等郡	秦
		辽东、辽西、右北平等郡	西汉
		辽东、辽西等郡和辽东属国	东汉
		柳城、燕、辽东等郡	隋
		高丽	隋
		安东都护府	唐
		咸州、东京等道	辽
		东京路及咸平路、咸平府	金
		辽阳行中书省	元
		辽东都指挥使司	明
		盛京（治今沈阳）	清
		奉天省（省会沈阳）	清
		辽宁省（省会沈阳）	1929 年
		辽东、辽西二省	1949 年
		辽宁省	1954 年
		注：① 1969 年原热河省东部朝阳地区并入，1969—1979 年内蒙古自治区昭乌达盟曾划入。 ② 辽东省—1949 年分辽宁省东部设置，治安东市（今丹东市）。1954 年与辽西省合并复设辽宁省。 ③ 辽西省—1949 年分辽宁省西部设置，治今锦州市。1954 年与辽东省合并设置辽宁省。 ④ 辽北省—见“吉林省”条。 ⑤ 安东省—见“吉林省”条。	

续　表

	今地名	沿革变迁	
沈阳市	沈阳市(浑南区)	沈州(治今市)	唐
		沈阳路	元
		沈阳中卫	明
		盛京	清
		承德县	清
		奉天府	清
		奉天县	1913年
		承德县	1913年
		沈阳县	1914年
		奉天市(奉天省会)	1923年
		沈阳市(辽宁省会)	1929年
		注：1949年为中央直辖市,1954年为辽宁省地级市、辽宁省省会。	
	浑南区(沈中大街)	东陵区	1964年
		浑南区	2014年
	辽中区(蒲东街道)	辽中县(治今区)	清
		辽中区	2016年
		注：1949—1954年曾属辽西省。	
	新民市(新柳街道)	新民厅(治今市)	清
		新民府(治今市)	清
		新民县	1913年
		新民市	1993年
		注：1949—1954年曾属辽西省。	
	康平县(胜利街道)	治今址。	清
		注：1945—1948年曾属辽北省,1949—1954年曾属辽西省。	
	法库县(吉祥街道)	法库门	清
		法库直隶厅(治今址)	清
		法库县	1913年
		注：1945—1948年曾属辽北省,1949—1954年曾属辽西省。	

续 表

	今地名	沿革变迁	
大连市	大连市 (西岗区)	大连市(省辖) 旅大市 大连市(地级) 注：1950 年与旅顺合并为旅大市，为中央直辖市。1954 年为辽宁省地级市。	1945 年 1950 年 1981 年
	西岗区 (人民广场街道)	治今址。 注：1946 年属大连市，1954 年属旅大市，1982 年复属大连市。	1946 年
	旅顺口区 (水师营街道)	旅顺市 旅顺口区 注：1960 年属旅大市，1981 年属大连市。	1945 年 1960 年
	金州区 (马桥子街道)	来苏县(治今区) 苏州(治今区) 化成县 金州 金州万户府 金州卫(治今区) 宁海县 金州厅 金县 金州区	辽 辽 金 金 元 明 清 清 1913 年 1987 年
	普兰店区 (南山街道)	新金县(治今市东皮口，1956 年迁今市) 普兰店市 普兰店区 注：1949—1954 年曾属辽东省。	1945 年 1991 年 2015 年

续　表

	今地名	沿　革　变　迁	
大连市	瓦房店市 (共济街道)	复州(治今市西复州城) 复州卫 复州厅 复州(治今市) 复县 瓦房店市 注：1949—1954 年曾属辽东省。	辽 明 清 清 1913 年 1985 年
	庄河市 (新华街道)	庄河厅(治今市) 庄河县 庄河市 注：1949—1954 年曾属辽东省。	清 1913 年 1992 年
	长海县 (大长山岛镇)	长山县(治小长山岛回龙村) 长海县(治今址)	1949 年 1953 年
鞍山市	鞍山市 (铁东区)	治今址。 注：1949—1954 年曾为中央直辖市,1954 年为辽宁省地级市。	1937 年
	铁东区 (解放街道)	治今址。	1954 年
	海城市 (东四街道)	临溟县(治今市) 海州治 海州卫治 海城县 海城市 注：1949—1954 年曾属辽东省。	辽 辽 明 清 1985 年
	台安县 (八角台街道)	由辽中、镇安(今黑山)两县析置,治今址。 注：1949—1954 年曾属辽西省。	1914 年

续 表

	今地名	沿 革 变 迁	
鞍山市	岫岩满族自治县（阜昌街道）	岫岩堡 岫岩厅（治今址） 岫岩州（治今址） 岫岩县 岫岩满族自治县 注：1945—1949 年曾属安东省，1949—1954 年曾属辽东省。	明 清 清 1913 年 1985 年
抚顺市	抚顺市（顺城区）	由抚顺县城析置。1949 年为中央直辖市，1954 年为辽宁省地级市。	1937 年
	顺城区（长春街道）	抚顺市郊区 顺城区	1978 年 1988 年
	抚顺县（石文镇）	抚顺所 抚顺县（治今抚顺市，1969 年迁今址）	明 清
	新宾满族自治县（新宾镇）	兴京厅（治今县西老城） 兴京府（治今址） 兴京县 新宾县 兴京县 新宾县 新宾满族自治县 注：1945—1949 年曾属安东省，1949—1954 年曾属辽东省。	清 清 1914 年 1929 年 1933 年 1945 年 1985 年
	清原满族自治县（清原镇）	清源县（治今址） 清原县 清原满族自治县 注：1949—1954 年曾属辽东省。	1925 年 1929 年 1990 年
本溪市	本溪市（平山区）	本溪湖市 本溪市 注：1949—1954 年曾为中央直辖市，1954 年为辽宁省地级市。	1939 年 1945 年

续 表

	今地名	沿革变迁	
本溪市	平山区(东明街道)	由原彩屯、工源二区撤并合置。	1955年
	本溪满族自治县(观音阁街道)	本溪县(治今本溪市,1960年迁今址) 本溪满族自治县 注:1949—1952年曾属辽东省。	清 1989年
	桓仁满族自治县(八卦城街道)	怀仁县(治今址) 桓仁县 桓仁满族自治县 注:1945—1949年曾属安东省,1949—1954年曾属辽东省。	清 1914年 1989年
丹东市	丹东市(振兴区)	安东县(治今市) 安东市 丹东市(地级) 注:1945—1949年曾属安东省,1949—1954年曾为辽东省会。	清 1937年 1965年
	振兴区(站前街道)	由原中央区、镇兴区合并设置。	1956年
	东港市(新兴街道)	安东县(治今丹东市,1946年治大东沟,即今市) 东沟县 东港市 注:1945—1949年曾属安东省,1949—1954年曾属辽东省。	清 1965年 1993年
	凤城市(凤凰城街道)	凤凰厅(治今市) 凤凰县 凤城县 凤城满族自治县 凤城市 注:1945—1949年曾属安东省,1949—1954年曾属辽东省。	清 1913年 1914年 1985年 1994年

续 表

<table>
<tr><th></th><th>今地名</th><th colspan="2">沿 革 变 迁</th></tr>
<tr><td>丹东市</td><td>宽甸满族自治县（宽甸镇）</td><td colspan="2">宽甸县（治今址） 清
宽甸满族自治县 1990 年
注：1945—1949 年曾属安东省，1949—1954 年曾属辽东省。</td></tr>
<tr><td rowspan="5">锦州市</td><td>锦州市（太和区）</td><td colspan="2">由锦县析置，治今址。 1937 年
注：1937 年设县级市，1949 年升地级市。1949—1954 年曾为辽西省会。</td></tr>
<tr><td>太和区（营盘街道）</td><td colspan="2">锦州市农村工作办事处 1957 年
郊区 1962 年
太和区 1983 年</td></tr>
<tr><td>凌海市（大凌河街道）</td><td colspan="2">永乐县（治今锦州市） 辽
锦州 辽
锦县（治大凌河镇，即今市） 清
凌海市 1993 年
注：1949—1954 年曾属辽西省。</td></tr>
<tr><td>北镇市（北镇街道）</td><td colspan="2">山东县（治今市） 辽
广宁县 金
广宁府 金
广宁卫 明
广宁县 清
广宁府 清
北镇县 1914 年
北镇满族自治县 1989 年
北宁市 1995 年
北镇市 2006 年
注：1949—1954 年曾属辽西省。</td></tr>
<tr><td>黑山县（黑山街道）</td><td colspan="2">镇安县（治今址） 清
黑山县 1914 年
注：1949—1954 年曾属辽西省。</td></tr>
</table>

续 表

	今地名	沿革变迁	
锦州市	义县 (义州街道)	弘政县(治今县东北) 义州(治今址) 义县 注：1949—1954年曾属辽西省。	辽 金 1913年
营口市	营口市 (站前区)	治今址。 注：1949—1954年曾属辽东省。	1938年
	站前区 (建设街道)	东营子 站前区	清初 1957年
	盖州市 (西城街道)	盖州(治今市) 盖州卫 盖平县 盖县 盖州市 注：1949—1954年曾属辽东省。	金 明 清 1965年 1992年
	大石桥市 (镁都街道)	营口厅(治今营口市) 营口县(1948年迁大石桥镇,即今市) 大石桥市 注：1949—1954年属辽东省。	清 1913年 1992年
阜新市	阜新市 (细河区)	1940年由阜新县析置,治今市。 注：1949年为辽西省地级市,1954年复属辽宁省。	1940年
	细河区 (玉丰街道)	阜新市第四区 六家子区(次年撤销) 郊区 细河区	1954年 1955年 1963年 1984年
	彰武县 (彰武镇)	治今址。 注：1949—1954年曾属辽西省。	清

续 表

	今地名	沿革变迁	
阜新市	阜新蒙古族自治县（城区街道）	阜新县（治鄂尔土坂）	清
		阜新蒙古族自治县（治今址）	1958年
		注：1928—1948年曾属热河省，1949—1954年曾属辽西省。	
辽阳市	辽阳市（白塔区）	由辽阳县城析置，治今址。	1938年
		注：1949—1954年曾属辽东省，1954年为辽宁省地级市。	
	白塔区（文圣街道）	第一区	1949年
		西关、白塔街道办事处	1956年
		白塔区	1958年
	灯塔市（万宝桥街道）	灯塔区（治今市）	1968年
		灯塔县	1980年
		灯塔市	1996年
	辽阳县（首山镇）	辽阳县（今辽阳市老城）	辽
		辽阳府治	辽
		辽阳路治	元
		辽阳府治	清
		辽阳州（治今辽阳市老城）	清
		辽阳县（治今辽阳市，1980年迁今址）	1913年
		注：1949—1954年曾属辽东省。	
盘锦市	盘锦市（兴隆台区）	盘锦农垦局	1953年
		盘锦垦区（治今市）	1966年
		盘锦市（地级）	1984年
	兴隆台区（创新街道）	治今址。	1986年
	大洼区（大洼街道）	大洼区（治今址）	1970年
		大洼县	1975年
		大洼区	2016年

续 表

	今地名	沿 革 变 迁	
盘锦市	盘山县(太平街道)	盘山厅(治双台子)	清
		盘山县	1913 年
		盘山区	1970 年
		盘山县	1975 年
		注：1949—1954 年曾属辽西省。	
铁岭市	铁岭市(银州区)	由铁岭县城析置(县级),1984 年升为地级市。	1979 年
	银州区(工人街道)	由原县级铁岭市改置。	1984 年
	调兵山市(调兵山街道)	铁法县(治今市境,1948 年废)	1946 年
		铁法市	1981 年
		调兵山市(治今址)	2002 年
	开原市(新城街道)	开原县(治开原老城,1939 年迁开原新城)	清
		开原市	1988 年
		注：1945—1949 年曾属辽北省,1949—1954 年曾属辽西省。	
	铁岭县(铁岭市银州区)	银州(治今铁岭市)	辽
		铁岭卫	明
		铁岭县	清
		注：1949—1954 年曾属辽西省。	
	西丰县(西丰镇)	治今址。	清
		注：1945—1949 年曾属辽北省,1949—1954 年曾属辽西省。	
	昌图县(昌图镇)	昌图厅(治老城镇)	清
		昌图府	清
		昌图县(1962 年迁今址)	1913 年
		注：1945—1949 年曾属辽北省,1949—1954 年曾属辽西省。	

续 表

	今地名	沿革变迁	
朝阳市	朝阳市（双塔区）	初为县级市，1984年为地级市。	1958年
	双塔区（双塔街道）	治今址。	1984年
	北票市（南山街道）	北票县（治今市）	1946年
		北票市	1985年
		注：1946—1955年曾属热河省。	
	凌源市（北街街道）	塔沟子厅	清
		建昌县（治今市）	清
		塔沟县	1914年
		凌源县	1914年
		凌源市	1991年
		注：1928—1955年曾属热河省。	
	朝阳县（朝阳市双塔区前进街道）	三座塔厅（治三座塔，即今朝阳市）	清
		朝阳县	清
		朝阳府	清
		朝阳县	1913年
		注：清属直隶省（今河北省），1928年属热河省，1955年划入辽宁省。	
	建平县（红山街道）	初治建平镇，1954年迁今址。	清
		注：1928—1955年曾属热河省。	
	喀喇沁左翼蒙古族自治县（大城子街道）	喀喇沁左翼旗（治官大海，后迁南公营子。1947年迁今址）	后金（清）
		喀喇沁左翼蒙古族自治县	1958年
		注：1928—1955年曾属热河省。	

续　表

	今地名	沿　革　变　迁	
葫芦岛市	葫芦岛市（龙港区）	锦西厅(治今市西北)	清
		锦西县(1932年迁治今市)	1913年
		葫芦岛市	1956年
		锦西市	1985年
		葫芦岛市	1994年
		注：1949—1954年曾属辽西省。	
	龙港区（玉皇街道）	葫芦岛区	1961年
		龙港区	1994年
	兴城市（温泉街道）	兴城县(治菊花岛)	辽
		宁远卫(治今市)	明
		宁远州(治今市)	清
		宁远县	1913年
		兴城县	1914年
		兴城市	1986年
		附：1949—1954年曾属辽西省。	
	绥中县（绥中镇）	治今址。	清
		注：1949—1954年曾属辽西省。	
	建昌县（建昌镇）	建昌县(治今凌源市)	清
		凌源县	1914年
		凌南县	1931年
		建昌县(治今址)	1937年
		注：1945—1955年曾属热河省。	

吉 林 省

	今地名	沿 革 变 迁
吉林省	吉林省 （长春市）	简称吉，古肃慎地。 夫余　汉 渤海　唐 上京、东京等道　辽 上京、咸平等路　金 辽阳行中书省　元 奴儿干都司　明 吉林将军辖区　清 吉林省（省会吉林）　清 注：1932—1945 年日本侵占东北时，成立伪满洲国。擅改长春市为“新京市”，定为伪满洲国“国都”。1945—1949 年本省行政区划多变，治所几迁。1945 年末省会迁永吉，1946 年迁延吉县。1948 年春迁蛟河县；同年 3 月吉林市解放，省会再迁吉林市。1954 年迁长春市。 附：① 辽北省—1945 年置，治今四平市。辖境相当于今辽宁省北部、吉林省西部和内蒙古自治区东南部。为东北九省之一。1949 年并入辽西省、吉林二省和内蒙古自治区。 ② 安东省—1945 年置，治今通化市。辖境相当于辽东省东部和吉林省西南部。为东北九省之一。1949 年并入辽东省。
长春市	长春市 （南关区）	长春厅（治今市南长春堡，1825 年迁今市）　清 长春府　清 长春县　1913 年 长春市　1932 年 长春特别市　1948 年 长春市　1949 年 注：① 1932—1945 年日伪擅改“新京市”，为伪满洲国“国都”。 ② 1953 年为中央直辖市。1954 年改为吉林省地级市，吉林省会由吉林迁此。
	南关区 （南岭街道）	由原长春区、南关区合并设置。　1957 年

续 表

	今地名	沿 革 变 迁	
长春市	双阳区 (云山街道)	双阳县(治今区) 通阳县 双阳县 双阳区	清 1940年 1946年 1995年
	九台区 (九台街道)	九台县(治今市) 九台市 九台区	1932年 1988年 2014年
	榆树市 (华昌街道)	榆树县(治今市) 榆树直隶厅 榆树县 榆树市	清 清 1913年 1990年
	德惠市 (胜利街道)	德惠县(治今市东北,1936年迁今址) 德惠市	清 1994年
	公主岭市 (河南街道)	怀德县(初治怀德镇,1931年迁今址) 公主岭市 怀德县 公主岭市 注:2020年由四平市代管改为由长春市代管。	清 1956年 1960年 1985年
	农安县 (宝塔街道)	农安县(治龙湾,即今址) 长安县 农安县	清 1947年 1949年
吉林市	吉林市 (船营区)	永吉州(治今市) 吉林厅 吉林府 吉林县 永吉县 吉林市 注:清及民国时曾为吉林省会。1946年吉林省会迁延吉,1948年仍迁吉林,1954年迁驻长春市。	清 清 清 1913年 1929年 1936年

续 表

	今地名	沿革变迁	
吉林市	船营区（德胜街道）	治今址。	1948年
	蛟河市（民主街道）	额穆县（治今敦化市额穆）	清
		蛟河县（治今市）	1939年
		蛟河市	1989年
		注：1948年春吉林省会曾迁此。	
	桦甸市（明桦街道）	桦甸县（治今市）	清
		桦甸市	1988年
	舒兰市（滨河街道）	舒兰县（治朝阳川，1940年迁今市）	清
		舒兰市	1992年
	磐石市（东宁街道）	磐石县（治今市）	清
		磐石市	1995年
	永吉县（口前镇）	永吉州（治今吉林市）	清
		吉林厅	清
		吉林府	清
		吉林县	1913年
		永吉县（1970年迁今址）	1929年
		注：1945年末吉林省会曾驻此。	
四平市	四平市（铁西区）	四平街市	1937年
		四平市	1947年
		注：1945年抗日战争胜利后曾为辽北省会。1937年为县级市，1947年为省辖市，1949年为地级市。1954年由辽宁省划归吉林省。	
	铁西区（站前街道）	治今址。	1983年

续 表

	今地名	沿革变迁	
四平市	双辽市 (辽南街道)	辽源州(治今市) 辽源县 双辽县 双辽市 注：1954年由辽宁省划归吉林省。	清 1913年 1940年 1996年
	梨树县 (富强街道)	奉化县(治今址) 梨树县 注：1954年由辽宁省划归吉林省。	清 1914年
	伊通满族自治县 (永宁街道)	伊通河巡司(治今址) 伊通州治 伊通直隶州治 伊通县 通阳县 伊通县 伊通满族自治县	清 清 清 1913年 1934年 1945年 1989年(1988年批准)
辽源市	辽源市 (龙山区)	西安市 辽源市 注：1948年为县级市,1949年为省辖市。1954年由辽宁省划归吉林省。1958年降县级市,1983年升设地级市。	1948年 1952年
	龙山区 (南康街道)	治今址。	1983年
	东丰县 (东丰镇)	东平县(治今址) 东丰县 注：1954年由辽宁省划归吉林省。	清 1914年

续表

	今地名	沿革变迁	
辽源市	东辽县（白泉镇）	西安县（初治大围场，次年迁今辽源市） 北丰县 西安县 东辽县（1987年迁今址） 注：1954年由辽宁省划归吉林省。	清 1947年 1949年 1956年
通化市	通化市（东昌区）	由通化县析置（省辖，1985年升设地级市）。 注：1945—1949年曾为安东省会，1954年由辽宁省划归吉林省。	1942年
	东昌区（新站街道）	治今址。	1986年
	梅河口市（新华街道）	海龙厅（治今海龙镇） 海龙府 海龙县 辉北县 海龙县（1956年迁今市） 梅河口市 附：1954年由辽宁省划归吉林省。	清 清 1913年 1929年 1947年 1985年
	集安市（黎明街道）	辑安县（治今市） 集安县 集安市 注：1954年由辽宁省划归吉林省。	清 1965年 1988年
	通化县（快大茂镇）	初治今通化市，1971年迁今址。 注：1954年由辽宁省划归吉林省。	清
	辉南县（朝辉街道）	辉南直隶厅（初治大肚川，迁辉南镇） 辉南县（1949年迁今址） 注：1954年由辽宁省划归吉林省。	清 1913年

续 表

	今地名	沿革变迁	
通化市	柳河县（中岗街道）	治今址。 注：1954年由辽宁省划归吉林省。	清
白山市	白山市（浑江区）	浑江市(治今市) 白山市 注：1960年设县级市，1985年升地级市。	1960年 1994年
白山市	浑江区（新建街道）	八道江镇 八道江区 浑江区 注：1985年属浑江市，1994年改属白山市。	1956年 1985年 2010年
白山市	江源区（孙家堡子街道）	治今址。	1995年
白山市	临江市（建国街道）	临江县(治今市) 浑江市 临江县 临江市 注：1954年由辽宁省划归吉林省。	清 1960年 1992年 1993年
白山市	抚松县（抚松镇）	治今址。 注：1954年由辽宁省划归吉林省。	清
白山市	靖宇县（靖宇镇）	濛江州(治今址) 濛江县 靖宇县 注：① 为纪念杨靖宇烈士改今名。 ② 1954年由辽宁省划归吉林省。	清 1913年 1946年

续 表

	今地名	沿革变迁	
白山市	长白朝鲜族自治县（长白镇）	长白府（治今址） 长白县 长白朝鲜族自治县 注：1954年由辽宁省划归吉林省。	清 1913年 1958年
松原市	松原市（宁江区）	新城府（治今市） 新城县 扶余县 扶余市（县级） 松原市（地级）	清 1913年 1914年 1987年 1992年
	宁江区（团结街道）	新城县 扶余县 扶余市（县级） 扶余区 宁江区（析设）	1913年 1914年 1987年 1992年 1995年
	扶余市（育才街道）	新城县（治今松原市） 扶余县 扶余市 扶余区 扶余县（析置） 扶余市（吉林省直辖，松原市代管）	1913年 1914年 1987年 1992年 1995年 2013年
	长岭县（长岭镇）	治今址。	清
	乾安县（乾安镇）	乾安设治局（治长安屯） 乾安县（治今址）	1928年 1933年
	前郭尔罗斯蒙古族自治县（前郭尔罗斯镇）	郭尔罗斯前旗（治今址） 前郭尔罗斯蒙古族自治县	清 1956年（1955年批准）

续 表

	今地名	沿 革 变 迁
白城市	白城市 (洮北区)	靖安县(治白城子,即今市) 清 洮安县 1914 年 白城县 1950 年 白城市 1958 年 注:1954 年由黑龙江省划归吉林省。1958 年设县级市,1993 年升设地级市。
	洮北区 (明仁街道)	由原县级白城市改置,治今区。 1993 年
	洮南市 (光明街道)	洮南府(治今市) 清 洮南县 1913 年 洮安县 1958 年 洮南市 1987 年 注:1954 年由黑龙江省划归吉林省。
	大安市 (锦华街道)	大安县(治今市) 1958 年 大安市 1988 年
	镇赉县 (镇赉镇)	镇东县(初治南叉干烧,次年迁今址) 清 镇赉县 1947 年 注:1954 年由黑龙江省划归吉林省。
	通榆县 (八区街道)	由开通、瞻榆二县合并设置,治今址。 1958 年 附:① 开通县—清置,治今通榆县东。1958 年与瞻榆县合置通榆县。 ② 瞻榆县—1915 年置,治今通榆县西南。1958 年与开通县合置通榆县。

续 表

	今地名	沿 革 变 迁	
延边朝鲜族自治州	延边朝鲜族自治州（延吉市）	延边朝鲜族自治区（首府延吉市） 延边朝鲜族自治州	1952年 1955年
	延吉市（新兴街道）	延吉厅（治烟集岗，即今市） 延吉府 延吉县 延吉市（1946—1948年曾为吉林省会）	清 清 1913年 1945年
	图们市（向上街道）	以延吉县图们镇和汪清县石岘镇部分地区合并设市，治今址。	1965年
	敦化市（民主街道）	敦化县（治今市） 敦化市	清 1985年
	珲春市（河南街道）	珲春厅（治今市） 珲春县 珲春市	清 1913年 1988年
	龙井市（安民街道）	延吉县（治今延吉市） 龙井县（治今址） 龙井市	1913年 1983年 1988年
	和龙市（文化街道）	和龙县（初治和龙峪，1940年迁今市） 和龙市	清 1993年
	汪清县（汪清镇）	初治哈顺站，1938年迁入肚川，即今址。	清
	安图县（明月镇）	初治今松江镇，1949年迁明月镇。1968年迁松江镇，1983年复迁明月镇。	清

黑龙江省

<table>
<tr><th></th><th>今地名</th><th colspan="2">沿革变迁</th></tr>
<tr><td rowspan="3">黑龙江省</td><td rowspan="3">黑龙江省
（哈尔滨市）</td><td colspan="2">简称黑，古肃慎地。</td></tr>
<tr><td>挹娄、夫余
室韦、黑水、渤海三都督府
东京、上京二道
上京、蒲与二路
岭北和辽阳行中书省
女真及鞑靼
黑龙江将军辖区
黑龙江省（初治齐齐哈尔，1954 年迁哈尔滨）</td><td>汉
唐
辽
金
元
明
清
清</td></tr>
<tr><td colspan="2">注：①松江省—1945 年置，治今牡丹江市，1954 年废。
②合江省—1945 年置，治今佳木斯市，1949 年废。
③嫩江省—1945 年置，治今齐齐哈尔市，1949 年废。</td></tr>
<tr><td rowspan="6">哈尔滨市</td><td rowspan="2">哈尔滨市
（松北区）</td><td>滨江厅（治今市）
滨江县
哈尔滨市（省辖）
哈尔滨特别市
哈尔滨市（院辖市）</td><td>清
1913 年
1932 年
1933 年
1945 年</td></tr>
<tr><td colspan="2">注：1949 年为松江省会，1953 年为中央直辖市。</td></tr>
<tr><td>松北区
（松北街道）</td><td>松北区开发建设管理办公室
松北区开发建设管理委员会
松北区（析设）</td><td>1994 年
1995 年
2004 年</td></tr>
<tr><td rowspan="2">呼兰区
（利民街道）</td><td>呼兰厅（治巴彦苏苏）
呼兰府（治今区）
呼兰县
呼兰区</td><td>清
清
1913 年
2004 年</td></tr>
<tr><td colspan="2">注：1945—1946 年曾属嫩江省，1946—1954 年曾属松江省。</td></tr>
</table>

续 表

	今地名	沿革变迁	
哈尔滨市	阿城区 (金城街道)	阿城县(治今区) 阿城市 阿城区 注：原属吉林省,1945年属松江省,1954年属黑龙江省。	清 1987年 2006年
	双城区 (永治街道)	双城厅(治今区) 双城府治 双城县 双城市 双城区 注：原属吉林省,1945年属松江省,1954年划归黑龙江省。	清 清 1913年 1988年 2014年
	尚志市 (尚志镇)	乌珠河设治局(治今市) 珠河县 尚志县 尚志市 注：① 原为珠河县,为纪念赵尚志烈士改名尚志县。 ② 原属吉林省,1945年属松江省,1954年划归黑龙江省。	1922年 1927年 1946年 1988年
	五常市 (五常镇)	五常城 五常厅(治今市) 五常府治 五常县 五常市 注：原属吉林省,1945年属松江省,1954年划归黑龙江省。	清 清 清 1913年 1993年
	依兰县 (依兰镇)	三姓副都统 三姓厅(治今址) 依兰府治 依兰县 注：原属吉林省,1945年属合江省,1949年属松江省,1954年划归黑龙江省。	清 清 清 1913年

续 表

	今地名	沿 革 变 迁	
哈尔滨市	方正县 (方正镇)	治今址。 注:原属吉林省,1945 年属松江省,1954 年划归黑龙江省。	清
	宾 县 (宾州镇)	宾州厅(治今址) 宾州府治 宾县 注:原属吉林省,1945 年属松江省,1954 年划归黑龙江省。	清 清 1913 年
	巴彦县 (巴彦镇)	巴彦州(治今址) 巴彦县 注:1945—1949 年曾属嫩江省,1949—1954 年曾属松江省。	清 1913 年
	木兰县 (木兰镇)	治今址。 注:1945—1949 年曾属嫩江省,1949—1954 年曾属松江省。	清
	通河县 (通河镇)	大通县(治今县东北) 通河县(治今址) 注:1945—1954 年曾属松江省。	清 1914 年
	延寿县 (延寿镇)	长寿县(治今址) 同宾县 延寿县 注:原属吉林省,1945 年属松江省,1954 年划归黑龙江省。	清 1914 年 1929 年
齐齐哈尔市	齐齐哈尔市 (建华区)	由龙江县析置,治今市。旧称卜奎城。1907 年为黑龙江省会。1945 年为嫩江省会,1949 年为黑龙江省会。1954 年省会迁哈尔滨市。	1936 年

续　表

	今地名	沿革变迁	
齐齐哈尔市	建华区 (卜奎街道)	卜奎村、卜奎驿站 分属齐齐哈尔市第一、五、六区 龙沙区、北关区 龙沙区 建华区	清 1946年 1954年 1958年 1961年
	讷河市 (通江街道)	讷河直隶厅(治今市) 讷河县 讷河市 注：1945—1949年曾属嫩江省。	清 1913年 1992年
	龙江县 (龙江镇)	黑水厅(治今齐齐哈尔市) 龙江府治 龙江县(1949年迁治今址) 注：1945—1949年曾属嫩江省。	清 清 1913年
	依安县 (依安镇)	依安设治局(治今址) 依安县 泰安县 依安县	1923年 1929年 1947年 1952年
	泰来县 (泰来镇)	泰来设治局(治今址) 泰来县 注：1945—1949年曾属嫩江省。	1913年 1917年
	甘南县 (甘南镇)	甘南设治局(治今址) 甘南县 注：1945—1949年曾属嫩江省。	1926年 1933年
	富裕县 (富裕镇)	富裕设治局(治今址) 富裕县 注：1945—1949年曾属嫩江省。	1929年 1933年

续 表

	今地名	沿 革 变 迁	
齐齐哈尔市	克山县 (克山镇)	克山设治局(治二克山) 克山县(1917 年迁今址)	1915 年 1915 年
	克东县 (克东镇)	克东设治局(治今址) 克东县	1929 年 1933 年
	拜泉县 (拜泉镇)	治今址。	清
鸡西市	鸡西市 (鸡冠区)	鸡宁县(治今市) 鸡西县 鸡西市(地级) 注：1945—1949 年曾属合江省,1949—1954 年曾属松江省。	1941 年 1948 年 1956 年
	鸡冠区 (红军路街道)	鸡冠区 红卫区 鸡冠区	1957 年 1966 年 1980 年
	虎林市 (虎林镇)	呢吗厅(治今址) 虎林厅治 虎林县 虎饶县 虎林县 虎林市 注：原属吉林省,1945 年属合江省,1949 年属松江省,1954 年划归黑龙江省。	清 清 1913 年 1960 年 1964 年 1996 年
	密山市 (密山镇)	密山府(治今知一镇) 密山县(1948 年迁今市) 密山市 注：原属吉林省,1945 年属合江省,1949 年属松江省,1954 年划归黑龙江省。	清 1913 年 1988 年
	鸡东县 (鸡东镇)	由鸡西市和密山县析置,治今址。	1964 年

续 表

	今地名	沿革变迁
鹤岗市	鹤岗市（向阳区）	兴山市 1946年 鹤岗市 1949年 注：① 1946—1949年曾属合江省，1949—1954年曾属松江省。 ② 1946年设县级市，1954年属黑龙江省（省直辖），1958年改县级市，1966年升设地级市。
	向阳区（光明街道）	西山区 1960年 向阳区 1966年
	萝北县（凤翔镇）	萝北设治局（治今县北） 1912年 萝北县（1933年迁肇兴镇，1941年迁今址） 1914年 注：1945—1949年曾属合江省，1949—1954年曾属松江省。
	绥滨县（绥滨镇）	绥东设治局（初治今绥东镇，1926年迁今址） 1917年 绥东县 1929年 绥滨县 1929年 注：1945—1949年曾属合江省，1949—1954年曾属松江省。
双鸭山市	双鸭山市（尖山区）	双鸭山矿区 1954年 双鸭山市（县级） 1956年 注：1966年升地级市。
	尖山区（铁西街道）	治今址。 1980年
	集贤县（福利镇）	由富锦县析置，治集贤镇，1956年迁今址。 1946年 注：1946—1949年曾属合江省，1949—1954年曾属松江省。

续 表

	今地名	沿革变迁	
双鸭山市	友谊县 (友谊镇)	友谊农场 友谊县(治今址)	1955 年 1960 年
	宝清县 (宝清镇)	宝清设治局(治今址) 宝清县 注:原属吉林省,1945 年属合江省,1949 年属松江省,1954 年划归黑龙江省。	1913 年 1916 年
	饶河县 (饶河镇)	饶河县(初治小佳河,1916 年迁东安镇,1925 年迁今址) 虎饶县 饶河县 注:原属吉林省,1945 年属合江省,1949 年属松江省,1954 年划归黑龙江省。	清 1960 年 1964 年
大庆市	大庆市 (萨尔图区)	安达市(治今安达镇) 安达特区(治萨尔图,即今大庆市) 大庆市(地级)	1960 年 1964 年 1979 年
	萨尔图区 (东安街道)	萨尔图区(属安达市) 萨尔图镇 萨尔图区	1960 年 1965 年 1974 年
	肇州县 (肇州镇)	肇州(治今肇源县西) 肇州万户府 肇州直隶厅(治今肇源县) 肇州县(1932 年迁今址)	金 元 清 1913 年
	肇源县 (肇源镇)	肇源县(治今址) 郭尔罗斯后旗 肇源县 注:1945—1949 年曾属嫩江省。	1935 年 1936 年 1956 年

续 表

	今地名	沿革变迁	
大庆市	林甸县（林甸镇）	林甸设治局（治今址） 林甸县 注：1945—1949 年曾属嫩江省。	1914 年 1917 年
	杜尔伯特蒙古族自治县（杜尔伯特镇）	杜尔伯特旗（治今县西南） 杜尔伯特蒙古族自治县（治今址） 注：1945—1949 年曾属嫩江省。	清 1956 年
伊春市	伊春市（伊美区）	伊春县（治今市） 伊春市（地级） 伊春特区 伊春市	1952 年 1957 年 1964 年 1967 年
	伊美区（旭日街道）	由伊春、美溪二区及乌河区部分区域改置。	2019 年
	铁力市（铁力镇）	铁骊设治局（治今市） 铁骊县 铁力县 铁力市	1915 年 1933 年 1956 年 1988 年
	嘉荫县（朝阳镇）	佛山设治局（治今保兴镇） 佛山县（1930 年迁今址） 嘉荫县 注：1945—1952 年曾属松江省。	1927 年 1929 年 1955 年
	汤旺县（东风大街）	由东风区、乌伊岭区撤并设立。	2019 年
	丰林县（光明大街）	由新青区、红星区、五营区撤并设立。	2019 年

续 表

	今地名	沿革变迁	
伊春市	大箐山县(兴林街)	带岭区	1957年
		大箐山县	2019年
	南岔县(联合街)	南岔区	1957年
		南岔县	2019年
佳木斯市	佳木斯市(前进区)	治今址。	1937年
		注：1945年为合江省会,1949年属松江省。1954年为黑龙江省地级市,1958年降县级市,1966年复为地级市。	
	前进区(永安街道)	和平区	1958年
		前进区	1968年
	同江市(同江镇)	临江州(治今市)	清
		临江府治	清
		临江县	1913年
		同江县	1914年
		同江市	1987年
		注：原属吉林省,1945年属合江省。1949年并入富锦县,属松江省。1954年改属黑龙江省。	
	富锦市(富锦镇)	富锦县(治今市)	清
		富锦市	1988年
		注：原属吉林省,1945年属合江省,1949年属松江省,1954年改属黑龙江省。	
	抚远市(抚远镇)	绥远州(治今市)	清
		绥远县	1913年
		抚远县	1929年
		抚远市	2016年
		注：原属吉林省,1945年属合江省,1949年属松江省,1954年改属黑龙江省。	

续 表

	今地名	沿 革 变 迁	
佳木斯市	桦南县（桦南镇）	由桦川县析置，治今址。	1946 年
		注：1946—1949 年曾属合江省，1949—1954 年曾属松江省。	
	桦川县（悦来镇）	初治佳木斯，寻迁今址。	清
		注：原属吉林省，1945 年属合江省，1949 年属松江省，1954 年属黑龙江省。	
	汤原县（汤原镇）	治今址。	清
		注：1945—1949 年曾属合江省，1949—1954 年曾属松江省。	
七台河市	七台河市（桃山区）	七台河特区	1965 年
		七台河市（地级）	1970 年
	桃山区（桃南街道）	治今址。	1984 年
	勃利县（勃利镇）	治今址。	1917 年
		注：原属吉林省，1945 年属合江省，1949 年属松江省，1954 年改属黑龙江省。	
牡丹江市	牡丹江市（东安区）	治今址。	1935 年
		注：1945—1949 年曾为松江省会，1958 年降为县级市，1966 年升设地级市。	
	东安区（新安街道）	东安区	1947 年
		东风区	1968 年
		东安区	1980 年

续 表

	今地名	沿革变迁	
牡丹江市	绥芬河市(绥芬河镇)	由东宁县析置,治今址。	1975年
	海林市(海林镇)	新海县(治今市)	1946年
		海林县	1948年
		海林市	1992年
		注:1946—1954年曾属松江省。	
	宁安市(宁安镇)	绥芬厅(治三岔口,即今市东)	清
		绥芬府	清
		宁安府	清
		宁安县(治今市)	1913年
		宁安市	1993年
		注:原属吉林省,1948年属松江省,1954年改属黑龙江省。	
	穆棱市(八面通镇)	穆棱县(初治穆棱镇,1949年迁今市)	清
		穆棱市	1995年
		注:原属吉林省,1947年属松江省,1949年迁治今市,1954年改属黑龙江省。	
	东宁市(东宁镇)	东宁厅(治今市东)	清
		东宁县(1939年迁今址)	1913年
		东宁市	2015年
		注:原属吉林省,1945年属松江省,1954年改属黑龙江省。	
	林口县(林口镇)	由宁安、勃利、穆棱三县析置,治今址。	1939年
		注:原属吉林省,1945年属合江省,1949年属松江省,1954年改属黑龙江省。	

续 表

	今地名	沿革变迁	
黑河市	黑河市 （爱辉区）	黑河府（治今市） 瑷珲厅（治今市南爱辉镇） 瑷珲县 爱辉县 黑河市 注：1980 年设县级市，1993 年升设地级市。	清 清 1913 年 1956 年 1980 年
	爱辉区 （兴安街道）	由爱辉县改置，治今区。	1993 年
	北安市 （铁西街道）	龙门镇设治局（治龙门，即今龙镇） 龙门县 龙镇县（1933 年迁今市） 北安县 北安市 北安县 北安市	1912 年 1917 年 1917 年 1939 年 1960 年 1963 年 1982 年
	五大连池市 （青山街道）	由德都县析置，治今五大连池镇。 1996 年德都县撤销并入。	1983 年
	嫩江市 （嫩江镇）	嫩江府（治今址） 嫩江县 嫩江市	清 1913 年 2019 年
	逊克县 （奇克镇）	由逊河、奇克二县并置，治今址。 附：① 逊河县—1931 年置，治今逊克县西北逊河镇。1943 年与奇克县合置逊克县。 ② 奇克县—1929 年置，治今逊克县北奇克镇。1943 年与逊河县合置逊克县。	1943 年
	孙吴县 （孙吴镇）	由瑷珲县（今黑河市）析置，治今址。	1937 年

续 表

	今地名	沿革变迁	
绥化市	绥化市 (北林区)	绥化厅(治今市) 绥化府治 绥化县 绥化市 注：1982年设县级市,1999年升地级市。	清 清 1913年 1982年
	北林区 (大有街道)	由原县级绥化市改置,治今区。	1999年
	安达市 (安达镇)	安达厅(治任民镇) 安达县(1937年迁今市) 安达市 安达县 安达市	清 1913年 1960年 1965年 1984年
	肇东市 (肇东镇)	昌五设治局(治今昌五镇) 肇东设治局(治今昌五镇) 肇东县(1938年迁今市) 肇东市 注：1945—1949年曾属嫩江省。	1912年 1913年 1913年 1986年
	海伦市 (海伦镇)	海伦厅(治今市) 海伦府 海伦县 海伦市	清 清 1913年 1989年
	望奎县 (望奎镇)	望奎设治局(治今址) 望奎县	1913年 1918年
	兰西县 (兰西镇)	治今址。 注：1945—1949年曾属嫩江省。	清

续 表

<table>
<tr><th></th><th>今地名</th><th colspan="2">沿 革 变 迁</th></tr>
<tr><td rowspan="4">绥化市</td><td>青冈县
（青冈镇）</td><td>治今址。</td><td>清</td></tr>
<tr><td>庆安县
（庆安镇）</td><td>余庆县（治今址）
庆城县
庆安县</td><td>清
1914 年
1943 年</td></tr>
<tr><td>明水县
（明水镇）</td><td>明水设治局（治今址）
明水县</td><td>1923 年
1929 年</td></tr>
<tr><td>绥棱县
（绥棱镇）</td><td>绥楞设治局（治今上集镇）
绥楞县
绥棱县（治今址）</td><td>1915 年
1917 年
1921 年</td></tr>
<tr><td rowspan="5">大兴安岭地区</td><td>大兴安岭地区
（加格达奇区）</td><td>大兴安岭特区（治今址）
大兴安岭地区</td><td>1964 年
1970 年</td></tr>
<tr><td>加格达奇区
（光明社区）</td><td>加格达奇镇
加格达奇区</td><td>1960 年
1970 年</td></tr>
<tr><td>漠河市
（西林吉镇）</td><td>漠河设治局（治漠河）
漠河县（1981 年迁今址）</td><td>1914 年
1917 年</td></tr>
<tr><td>呼玛县
（呼玛镇）</td><td>呼玛直隶厅（治今县北金山镇）
呼玛设治局（治今县北金山镇）
呼玛县（1914 年迁今址）</td><td>清
1912 年
1913 年</td></tr>
<tr><td>塔河县
（塔河镇）</td><td>由呼玛县析置，治今址。</td><td>1981 年</td></tr>
</table>

上 海 市

	今地名	沿革变迁	
上海市	上海市 （黄浦区）	简称沪，因古代吴淞江下游（苏州河）近海一段称沪渎而得名。又传战国时春申君（黄歇）疏浚黄浦江，别称春申江，简称申。	
		吴国	春秋
		楚国	战国
		海盐及娄县	秦、汉
		华亭县	唐
		上海镇	宋
		上海县	元
		上海特别市	1927 年
		上海市	1930 年
		注：1949 年新中国成立后设为中央直辖市。1958 年本市郊区县由江苏省划入。	
	黄浦区 （外滩街道）	治今址。	1945 年
		注：2000 年南市区和 2011 年卢湾区相继并入。 附：① 南市区—1927 年始置，初名沪南区。元至元二十九年（1292 年）至 1933 年为上海县治。1945 年沪南区撤销，分设邑庙、蓬莱二区，1960 年二区合置南市区。2000 年并入黄浦区。 ② 卢湾区—1945 年设卢家湾区，1947 年改今名。1956 年嵩山区（1945 年置）并入卢湾区。2011 年卢湾区并入黄浦区。 ③ 老闸区—1945 年置，1956 年并入黄浦区。	
	徐汇区 （徐家汇街道）	徐家汇区	1945 年
		徐汇区	1947 年
	长宁区 （江苏路街道）	长宁区	1945 年
		法曹区	1948 年
		长宁区	1949 年

续 表

	今地名	沿革变迁
上海市	静安区（江宁路街道）	静安区 1945年 并入新城、江宁二区 1956年 静安区 1960年 注：2015年闸北区并入。 附：① 新成区—1945年置，1960年与江宁区合置静安区。 ② 江宁区—1945年置，1960年与新成区合置静安区。 ③ 闸北区—1912年设闸北市，1928年改闸北区。2015年并入静安区。
	普陀区（真如镇街道）	清代分属宝山、上海二县。 1945年
	虹口区（嘉兴路街道）	清代分属宝山、上海二县。 1945年
	杨浦区（平凉路街道）	杨树浦区 1945年 杨浦区 1949年
	闵行区（莘庄镇）	由上海县析置，治今址。 1960年 注：闵行区1964年并入徐汇区，1981年复置。1992年上海县撤销，大部分地区并入。 附：上海县—元至元二十九年(1292年)置县，治上海镇(今上海市老城厢)。1927年析设上海特别市，初治平江路，后迁江湾镇。市、县分治。1933年上海县治迁北桥。1945年先迁三林塘，后迁闵行。1947年复迁北桥，1954年又迁闵行。1960年迁今莘庄镇，析置闵行区。1992年上海县撤销，并入闵行区。
	宝山区（友谊路街道）	宝山县（治城厢镇） 清 宝山区（治今址） 1988年 注：① 1958年宝山县由江苏省划归上海市。 ② 2005年横沙、长兴二乡划归崇明县。

续 表

	今地名	沿 革 变 迁
上海市	嘉定区 (新成路街道)	嘉定县(治今区) 南宋 嘉定州 元 嘉定县 明 嘉定区 1992 年 注：1958 年嘉定县由江苏省划归上海市。
	浦东新区 (花木街道)	以位处黄浦江之东而得名。 1993 年 注：1990 年 4 月中共中央、国务院作出开发浦东的决定,1993 年 1 月 1 日上海市浦东新区成立(1992 年批准),治今世纪大道。辖地包括原川沙县和黄浦、南市、杨浦三区黄浦江以东地区。2009 年南汇区撤销并入。 附：① 南汇区—明洪武十九年(1386 年)设南汇嘴千户所,后废。清雍正四年(1726 年)置南汇县,治南汇城(今惠南镇)。1958 年由江苏省划归上海市。2001 年撤县改区,2009 年并入浦东新区。 ② 川沙县—清嘉庆十年(1805 年)置川沙厅。1912 年改川沙厅置,治今浦东新区川沙镇。原属江苏省,1958 年划归上海市。1993 年并入浦东新区。
	金山区 (山阳镇)	海盐县 秦 华亭县 唐 金山卫 明 金山县(初治金山卫,清乾隆时移治朱泾镇) 清 金山区(治石化街道,2000 年迁今址) 1997 年 注：1958 年金山县由江苏省划归上海市。
	松江区 (方松街道)	华亭县(治今区) 唐 娄县 清 华亭县 1912 年 松江县 1914 年 松江区 1998 年 注：1958 年松江县由江苏省划归上海市。

续 表

	今地名	沿革变迁	
上海市	青浦区 （夏阳街道）	青浦县（初治今区东北，明万历时迁今区） 青浦区 注：1958年青浦县由江苏省划归上海市。	明 1999年
上海市	奉贤区 （南桥镇）	奉贤县（初治南桥镇，雍正时迁奉城镇，1913年复迁今址） 奉贤区 1958年奉贤县由江苏省划归上海市。	清 2001年
上海市	崇明区 （城桥镇）	崇明镇 崇明州（治今区东北） 崇明县（初治今区东北，明迁今址） 崇明区 注：1958年崇明县由江苏省划归上海市，2005年长兴、横沙二乡由宝山区划入。	五代吴 元 明 2016年

江　苏　省

	今地名	沿　革　变　迁	
江苏省	江苏省（南京市）	简称苏。	
		吴及楚、宋等国	春秋
		楚国	战国
		会稽、东海、泗水等郡	秦
		会稽、临淮、东海三郡和楚国	西汉
		吴、丹阳、广陵、东海等郡	东汉
		东吴及魏	三国
		扬、徐二州	晋
		扬、南徐、南兖等州	南朝齐、梁
		苏州、常州、扬州等州	隋
		江南、淮南、河南等道	唐
		江南东、两浙、淮南东等路	宋
		江浙行中书省	元
		河南江北行中书省	元
		南京（治今南京市）	明
		江南省（省会江宁府，治今南京市）	清
		江南右布政使司	清
		江苏布政使司	清
		江苏省（省会南京，1929—1949 年省会迁镇江）	清
		苏北、苏南二行署区	1949—1952 年
		江苏省（省会南京市）	1952 年
		注：① 苏北行署区—1949 年由江苏省分置，行署驻扬州市。1952 年与苏南行署区合并为江苏省。 ② 苏南行署区—1949 年由江苏省分置，行署驻无锡市。1952 年与苏北行署区合并为江苏省。	

续 表

	今地名	沿革变迁	
南京市	南京市（玄武区）	简称宁。	
		金陵邑（治今市）	战国楚
		秣陵县	秦
		建业县	东汉
		秣陵县	西晋
		临江县	西晋
		江宁县	西晋
		秣陵县	西晋
		建邺县	西晋
		建康县	西晋
		江宁县	隋
		归化县	唐
		金陵县	唐
		白下县	唐
		江宁县	唐
		江宁郡治	唐
		昇州	唐
		上元县	唐
		江宁县	五代吴
		昇州	五代吴
		金陵府	五代吴
		江宁府	五代南唐
		昇州	北宋
		江宁府	北宋
		建康府	南宋
		建康路	元
		集庆路	元
		应天府	元末
		南京	明
		江宁府（康熙六年为江苏省会）	清
		天京	太平天国
		南京府	1912 年
		江宁县	1912 年
		南京特别市	1927 年
		南京市	1930 年
		注：1949 年为中央直辖市，1952 年为江苏省会、地级市。为中国八大古都之一，三国吴、东晋和南朝宋、齐、梁、陈，五代南唐、明初、太平天国及辛亥革命时期均建都于此。1927—1937 年、1945—1949 年为国民政府所在地。1929—1949 年江苏省会曾迁镇江。	

续　表

	今地名	沿　革　变　迁	
南京市	玄武区(梅园新村街道)	南京市第一区	1933 年
		玄武区	1955 年
		要武区	1967 年
		玄武区	1973 年
	江宁区(东山街道)	秣陵县	秦
		临江县(治今区西江宁街道)	西晋
		江宁县	西晋
		归化县(治冶城)	唐
		金陵县	唐
		白下县	唐
		江宁县	唐
		上元县	唐
		江宁县(治南京城,1934 年迁东山街道)	五代吴
		江宁区	2000 年
		注:1949—1952 年曾属苏南行署区。	
	六合区(雄州街道)	堂邑县(治今区北)	秦
		堂邑侯国	西汉
		堂邑县	西汉
		堂邑郡	西晋
		尉氏县(治今区)	东晋
		六合县	隋
		六合区	2002 年
		注:1949—1952 年曾属苏北行署区。	
	溧水区(永阳街道)	溧水县(治今区)	隋
		溧水州	元
		溧水县	明
		溧水区	2013 年
		注:1949—1952 年曾属苏南行署区。	

续 表

	今地名	沿革变迁	
南京市	高淳区 （淳溪街道）	高淳镇（治今区） 高淳县 高淳区 注：1949—1952 年曾属苏南行署区。	北宋 明 2013 年
无锡市	无锡市 （梁溪区）	无锡县（治今市） 有锡县 无锡县 无锡州 无锡县 金匮县 无锡县 无锡市（地级） 注：1949—1952 年曾为苏南行署驻地。	西汉 新莽 东汉 元 明 清 1912 年 1949 年
	梁溪区 （崇安寺街道）	由崇安、南长、北塘三区撤并设立。	2015 年
	锡山区 （东亭街道）	无锡县（治今无锡市） 有锡县 无锡县 无锡州 无锡县 锡山市（治今区） 锡山区 注：1949—1952 年曾属苏南行署区。	西汉 新莽 东汉 元 明 1995 年 2000 年
	惠山区 （堰桥街道）	由锡山市西部地区析置，治今址。	2000 年

续 表

	今地名	沿革变迁	
无锡市	江阴市 (澄江街道)	江阴县(治今市) 江阴郡 江阴军 江阴路 江阴州 江阴县 江阴市 注：1949—1952 年曾属苏南行署区。	南朝梁 南朝梁 五代南唐 元 元 明 1987 年
	宜兴市 (宜城街道)	阳羡县(初治今市南,三国吴迁今市) 义兴郡 义兴县 宜兴县 宜兴军 宜兴府 宜兴州 宜兴县 宜兴市 注：1949—1952 年曾属苏南行署区。	秦 西晋 隋 北宋 南宋 元 元 明 1988 年
徐州市	徐州市 (云龙区)	彭城邑 彭城县(治今市) 楚国治 彭城国治 徐州 北徐州 徐州 彭城郡治 徐州 彭城郡治 徐州 徐州路治 武安州 徐州 徐州府 铜山县 徐州市 注：1945 年设县级市。1949 年划入山东省,升为地级市。1952 年复归江苏省。1958 年降为县级市,1962 年复升地级市。	春秋宋 秦 西汉 东汉 三国魏 东晋 南朝宋 隋 唐 唐 唐 元 元 明 清 清 1945 年

续 表

	今地名	沿革变迁	
徐州市	云龙区 （大郭庄街道）	云龙区 红卫区 云龙区	1955年 1967年 1975年
	铜山区 （铜山街道）	彭城县（治今徐州市） 铜山县（2002年迁今区） 铜山区 注：1949—1952年曾属山东省。	秦 清 2010年
	新沂市 （新安街道）	新安县（治今市） 新沂县 新沂市 注：1949—1952年曾属苏北行署区。	1949年 1952年 1990年
	邳州市 （东湖街道）	下邳县（治今睢宁县古邳镇东） 下邳国 下邳郡 下邳国 下邳郡 归政县 下邳县 邳州（治下邳县） 下邳郡 邳州 淮阳军 邳州（清康熙时迁今市北邳城镇） 邳县（1952年迁今市） 邳州市 注：1949—1952年曾属山东省。	秦 东汉 三国魏 西晋 北魏 南朝梁 东魏 北周 隋 唐 北宋 金 1912年 1992年
	丰　县 （中阳里街道）	丰邑（治今址） 丰县 注：1949—1952年曾属山东省。	秦 西汉

续表

	今地名	沿革变迁	
徐州市	沛县 (汉源街道)	沛邑(治今址) 沛县 注:1949—1952年曾属山东省。	春秋宋 秦
徐州市	睢宁县 (睢城街道)	治今址。 注:1949—1952年曾属苏北行署区。	金
常州市	常州市 (新北区)	别称龙城。 延陵邑(治今市) 延陵县(治今市) 毗陵县 武进县(治今市西北) 晋陵县(治今市) 兰陵县(治今市西北) 兰陵郡 兰陵县 南兰陵郡 常州(治今市) 毗陵郡 常州 武进县(治今市) 常州路 长春府 京临县 常州府 尝州府 常州府 武进县 常州市 注:1949年设县级市。1949—1952年曾属苏南行署区。1953年升地级市,1958年降县级市,1962年复为地级市。	 春秋吴 秦 西汉 西晋 西晋 东晋 东晋 南朝梁 南朝宋 隋 隋 唐 唐 元 元末 元末 明 明 清 1912年 1949年
常州市	新北区 (新桥街道)	郊区 新北区	1950年 2002年

续 表

	今地名	沿革变迁	
常州市	武进区（湖塘镇）	延陵邑(治今常州市)	春秋吴
		延陵县(治今常州市)	秦
		毗陵县	西汉
		武进县(治今常州市西北)	西晋
		晋陵县(治今常州市)	西晋
		兰陵县(治今常州市西北)	东晋侨置
		兰陵县(治今常州市西北)	南朝梁
		武进县(与晋陵县合治今常州市)	唐
		京临县	元末
		永定县	元末
		武进县	元末
		阳湖县	清
		武进县(1993 年迁今湖塘镇)	1912 年
		武进市	1995 年
		武进区	2002 年
		注：清雍正二年(1724 年)析武进县东部置阳湖县,二县同治今常州市。1912 年阳湖县并入武进县。1949—1952 年曾属苏南行署区。	
	金坛区（西城街道）	金山府(治今市)	隋
		金山县	隋
		金坛县	唐
		金坛市	1993 年
		金坛区	2015 年
		注：1949—1952 年曾属苏南行署区。	
	溧阳市（溧城街道）	溧阳县	秦
		溧阳州	元
		溧阳府	元
		溧阳路	元
		溧阳县	元
		溧阳州	元
		溧阳县	明
		溧阳市	1990 年
		注：1949—1952 年曾属苏南行署区。	

续　表

	今地名	沿　革　变　迁
苏州市	苏州市（姑苏区）	别称吴门、姑苏城，春秋为吴国都。 吴县(治今市)　秦 会稽郡　秦 吴郡　东汉 吴州　南朝梁 苏州　隋 平江府　北宋 平江路　元 苏州府　明、清 吴县　1912年 苏州市　1928年 注：1950年升为地级市。1949—1952年曾属苏南行署区。1958年降县级市，1962年复为地级市。
	姑苏区（苏锦街道）	由沧浪区、平江区、金阊区撤并设立。　2012年
	吴中区（长桥街道）	吴县(治今苏州市)　秦 长洲县　唐 元和县　清 太湖厅　清 靖湖厅　清 吴县　1912年 吴县市(治今长桥镇)　1995年 吴中区　2000年 注：1949—1952年曾属苏南行署区。
	相城区（澄阳街道）	由吴县市北部地区析置，治今址。　2000年
	吴江区（松陵街道）	吴江县(治今区)　五代吴越 吴江州　元 吴江县　明 吴江市　1992年 吴江区　2012年 注：1949—1952年曾属苏南行署区。

续 表

	今地名	沿 革 变 迁	
苏州市	常熟市（虞山街道）	海虞县（治今市）	西晋
		南沙县（治今市西北南沙城）	东晋
		常熟县（治今市南）	南朝梁
		常州（唐治今市）	隋
		常熟州	元
		常熟县	明
		昭文县	清
		常熟县	1912年
		常熟市	1950年
		常熟县	1958年
		常熟市	1983年
		注：1949—1952年曾属苏南行署区。	
	张家港市（杨舍镇）	沙洲县（治今市）	1961年
		张家港市	1986年
	昆山市（玉山镇）	娄县（治今市东北）	秦
		信义县	南朝梁
		昆山县（初治今上海松江小昆山，唐迁治今市）	南朝梁
		昆山州	元
		昆山县	明
		新阳县	清
		昆山县	1912年
		昆山市	1989年
		注：1949—1952年曾属苏南行署区。	
	太仓市（娄东街道）	太仓卫（治今市）	明
		太仓州	明
		镇洋县	清
		太仓县	1912年
		太仓市	1993年
		注：1949—1952年曾属苏南行署区。	

续　表

	今地名	沿　革　变　迁	
南通市	南通市 （崇川区）	通州(治今南通市) 崇州 通州 通州路 通州 通州直隶州 南通州 南通县 南通市 注：1949—1952 年曾设苏北行署区。1951 年升地级市，1958 年又降县级市，1962 年复为地级市。	五代周 北宋 北宋 元 元 清 清 1912 年 1949 年
	崇川区 （虹桥街道）	由崇川区、港闸区撤并设立。	2020 年
	通州区 （金新街道）	静海县(治今南通市) 通州治 南通州 南通县(1949 年迁治今址) 通州市 通州区 注：1949—1952 年曾属苏北行署区。	五代周 五代周 清 1912 年 1993 年 2009 年
	海门区 （海门街道）	海门县(治今启东市东北) 海门直隶厅(治今区) 海门县 海门市 海门区 注：1949—1952 年曾属苏北行署区。	五代周 清 1912 年 1994 年 2020 年

续 表

	今地名	沿革变迁	
南通市	启东市 （汇龙镇）	启东县（治今市） 启东市 注：1949—1952年曾属苏北行署区。	1928年 1989年
	如皋市 （如城街道）	如皋县（治今市） 如西县 如皋县 如皋市 注：1949—1952年曾属苏北行署区。	东晋 1940年 1945年 1991年
	海安市 （海安街道）	海安县（治今址） 紫石县 海安县 海安市 注：1949—1952年曾属苏北行署区。	南朝宋 1943年 1948年 2018年
	如东县 （城中街道）	如东县（初治马塘镇，1951年迁今址） 注：1949—1952年曾属苏北行署区。	1945年
连云港市	连云港市 （海州区）	连云市 新海连特区 新海连市（治连云港，1960年迁今址） 连云港市 注：1949年设县级市。1949—1952年曾属山东省。1952年复归江苏省（地级）。1958年降县级市。1961年改连云港市，1962年升地级市。	1935年 1948年 1949年 1961年
	海州区 （新浦街道）	海州县 海州区	1951年 1952年

续 表

	今地名	沿革变迁
连云港市	赣榆区 (青口镇)	赣榆县(治今区东北) 西汉 怀仁县(隋迁旧赣榆) 东魏 赣榆县(1949年迁今址) 金 赣榆区 2014年 注：1949—1952年曾属山东省。
	东海县 (牛山街道)	东海县 北齐 朐山县 元 海州 明 东海县(初治今连云港市海州区，1957年迁今址) 1912年 注：1949—1952年曾属山东省。
	灌云县 (伊山镇)	初治板浦镇,1948年迁今址。 1912年 注：1949—1952年曾属苏北行署区。
	灌南县 (新安镇)	由灌云、涟水二县析置,治今址。 1957年
淮安市	淮安市 (清江浦区)	由淮阴市改置(地级),治今址。 2000年 淮阴市—旧名清江浦,原属淮阴县。1945年设清江市,1948年改两淮市,旋废。1951年复设清江市,1958年与淮阴县合并改设淮阴市。1964年市、县分开,复称清江市。1983年又改淮阴市(地级)。2000年改置淮安市(地级)。
	清江浦区 (城南街道)	由原清河、清浦二区合并设立。 2016年

续 表

	今地名	沿 革 变 迁	
淮安市	淮安区 （淮城街道）	山阳县（治今区） 山阳郡 楚州 东楚州 楚州 淮安县 山阳县 淮安路 淮安府 淮安县 淮城市 两淮市 淮安县 淮安市（县级） 楚州区 淮安区 注：1949—1952 年曾属苏北行署区。	东晋 东晋 隋 唐 唐 南宋 元 元 明、清 1914 年 1945 年 1948 年 1948 年 1987 年 2000 年 2011 年
	淮阴区 （长江路街道）	淮阴县（治今马头镇） 怀恩县 淮阴郡 寿张县 淮阴县 清河县 清河军（清乾隆时迁清江浦） 淮阴县 淮阴市 淮阴县（1917 年迁今址） 淮阴区 注：1949—1952 年曾属苏北行署区。	秦 东魏 东魏 北周 隋 南宋 南宋 1914 年 1958 年 1964 年 2000 年
	洪泽区 （高良涧街道）	由泗洪、淮阴、盱眙三县析置，治今址。 洪泽区	1956 年 2016 年

续 表

	今地名	沿革变迁	
淮安市	涟水县(涟城街道)	襄贲县(治今县北)	南朝宋
		涟水县(治今址)	隋
		安东州	元
		安东县	明
		涟水县	1914 年
		注:1949—1952 年曾属苏北行署区。	
	盱眙县(盱城街道)	盱台县(治今县东北)	秦
		盱眙县	西汉
		盱台县	东汉
		盱眙县	西晋
		盱眙郡(唐初迁治今址)	东晋
		盱眙军	南宋
		招信军	南宋
		招信路	元
		临淮府	元
		盱眙县	元
		注:1955 年由安徽省划归江苏省。	
	金湖县(黎城街道)	由宝应县析置,治今址。	1960 年
盐城市	盐城市(亭湖区)	盐渎县(治今市)	西汉
		盐城县	东晋
		盐城市(县级)	1945 年
		叶挺县	1946 年
		叶挺市	1948 年
		盐城县	1949 年
		盐城市(地级)	1983 年
		注:1949—1952 年曾属苏北行署区。	
	亭湖区(东亭湖街道)	盐城县第一区	民国
		盐城市城区	1983 年
		亭湖区	2003 年

续 表

	今地名	沿 革 变 迁	
盐城市	盐都区 (盐渎街道)	盐都县(治今区) 盐都区	1996 年 2003 年
	大丰区 (丰华街道)	台北县(治今区) 大丰县 大丰市 大丰区 注：1949—1952 年曾属苏北行署区。	1942 年 1951 年 1996 年 2015 年
	东台市 (东台镇)	东台县(治今市) 东台市 注：1949—1952 年曾属苏北行署区。	清 1987 年
	响水县 (响水镇)	由滨海县析置,治今址。	1966 年
	滨海县 (东坎街道)	治今址。 注：1949—1952 年曾属苏北行署区。	1942 年
	阜宁县 (阜城街道)	埠宁县(治今址) 阜宁县 注：1949—1952 年曾属苏北行署区。	清 1911 年
	射阳县 (合德镇)	由盐城、阜宁二县析置,治今址。 注：1949—1952 年曾属苏北行署区。	1942 年
	建湖县 (塘河街道)	建阳县(治今址) 建湖县 注：1949—1952 年曾属苏北行署区。	1941 年 1951 年

续　表

	今地名	沿 革 变 迁	
扬州市	扬州市(邗江区)	广陵邑(治今市西北蜀岗)	战国楚
		广陵县	秦
		广陵国	西汉
		广陵郡	东汉
		南兖州	南朝宋
		吴州	北周
		扬州	隋
		江都郡	隋
		南兖州	唐
		邗州	唐
		扬州	唐
		广陵郡	唐
		扬州	唐
		江都府	五代吴
		扬州(治今市)	五代周
		扬州路	元
		扬州府	明、清
		扬州市	1949 年
		注：1949 年设县级市。1949—1952 年为苏北行署区驻地。1952 年为江苏省直辖，1953 年复为县级市，1954 年复省直辖，1958 年又降县级市，1983 年升设地级市。	
	邗江区(邗上街道)	广陵县(治今扬州市西北蜀岗)	秦
		邗江县	隋
		江阳县	隋
		江都郡	隋
		广陵县(治今扬州市)	五代南唐
		扬州(元废广陵县)	五代南唐
		邗江县	1956 年
		邗江区	2000 年

续 表

	今地名	沿革变迁	
扬州市	江都区（仙女镇）	江都县（治今扬州市西南，1949年迁今址）	西汉
		江都市	1994年
		江都区	2011年
		注：1949—1952年曾属苏北行署区。	
	仪征市（真州镇）	扬子县（治今扬州市邗江区南）	唐
		永贞县	五代南唐
		建安军	北宋
		真州	北宋
		扬子县（治今市）	北宋
		真州	北宋
		真州路	元
		真州	元
		仪真县	明
		仪征县	清
		仪征市	1986年
		注：1949—1952年曾属苏北行署区。	
	高邮市（高邮街道）	高邮县（治今市）	西汉
		神农郡	南朝梁
		高邮军	北宋
		承州	南宋
		高邮军	南宋
		高邮路	元
		高邮府	元
		高邮州	明
		高邮县	1912年
		高邮市	1991年
		注：1949—1952年曾属苏北行署区。	

续　表

	今地名	沿革变迁	
扬州市	宝应县(安宜镇)	安宜县(治今县西南)	南朝齐
		宝应县(治今址)	唐
		宝应州	南宋
		宝应军	南宋
		安宜府	元
		宝应县	元
		注：1949—1952年曾属苏北行署区。	
镇江市	镇江市(京口区)	朱方邑	春秋吴
		谷阳	战国楚
		丹徒县(治今京口区丹徒镇)	秦
		京口	三国吴
		京城	三国吴
		徐州(治今市)	东晋
		南徐州	南朝宋
		润州	隋
		丹阳郡	唐
		润州	唐
		镇江府	北宋
		镇江路	元
		江淮府	元末
		镇江府	元末
		丹徒县	1912年
		镇江县	1928年
		镇江市	1949年
		注：1929—1949年为江苏省会。1949年设县级市。1949—1952年曾属苏南行署区。1952年江苏省会复迁南京。1954年为省直辖，1958年降为县级市，1983年升设地级市。	
	京口区(正东路街道)	城区(由金山、北固两区合并)	1983年
		京口区	1984年

续 表

	今地名	沿革变迁	
镇江市	丹徒区（宜城街道）	丹徒县(治今京口丹徒镇) 武进县 丹徒县 毗陵郡 晋陵郡 润州(治今镇江市) 镇江府 镇江路 镇江府 镇江县 丹徒县 丹徒区(治谷阳镇,今址) 注：1949—1952 年曾属苏南行署区。	秦 三国吴 西晋 西晋 西晋 唐 宋 元 明、清 1928 年 1949 年 2002 年
	丹阳市（曲阿街道）	云阳邑 曲阿县(治今市) 云阳县 曲阿县 丹阳县 丹阳市 注：1949—1952 年曾属苏南行署区。	战国楚 秦 三国吴 西晋 唐 1987 年
	扬中市（三茅街道）	太平厅(治今市东南) 太平县(1913 年迁今市) 扬中县 扬中市 注：1949—1952 年曾属苏南行署区。	清 1912 年 1914 年 1994 年

续 表

	今地名	沿革变迁	
镇江市	句容市（崇明街道）	句容县(治今市) 茅州 常宁县 句容县 句容市 注：1949—1952年曾属苏南行署区。	西汉 唐 北宋 北宋 1995年
泰州市	泰州市（海陵区）	泰州(治今泰州市) 泰州路 泰州 泰县 泰州市 泰州县 泰州市 注：1949—1952年曾属苏北行署区(1949年苏北行署初驻于此,旋迁扬州市)。1996年升地级市。	五代南唐 元 元 1912年 1949年 1958年 1962年
泰州市	海陵区（城中街道）	由原县级泰州市改置。	1996年
泰州市	姜堰区（罗塘街道）	海陵县(治今泰州市) 吴陵县 吴州 海陵县 泰州 泰县(1949年迁今区) 泰州县 姜堰市 姜堰区 注：1949—1952年曾属苏北行署区。	西汉 唐 唐 唐 明 1912年 1958年 1994年 2012年

续 表

	今地名	沿革变迁	
泰州市	兴化市 (昭阳街道)	兴化县(治今市) 昭阳镇 兴化县 兴化市 注：1949—1952 年曾属苏北行署区。	五代吴 南宋 南宋 1987 年
泰州市	靖江市 (靖城街道)	靖江县(治今市) 靖江市 注：1949—1952 年曾属苏北行署区。	明 1993 年
泰州市	泰兴市 (济川街道)	泰兴县(治今市) 泰兴市 注：1949—1952 年曾属苏北行署区。	五代南唐 1992 年
宿迁市	宿迁市 (宿城区)	宿预县(治今市东南古城) 泗州 下邳郡 泗州 宿迁县(明迁今市) 宿迁市 注：1949—1952 年曾属苏北行署区，1996 年升为地级市。	东晋 北周 隋 唐 唐 1987 年
宿迁市	宿城区 (双庄街道)	治今址。	1996 年
宿迁市	宿豫区 (豫新街道)	宿豫县(治今区) 宿豫区	1996 年 2004 年
宿迁市	沭阳县 (沭城街道)	怀文县(治今址) 沭阳郡 沭阳县 注：1949—1952 年曾属苏北行署区。	东魏 南朝陈 北周

续　表

	今地名	沿革变迁	
宿迁市	泗阳县(众兴街道)	泗阳县(治今县东)	西汉
		淮滨县(治今县西南)	金
		桃园县	元
		桃源县	明
		泗阳县(1941 年迁今址)	1914 年
		注：1949—1952 年曾属苏北行署区。	
	泗洪县(青阳街道)	由泗阳等县和洪泽湖管理局合并而成,治今址。	1949 年
		注：原属安徽省,1955 年划归江苏省。	

浙　江　省

	今地名	沿革变迁	
浙江省	浙江省（杭州市）	简称浙。	
		越国	春秋
		楚国	战国
		会稽、闽中等郡	秦
		会稽、丹阳二郡	西汉
		会稽、吴郡	东汉
		东吴	三国
		扬州	西晋
		东扬州	东晋
		杭、吴、婺、处等州	隋
		余杭、会稽、东阳等郡	隋
		江南道	唐初
		江南东道	唐
		浙东、浙西二道	唐
		吴越	五代
		两浙路	宋初
		浙东、浙西二路	宋
		江浙行中书省	元
		浙江布政使司	明
		浙江省（省会杭州）	清

续　表

<table>
<tr><th></th><th>今地名</th><th colspan="2">沿　革　变　迁</th></tr>
<tr><td rowspan="4">杭
州
市</td><td>杭州市
(上城区)</td><td>钱唐县
临江郡
钱唐郡
杭州
余杭郡
钱塘县
杭州
余杭郡
杭州
钱江县
仁和县
临安府
杭州路
杭州府(浙江省会)
杭县
杭州市(省辖)

注：① 中国八大古都之一，为五代吴越、南宋国都。
② 1949 年为地级市。</td><td>秦
南朝梁
南朝陈
隋
隋
唐
唐
唐
唐
五代梁
北宋
南宋
元
明、清
1912 年
1927 年</td></tr>
<tr><td>上城区
(望江街道)</td><td>由原上城区、江干区撤并设立。</td><td>2021 年</td></tr>
<tr><td>拱墅区
(拱宸桥街道)</td><td>由原下城区、拱墅区撤并设立。</td><td>2021 年</td></tr>
<tr><td>西湖区
(灵隐街道)</td><td>第四区
西湖区
郊区
西湖区</td><td>1932 年
1949 年
1969 年
1972 年</td></tr>
</table>

续 表

	今地名	沿革变迁	
杭州市	萧山区（北干街道）	余暨县（治今区） 永兴县 萧山县 萧山市 萧山区	西汉 三国吴 唐 1987年 2001年
	余杭区（仓前街道）	余杭县（治今区西南余杭街道） 杭州 余杭县（治今杭州市，1961年迁今址） 余杭市 余杭区 注：2021年由余杭区析置临平区。	秦 隋 隋 1994年 2001年
	富阳区（富春街道）	富春县（治今区） 富阳县 富春县 富阳县 富阳市 富阳区	西汉 东晋 五代吴越 北宋 1994年 2014年
	临安区（锦城街道）	临水县（治今区北高虹镇） 临安县 临水县 临安县 安国县 临安县 临安市 临安区	东汉 西晋 唐 唐 五代吴越 北宋 1996年 2017年
	临平区（临平街道）	由余杭区析置。	2021年
	钱塘区（河庄街道）	由原江干区及萧山区部分区域析置。	2021年

续 表

	今地名	沿革变迁	
杭州市	建德市(新安江街道)	建德县(治今市梅城镇)	三国吴
		睦州	唐
		严州	北宋
		建德府	南宋
		建德路	元
		严州府	明、清
		建德县(1958年迁今市)	1912年
		建德市	1992年
	桐庐县(城南街道)	由富阳县析置,治今县西。唐开元中迁今址。	三国吴
	淳安县(千岛湖镇)	始新县(治今县西北)	东汉
		新安县	隋
		雉山县	隋
		新安县	唐
		还淳县	唐
		青溪县	唐
		淳化县	北宋
		淳安县(1958年迁今址)	南宋
宁波市	宁波市(鄞州区)	简称甬。	
		明州(治今海曙区鄞江镇)	唐
		余姚郡	唐
		明州(治今市)	唐
		庆元府	南宋
		庆元路	元
		明州府	元末
		宁波府	明、清
		鄞县	1912年
		宁波市(县级)	1927年
		鄞县	1931年
		宁波市(地级)	1949年

续 表

	今地名	沿革变迁	
宁波市	鄞州区（首南街道）	鄮县（治今宁波市东）	秦
		句章县	隋
		鄮县（治今区南）	唐
		鄞县	五代吴越
		鄞州区（治今址）	2002年
	镇海区（招宝山街道）	望海县（治今区）	五代吴越
		定海县	北宋
		镇海县	清
		镇海区	1985年
	奉化区（锦屏街道）	鄞县（治今区东北）	秦
		奉化县（治今区）	唐
		奉化州	元
		奉化县	明
		奉化市	1988年
		奉化区	2016年
	余姚市（兰江街道）	余姚县（治今市）	秦
		余姚州	元
		余姚县	明
		余姚市	1985年
	慈溪市（白沙路街道）	慈溪县（治今慈城镇）	唐
		慈谿县	明
		慈溪县（1955年迁今市）	1949年
		慈溪市	1988年
	象山县（丹东街道）	治今址。	唐
	宁海县（跃龙街道）	治今县东，唐迁今县。	东晋

续　表

	今地名	沿　革　变　迁	
温州市	温州市 (鹿城区)	永嘉郡(治今市) 温州 永嘉郡 温州 瑞安府 温州路 温州府 永嘉县 温州市(地级)	东晋 唐 唐 唐 南宋 元 明、清 1912 年 1949 年
	鹿城区 (五马街道)	东城、西城、南城 城区 鹿城区	1980 年 1983 年 1984 年
	瓯海区 (娄桥街道)	瓯海县(治今温州市) 瓯海区	1981 年 1992 年
	洞头区 (北岙街道)	洞头县 洞头区	1953 年 2015 年
	瑞安市 (安阳街道)	罗阳县(治今市) 安阳县 安固县 瑞安县 瑞安州 瑞安县 瑞安市	三国吴 三国吴 西晋 唐 元 明 1987 年
	乐清市 (城东街道)	乐成县(治今市) 乐清县 乐清市	东晋 五代吴越 1993 年
	龙港市 (镇前路)	龙港镇 龙港市	1983 年 2019 年

续 表

	今地名	沿革变迁	
温州市	永嘉县 （北城街道）	永宁县（治今温州市） 永嘉县 双溪县 永嘉县（1958年迁今址）	东汉 隋 1949年 1949年
	平阳县 （昆阳镇）	始阳县（治今址） 横阳县 平阳县 平阳州 平阳县	西晋 西晋 五代吴越 元 明
	苍南县 （灵溪镇）	由平阳县析置，治今址。	1981年
	文成县 （大峃镇）	文成县（治今址） 大南县 文成县	1946年 1949年 1949年
	泰顺县 （罗阳镇）	治今址。	明
嘉兴市	嘉兴市 （南湖区）	由拳县（治今市南） 禾兴县 嘉兴县（唐迁今市） 秀州 嘉兴府 嘉兴路 嘉兴府 秀水县 嘉禾县 嘉兴县 嘉兴市 注：1949年设县级市，治所几迁，1958年还治今市。1981年嘉兴县撤销并入。1983年升设地级市。	秦 三国吴 三国吴 五代晋 南宋 元 明 明 1912年 1914年 1949年

续　表

	今地名	沿革变迁	
嘉兴市	南湖区（东栅街道）	城区 秀城区 南湖区	1983年 1993年 2005年
	海宁市（海州街道）	盐官县(治今市盐官镇南) 海宁郡(唐迁盐官镇) 盐官州 海宁州 海宁县 海宁州 海宁县 海宁市(1945年迁今市)	三国吴 南朝陈 元 元 明 清 1912年 1986年
	平湖市（当湖街道）	平湖县(治今市) 平湖市	明 1991年
	桐乡市（梧桐街道）	桐乡县(治今市) 桐乡市	明 1993年
	嘉善县（罗星街道）	由嘉兴县析置,治今址。	明
	海盐县（武原街道）	海盐县(治今上海市金山区西,唐迁今址) 海盐州 海盐县	秦 元 明

续 表

<table>
<tr><th></th><th>今地名</th><th colspan="2">沿革变迁</th></tr>
<tr><td rowspan="5">湖州市</td><td>湖州市
（吴兴区）</td><td colspan="2">乌程县（治今市南） 秦
吴兴郡（东晋迁今市） 三国吴
湖州 隋
吴兴郡 唐
湖州 唐
归安县 北宋
安吉州 南宋
湖州路 元
湖州府 明、清
吴兴县（治今市） 1912 年
湖州市 1949 年

注：1949 年设县级市，1953 年为省辖，1958 年降县级市，1983 年升地级市。</td></tr>
<tr><td>吴兴区
（八里店镇）</td><td colspan="2">吴兴县 1912 年
吴兴区 2003 年</td></tr>
<tr><td>南浔区
（东迁街道）</td><td colspan="2">由吴兴县东部地区设置，治南浔镇。 2003 年

注：吴兴县—1912 年由乌程、归安二县合置，治今湖州市。1981 年并入湖州市。2003 年原吴兴县主体改置吴兴区，东部地区设置南浔区。</td></tr>
<tr><td>德清县
（武康街道）</td><td colspan="2">武源县（治今县北） 唐
临溪县 唐
德清县（1994 年迁今址） 唐</td></tr>
<tr><td>长兴县
（龙山街道）</td><td colspan="2">长城县（治今县东） 西晋
长兴县（治今址） 五代吴越
长兴州 元
长安州 元
长兴州 元
长兴县 明</td></tr>
</table>

续 表

	今地名	沿革变迁	
湖州市	安吉县(昌硕街道)	安吉县(治今县丰镇)	东汉
		安吉州	明
		安吉县(1951年迁梅溪镇,1958年迁今址)	清
绍兴市	绍兴市(越城区)	大越(为越国都)	春秋
		会稽郡(治今市)	东汉
		东扬州	南朝宋
		吴州	隋
		越州	隋
		会稽郡	隋
		越州	唐
		会稽郡	唐
		越州	唐
		绍兴府	南宋
		绍兴路	元
		绍兴府	明、清
		绍兴县	1912年
		绍兴市	1949年
		注:1949年设县级市,1952年为省辖,1958年降县级市,1983年升地级市。	
	越城区(塔山街道)	治今址。	1983年
	柯桥区(柯桥街道)	山阴县(治今绍兴市)	秦
		会稽县	南朝陈
		山阴县	唐
		绍兴县	1912年
		会稽县	1949年
		绍兴县(2001年迁今区)	1950年
		柯桥区	2013年
	上虞区(百官街道)	上虞县(治今区)	秦
		上虞市	1992年
		上虞区	2013年

续 表

	今地名	沿革变迁	
绍兴市	诸暨市 (暨阳街道)	诸暨县(治今市) 暨阳县 诸暨县 诸暨州 诸全州 诸暨县 诸暨市	秦 唐 五代吴越 元 元 元末 1989年
	嵊州市 (剡湖街道)	剡县(治今市西南) 嵊州(治今市) 赡县 剡县 嵊县 嵊州市	西汉 唐 五代晋 北宋 北宋 1995年
	新昌县 (南明街道)	治今址。1958年废,1961年复置。	五代吴越
金华市	金华市 (婺城区)	东阳郡(治今市) 金华郡 东阳郡 婺州 东阳郡 婺州 东阳郡 婺州 婺州路 宁越府 金华府 金华县 金华市 注:1949年设县级市,1953年为省辖,1958年降县级市,1985年升地级市。	三国吴 南朝梁 南朝陈 隋 隋 唐 唐 唐 元 元末 明、清 1912年 1949年
	婺城区 (白龙桥镇)	治今址。	1985年

续 表

	今地名	沿革变迁	
金华市	金东区(多湖街道)	长山县(治今金华市)	东汉
		吴宁县	隋
		东阳县	隋
		金华县	隋
		金山县	唐
		金华县	唐
		金东区(治今址)	2000 年
	兰溪市(兰江街道)	兰溪县(治今市)	唐
		兰溪州	元
		兰溪县	明
		兰溪市	1949 年
	义乌市(稠城街道)	乌伤县(治今市)	秦
		义乌县	唐
		绸州	唐
		义乌县	唐
		义乌市	1988 年
	东阳市(江北街道)	汉宁县(治今市东北)	东汉
		吴宁县	三国吴
		长山县	隋
		吴宁县(治今金华市)	隋
		东阳县	隋
		金华县	隋
		东阳县(治今市)	唐
		金华县	唐
		东场县	五代吴越
		东阳县	北宋
		东阳市	1988 年
	永康市(东城街道)	永康县(治今市)	三国吴
		缙云县	唐
		永康县	唐
		永康市	1992 年

续 表

	今地名	沿革变迁	
金华市	武义县 （壶山街道）	武义县 武成县 武义县	唐 唐 唐
	浦江县 （浦阳街道）	浦阳县（治今址） 浦江县	唐 五代吴越
	磐安县 （安文街道）	初治今大盘镇，1949年迁今址。	1939年
衢州市	衢州市 （柯城区）	衢州（治今市） 信安郡 衢州 衢州路 龙游府 衢州府 衢县 衢州市 衢县 衢州市 注：1949年设县级市，1985年升地级市。	唐 唐 唐 元 元 明、清 1912年 1949年 1951年 1979年
	柯城区 （信安街道）	由原县级衢州市析设。	1985年
	衢江区 （樟潭街道）	新安县（治今衢州市） 信安县 西安县 衢县 衢江区	东汉 西晋 唐 1912年 2001年

续 表

	今地名	沿革变迁	
衢州市	江山市(双塔街道)	须江县(治今市) 江山县 礼贤县(治贺村镇礼贤) 江山县(治今市) 江山市	唐 五代吴越 南宋 元 1987年
	常山县(天马街道)	定阳县(治今县西北) 常山县(治今址) 信安县 常山县	东汉 唐 南宋 元
	开化县(华埠镇)	开化场 开化县(治今址)	北宋 北宋
	龙游县(龙洲街道)	大末县(治今址) 龙丘县 龙游县 盈川县 龙游县 龙游市 龙游县	秦 唐 五代吴越 北宋 南宋 1949年 1949年
舟山市	舟山市(定海区)	由定海、普陀二县合并设市,治今址。	1987年
	定海区(昌国街道)	定海县(治今区) 定海直隶厅 定海县 定海区	清 清 1912年 1987年
	普陀区(东港街道)	普陀县(治今区) 普陀区	1953年 1987年

续 表

	今地名	沿 革 变 迁	
舟山市	岱山县（高亭镇）	初治今县西东沙镇，1955年迁今址。	1953年
	嵊泗县（菜园镇）	嵊泗列岛军事管制委员会 嵊泗县（治今址） 注：原属江苏省，1953年划归浙江省。	1949年 1951年
台州市	台州市（椒江区）	由台州地区改置（地级），治今址。	1994年
	椒江区（海门街道）	海门特区（治今区） 椒江市 椒江区	1980年 1981年 1994年
	黄岩区（西城街道）	永宁县（治今区） 黄岩具 黄岩州 黄岩县 黄岩市 黄岩区	唐 唐 元 明 1989年 1994年
	温岭市（太平街道）	太平县（治今市） 温岭县 温岭市	明 1914年 1994年
	临海市（古城街道）	临海县 临海郡 台州 台州路 台州府 临海县 临海市	三国吴 三国吴 唐 元 明、清 1912年 1986年

续 表

	今地名	沿革变迁	
台州市	玉环市 (玉城街道)	玉环厅(治今址) 玉环县 玉环市	清 1912 年 2017 年
	三门县 (海游街道)	南田厅(治今县健跳镇) 南田县 三门县(1949 年迁今址)	清 1912 年 1940 年
	天台县 (始丰街道)	始平县(治今址) 始丰县 唐兴县 天台县 唐兴县 台兴县 天台县	三国吴 西晋 唐 五代吴越 五代唐 五代晋 北宋
	仙居县 (南峰街道)	乐安县 永安县(治今址) 仙居县	东晋 五代吴越 北宋
丽水市	丽水市 (莲都区)	丽水县(治今市西南) 括苍县 丽水县(治今市) 处州 处州路 处州府 丽水县 丽水市 注：1986 年设县级市,2000 年升地级市。	唐 唐 唐 唐、宋 元 明、清 1912 年 1986 年
	莲都区 (万象街道)	由原县级丽水市改置,治今区。	2000 年

续 表

	今地名	沿革变迁	
丽水市	龙泉市 （龙渊街道）	龙泉县（治今市） 剑川县 龙泉县 龙泉市	唐 北宋 南宋 1990年
	青田县 （鹤城街道）	治今址。	唐
	缙云县 （五云街道）	治今永康市，武周迁今址。	唐
	遂昌县 （妙高街道）	平昌县（治今址） 遂昌县	三国吴 西晋
	松阳县 （西屏街道）	松阳县（治今县东南，唐迁今址） 长松县 白龙县 松阳县	东汉 五代吴越 五代晋 北宋
	云和县 （浮云街道）	治今址。	明
	庆元县 （松源街道）	治今址。1958年并入龙泉县，1973年复置。	南宋
	景宁畲族自治县 （红星街道）	景宁县（治今址） 景宁畲族自治县	明 1984年

安　徽　省

	今地名	沿　革　变　迁	
安徽省	安徽省 （合肥市）	简称皖。	
		吴、楚等国	春秋
		楚国	战国
		九江、衡山、泗水及东海等郡	秦
		庐江、九江、丹阳等郡	西汉
		庐江、谯、新都等郡	东汉
		汝阴、安丰、宣城等郡	西晋
		庐江、同安、淮南等郡	隋
		江南、淮南及河南等道	唐
		江南东路、淮南东、淮南西二路及京西北路	宋
		河南江北行中书省	元
		江浙行中书省	元
		南京	明
		江南省	清
		江南左布政使司	清
		安徽布政使司	清
		安徽省（初治江苏南京，后迁安庆）	清
		皖北、皖南行署区	1949 年
		安徽省（省会合肥市）	1952 年
		附：① 皖北行署区—1949 年由安徽省分置，行署驻合肥市。1952 年与皖南行署区合并为安徽省。 ② 皖南行署区—1949 年由安徽省分置，行署驻芜湖市。1952 年与皖北行署区合并为安徽省。	

续 表

<table>
<tr><th></th><th>今地名</th><th colspan="2">沿 革 变 迁</th></tr>
<tr><td rowspan="4">合肥市</td><td>合肥市
（蜀山区）</td><td>合肥邑
合肥县(治今市)
合肥侯国
合肥县
汝阴县
合肥县
庐州
庐江郡
庐州
庐江郡
庐州
庐州路
庐州府
合肥县
合肥市

注：1949 年为皖北行署驻地，1952 年为安徽省会、地级市。</td><td>战国楚
西汉
东汉
三国魏
东晋
隋
隋
隋
唐
唐
唐
元
明、清
1912 年
1949 年</td></tr>
<tr><td>蜀山区
（三里庵街道）</td><td>第二区
西市区
蜀山区</td><td>1949 年
1951 年
2002 年</td></tr>
<tr><td>巢湖市
（天河街道）</td><td>蕲县(治今市)
襄安县
巢州
巢县
镇巢军
巢县
巢湖市

注：1949—1952 年曾属皖北行署区。1982 年设县级市，1983 年巢县并入。1999 年升设地级市。2011 年撤销地级巢湖市和居巢区，设立县级巢湖市，划归合肥市代管。</td><td>东晋
隋
唐
唐
南宋
元
1982 年</td></tr>
<tr><td>长丰县
（水湖镇）</td><td>由寿县、定远、肥东、肥西四县部分地区析置，治今址。</td><td>1964 年</td></tr>
</table>

续 表

	今地名	沿革变迁	
合肥市	肥东县 (店埠镇)	由合肥县东部地区析置,初治梁园,后迁今址。 注:1949—1952年曾属皖北行署区。	1949年
	肥西县 (上派镇)	由合肥县西部地区析置,初治双河镇,后迁今址。 注:1949—1952年曾属皖北行署区。	1949年
	庐江县 (庐城镇)	初治今县西,唐迁今址。 注:1949—1952年曾属皖北行署区,2011年由巢湖市划归合肥市管辖。	南朝梁
芜湖市	芜湖市 (鸠江区)	由芜湖县析置(地级)。 注:1949—1952年曾为皖南行署驻地。	1949年
	鸠江区 (官陡街道)	由裕溪口、四褐山、郊区三区撤并设立。	1990年
	弋江区 (利民路街道)	马塘区 弋江区 弋江区(由弋江区、三山区合并)	1968年 2005年 2020年
	湾沚区 (湾沚镇)	鸠兹邑 芜湖县(治今区西北,三国吴迁今芜湖市。1971年迁今址) 湾沚区 注:1949—1952年曾属皖南行署区。	春秋吴 西汉 2020年
	繁昌区 (繁阳镇)	初治今区东北,明迁今址。 繁昌区 注:1949—1952年曾属皖南行署区。	东晋 2020年

续 表

	今地名	沿革变迁	
芜湖市	无为市 （无城镇）	无为县（治今址）	北宋
		无为军	北宋
		无为路	元
		无为州	元、明
		无为县	1912年
		无为市	2019年
		注：1949—1952年曾属皖北行署区。	
	南陵县 （籍山镇）	初治今池州市贵池区西南，隋迁秋浦，唐迁今址。	南朝梁
		注：1949—1952年曾属皖南行署区。	
蚌埠市	蚌埠市 （蚌山区）	原为蚌步集，后改蚌埠集。	1947年
		注：1949—1952年曾属皖北行署区。	
	蚌山区 （黄庄街道）	由凤阳县析置蚌埠市	1947年
		中市区	1951年
		蚌山区	2004年
	怀远县 （荆山镇）	怀远军（治今县北）	南宋
		怀远县（治今址）	元
		注：1949—1952年曾属皖北行署区。	
	五河县 （城关镇）	初治今县南旧县湾。明迁治故县西北，后迁今址。	南宋
		注：1949—1952年曾属皖北行署区。	
	固镇县 （谷阳镇）	由宿县、灵璧、五河、怀远四县析置，治今址。	1964年

续 表

	今地名	沿革变迁	
淮南市	淮南市 (田家庵区)	1951年以淮南矿区及其附近地区合并设市(地级),治田家庵,属皖北行署区。1952年属安徽省。	1951年
	田家庵区 (公园街道)	田家庵市 田家庵镇 田家庵区 向阳区 田家庵区	1949年 1950年 1953年 1966年 1972年
	凤台县 (城关镇)	下蔡县(治今址) 寿州 凤台县 注:1949—1952年曾属皖北行署区。	秦 五代周 清
	寿　县 (寿春镇)	寿春邑 寿春县(治今址) 九江郡 淮南国 扬州 淮南郡 寿阳县 睢阳县 寿春县 寿州 淮南郡 寿州 寿春郡 寿州 寿春府 安丰军 安丰路 寿春府 寿州 寿县 注:1949—1952年曾属皖北行署区。	战国楚 秦 秦 西汉 三国魏 三国魏 东晋 南朝宋 北魏 隋 隋 唐 唐 唐 北宋 南宋 元 元末 明 1912年

续 表

	今地名	沿革变迁	
马鞍山市	马鞍山市 （雨山区）	马鞍山矿务局 马鞍山镇 马鞍山矿区 马鞍山市（地级）	1950 年 1954 年 1955 年 1956 年
	雨山区 （雨山街道）	治今址 注：2001 年向山区撤销，部分区域并入。	1976 年
	当涂县 （姑孰镇）	丹阳县（治今镇江市京口区丹阳镇） 当涂县（寄治于湖县，隋迁治今址） 丹阳县 当涂县 太平州 太平路 太平府 当涂县 注：1949—1952 年曾属皖南行署区。	秦 东晋 唐 唐 宋 元 明、清 1912 年
	含山县 （环峰镇）	含山县（治今址） 武寿县 含山县 和含县 含山县 注：1949—1952 年曾属皖北行署区。	唐 唐 唐 1959 年 1961 年
	和　县 （历阳镇）	历阳县（治今址） 历阳郡 南豫州 和州 和县 和含县 和县 注：1949—1952 年曾属皖北行署区。	秦 西晋 南朝宋 北齐 1912 年 1959 年 1961 年

续 表

	今地名	沿革变迁	
淮北市	淮北市 (相山区)	濉溪市(地级) 淮北市	1960年 1971年
	相山区 (相南街道)	治今址。	1969年
	濉溪县 (濉溪镇)	由宿县析置,治今址。 注:1950—1952年曾属皖北行署区。	1950年
铜陵市	铜陵市 (铜官区)	铜官山办事处 铜官山市(治今市) 铜陵市 铜陵特区 铜陵市(地级)	1950年 1956年 1958年 1964年 1971年
	铜官区 (新城街道)	由铜官山区、狮子山区合设。	2015年
	义安区 (顺安镇)	义安县(治今区顺安镇) 铜陵县(治今址) 义安区 注:1949—1952年曾属皖南行署区。	唐 五代南唐 2015年
	枞阳县 (枞阳镇)	枞阳县(治今址) 桐庐县 湖东县 枞阳县 注:1949—1952年曾属皖北行署区。	西汉 1949年 1951年 1955年

续 表

	今地名	沿革变迁	
安庆市	安庆市 （大观区）	安庆军（治今潜山市） 安庆府（治今市） 安庆路 宁江府 安庆府 安庆市 注：清及民国为安徽省会，1927 年设省辖市，1949—1952 年曾属皖北行署区，1979 年升设地级市。	南宋 南宋 元 元 明、清 1927 年
	大观区 （十里铺乡）	城西区 西市区 大观区	1952 年 1955 年 1960 年
	桐城市 （文昌街道）	同安县（治今市） 桐城县 桐城市 注：1949—1952 年曾属皖北行署区。	隋 唐 1996 年
	潜山市 （梅城镇）	皖县（治今址） 怀宁县 晋熙郡 舒州 安庆军 安庆府 潜山县 潜山市 注：1949—1952 年曾属皖北行署区。	西汉 东晋 东晋 唐 南宋 南宋 元 2018 年
	怀宁县 （高河镇）	怀宁县（治今潜山市梅城镇） 晋熙郡 同安郡 舒州（南宋迁今安庆市） 怀望县 怀宁县（1998 年迁今址） 注：1949—1952 年曾属皖北行署区。	东晋 东晋 隋 唐 1959 年 1961 年

续　表

	今地名	沿　革　变　迁	
安庆市	太湖县 (晋熙镇)	太湖左县(治今县东北,齐迁今址) 太湖县 晋熙县 太湖县 注:1949—1952 年曾属皖北行署区。	南朝宋 南朝梁 隋 隋
	宿松县 (孚玉镇)	高塘县(治今址) 宿松县 注:1949—1952 年曾属皖北行署区。	隋 隋
	望江县 (华阳镇)	新治县(治今址) 义乡县 望江县 怀望县 望江县 注:1949—1952 年曾属皖北行署区。	东晋 隋 隋 1959 年 1961 年
	岳西县 (天堂镇)	由潜山、霍山、舒城等县析置,治今址。 注:1949—1952 年曾属皖北行署区。	1936 年
黄山市	黄山市 (屯溪区)	初治仙源镇。1987 年迁屯溪,即今市(地级)。	1983 年
	屯溪区 (昱东街道)	屯溪市(治今区) 屯溪镇 屯溪市 屯溪镇 屯溪市 屯溪区 注:1949—1952 年曾属皖南行署区。	1949 年 1961 年 1962 年 1963 年 1975 年 1987 年

续 表

	今地名	沿革变迁	
黄山市	黄山区（甘棠镇）	太平县（治今区东仙源镇，1963年迁今址）	唐
		黄山市	1983年
		黄山区	1987年
		注：1949—1952年曾属皖南行署区。	
	歙县（徽城镇）	歙县（治今址）	秦
		新安郡	隋
		歙州	隋
		新安郡	唐
		歙州	唐
		徽州	北宋
		徽州路	元
		徽州府	明、清
		歙县	1912年
		注：1949—1952年曾属皖南行署区。	
	休宁县（海阳镇）	休阳县（治今县西）	东汉
		海阳县（治今县万安镇）	三国吴
		海宁县	西晋
		休宁县（唐天宝中迁今址）	隋
		注：1949—1952年曾属皖南行署区。	
	黟县（碧阳镇）	初治今县东，隋迁今址。	秦
		注：1949—1952年曾属皖南行署区。	
	祁门县（祁山镇）	阊门县（永泰初治今县西）	唐
		祁门县（大历中迁今址）	唐
		注：1949—1952年曾属皖南行署区。	

续 表

	今地名	沿革变迁	
滁州市	滁州市 (琅琊区)	顿丘县(治今市) 新昌郡 南谯州 新昌县 清流县 滁州 滁县 滁全县 滁县 滁州市 注:1949—1952年属皖北行署区。1982年设县级市,1992年升地级市。	东晋 南朝宋 南朝梁 隋 隋 隋 1912年 1959年 1961年 1982年
	琅琊区 (滁阳街道)	治今址。	1992年
	天长市 (广陵街道)	千秋县(治今市) 天长县 炳辉县 天长县 天长市 注:1949—1952年曾属皖北行署区。	唐 唐 1946年 1959年 1993年
	明光市 (明光街道)	嘉山县(治老三界,1938年迁今址) 明光市 注:1949—1952年曾属皖北行署区。	1932年 1994年
	来安县 (新安镇)	永阳县(治今址) 来安县 注:1949—1952年曾属皖北行署区。	唐 五代南唐

续 表

	今地名	沿革变迁	
滁州市	全椒县（襄河镇）	全椒县(治今址)	西汉
		北谯县	南朝梁
		滁水县	隋
		全椒县	隋
		滁全县	1959年
		全椒县	1961年
		注：1949—1952年曾属皖北行署区。	
	定远县（定城镇）	东城县(治今县三官集)	秦
		定远县	南朝梁
		临濠郡	南朝梁
		临濠县	隋
		定远县(治今址)	唐
		注：1949—1952年曾属皖北行署区。	
	凤阳县（府城镇）	钟离县(治今县东北)	秦
		钟离侯国	东汉
		钟离县	西晋
		燕县	东晋
		钟离郡	东晋
		钟离县	北齐
		濠州	隋
		钟离郡	隋
		濠州	唐
		临淮县	金
		钟离县	元
		中立县	明
		临淮县	明
		凤阳县(治今址)	明
		凤阳府	明
		凤阳县	1912年
		注：1949—1952年曾属皖北行署区。	

续　表

	今地名	沿革变迁	
阜阳市	阜阳市 (颍州区)	汝阴县(治今市) 女阴县 汝阴县 汝阴郡 颍州 汝阴郡 信州 颍州 顺昌府 颍州 阜阳县 颍州府 阜阳县 阜城市 阜阳市 注：1949—1952年曾属皖北行署区，1975年设县级市，1996年升地级市。	秦 西汉 东汉 三国魏 北魏 隋 唐 唐 北宋 蒙古 清 清 1912年 1948年 1975年
	颍州区 (鼓楼街道)	治今址。	1996年
	界首市 (东城街道)	界首市(治今址) 界首县 首太县 界首县 界首市 注：1949—1952年曾属皖北行署区。	1948年 1953年 1959年 1961年 1989年
	临泉县 (城关街道)	寝县(治今址) 固始县 沈丘县 临泉县 注：1949—1952年曾属皖北行署区。	秦 东汉 唐 1935年

续 表

<table>
<tr><th></th><th>今地名</th><th>沿 革 变 迁</th><th></th></tr>
<tr><td rowspan="3">阜阳市</td><td>太和县
(城关镇)</td><td>万寿县(治今县原墙镇)
泰和县
颍州
太和县(治今址)
首太县
太和县
注：1949—1952年曾属皖北行署区。</td><td>北宋
北宋
元初
元
1959年
1961年</td></tr>
<tr><td>阜南县
(鹿城镇)</td><td>阜南办事处(治今址)
阜南县
注：1949—1952年曾属皖北行署区。</td><td>1949年
1950年</td></tr>
<tr><td>颍上县
(慎城镇)</td><td>慎邑(治今县西北)
慎县
颍上县(治今县南,唐迁今址)
注：1949—1952年曾属皖北行署区。</td><td>春秋楚
西汉
隋</td></tr>
<tr><td rowspan="2">宿州市</td><td>宿州市
(埇桥区)</td><td>宿国
宿州(治今泗县,后迁今市)
宿县
宿县市
宿城市
宿州市
注：1950—1952年属皖北行署区。1979年设县级市,1998年升地级市。</td><td>春秋
唐
1912年
1948年
1950年
1979年</td></tr>
<tr><td>埇桥区
(埇桥街道)</td><td>符离县治
宿州治
由原县级宿州市设立</td><td>秦
唐
1998年</td></tr>
</table>

续 表

	今地名	沿革变迁	
宿州市	砀山县 (砀城镇)	安阳县(治今县东北)	北魏
		砀山县(治今旧址,明迁今址)	隋
		萧砀县	1959年
		砀山县	1961年
		注:1955年由江苏省划归安徽省。	
	萧县 (圣泉镇)	萧国	春秋
		萧县(治今县西北)	秦
		承高县	北齐
		龙城县	隋
		临沛县	隋
		萧县	隋
		永堌县(治今县永堌镇)	金
		萧县(明万历初迁今址)	元
		萧砀县	1959年
		萧县	1961年
		注:原属江苏省,1949年改属皖北行署区,1952年复属江苏省,1955年划归安徽省。	
	灵璧县 (灵城镇)	零壁县(治今址)	北宋
		灵璧县	北宋
		注:1949—1952年曾属皖北行署区。	
	泗县 (泗城镇)	夏邱县(治今县城东,东魏迁今址)	西汉
		晋陵县	北周
		夏邱郡	北周
		夏邱县	隋
		虹县	唐
		泗州	清
		泗县	1912年
		注:1949—1952年曾属皖北行署区。	

续 表

	今地名	沿革变迁	
六安市	六安市 (金安区)	六国	夏至春秋
		六县(治今市西古城)	秦
		六安国	西汉
		六安侯国	东汉
		六安县	三国魏
		六县	西晋
		盛唐县(治今址)	唐
		六安县	北宋
		六安军	北宋
		六安州	元
		六安县	1912年
		六安市	1978年
		注：1949—1952年曾属皖北行署区，1978年析六安县城区设市(县级)，1992年六安县撤销并入，1999年升设地级市。	
	金安区 (望城街道)	由原县级六安市析置。	1996年
	叶集区 (史河街道)	由霍邱县析置，治今址。	2015年
	霍邱县 (城关镇)	霍丘戍(治今址)	南朝梁
		霍丘县	隋
		武昌县	唐
		霍丘县	唐
		霍邱县	清
		注：1949—1952年曾属皖北行署区。	
	舒城县 (城关镇)	由合肥、庐江二县析置，治今址。	唐
		注：1949—1952年曾属皖北行署区。	

续 表

	今地名	沿革变迁	
六安市	金寨县 (梅山镇)	立煌县(治金家寨) 金寨县 金东县 金西县 金寨县(1955 年迁今址) 注:1949—1952 年曾属皖北行署区。	1932 年 1947 年 1947 年 1947 年 1949 年
	霍山县 (衡山镇)	灊县(治今县北) 潜县 灊县 岳安县(治今址) 霍州 霍山县 注:1949—1952 年曾属皖北行署区。	西汉 东汉 西晋 南朝梁 南朝梁 隋
亳州市	亳州市 (谯城区)	焦国 焦邑 谯县(治今市) 小黄县 亳州 谯县 谯郡 亳州 亳县 亳城市 亳县 亳州市 注:1949—1952 年属皖北行署区。1986 年设县级市,2000 年升地级市。	西周 春秋陈 秦 东晋 北周 隋 隋 唐 1912 年 1948 年 1950 年 1986 年
	谯城区 (花戏楼街道)	由原县级亳州市改置。	2000 年

续 表

	今地名	沿革变迁	
亳州市	涡阳县 （城关街道）	治雉河集，即今址。 注：1949—1952 年曾属皖北行署区。	清
	蒙城县 （城关街道）	山桑县（治今县北坛城镇） 山桑侯国 山桑县 蒙城县（治今址） 注：1949—1952 年曾属皖北行署区。	西汉 东汉 三国魏 唐
	利辛县 （城关镇）	由阜阳、涡阳、蒙城、凤台四县析置，治今址。	1964 年
池州市	池州市 （贵池区）	池州（治今市西南） 贵池县（治今市） 池州路 池州府 贵池县 贵池市（县级） 池州市（地级） 注：1949—1952 年曾属皖南行署区。	唐 五代吴 元 明、清 1912 年 1988 年 2000 年
	贵池区 （池阳街道）	石城县（治今当涂县东北） 秋浦县（治今区西南） 贵池县（治今址） 贵池市 贵池区 注：1949—1952 年曾属皖南行署区。	西汉 隋 五代吴 1988 年 2000 年

续 表

<table>
<tr><th></th><th>今地名</th><th colspan="2">沿 革 变 迁</th></tr>
<tr><td rowspan="3">池州市</td><td>东至县
(尧渡镇)</td><td colspan="2">由东流、至德二县合置,治今址。 1959年

附: ① 东流县—五代南唐置,治今东至县西北东流镇。1959年与至德县合置东至县。
② 至德县—唐至德二载(757年)置,治今东至县北梅城镇。五代吴改建德县,1914年改秋浦县,1932年复为至德县。1959年与东流县合置东至县。</td></tr>
<tr><td>石台县
(仁里镇)</td><td>石埭县(治今县东北)
石台县(治今址)

注: 1949—1952年曾属皖南行署区。</td><td>南朝梁
1965年</td></tr>
<tr><td>青阳县
(蓉城镇)</td><td>临城县(治今县临城镇)
青阳县(治今址)

注: 1949—1952年曾属皖南行署区。</td><td>三国吴
唐</td></tr>
<tr><td>宣城市</td><td>宣城市
(宣州区)</td><td>宛陵县(治今市)
丹阳郡
宣城郡
宣城县
宣州
宣城郡
宣州
宣城郡
宣州
宁国府
宁国路
宁国府
宣城县
宣城市
宣城县
宣州市(县级)
宣城市(地级)

注: 1949—1952年曾属皖南行署区。</td><td>西汉
西汉
西晋
隋
隋
隋
唐
唐
唐
南宋
元
明、清
1912年
1949年
1950年
1987年
2000年</td></tr>
</table>

续 表

	今地名	沿革变迁	
宣城市	宣州区（西林街道）	宛陵县(治今区)	西汉
		宣城县	隋
		宣城市	1949年
		宣城县	1950年
		宣州市	1987年
		宣州区	2000年
		注：1949—1952年曾属皖南行署区。	
	宁国市（西津街道）	宁国县(治今市南,唐迁治今市)	三国吴
		宁国市	1997年
		注：1949—1952年曾属皖南行署区。	
	广德市（桃州镇）	广德县(治今市西南,隋废。唐复置,治今址)	三国吴
		广德军	宋
		广德路	元
		广阳县	元
		广兴府	元
		广德县	明
		广德州	明
		广德县	1912年
		郎广县	1959年
		广德县	1961年
		广德市	2019年
		注：1949—1952年曾属皖南行署区。	
	郎溪县（建平镇）	建平县(治今址)	北宋
		郎溪县	1914年
		郎广县	1959年
		郎溪县	1961年
		注：1949—1952年曾属皖南行署区。	

续 表

	今地名	沿 革 变 迁	
宣城市	泾 县 (泾川镇)	初治今县城西北,元迁今址。 注:1949—1952 年曾属皖南行署区。	西汉
	绩溪县 (华阳镇)	治今址。 注:1949—1952 年曾属皖南行署区。	唐
	旌德县 (旌阳镇)	治今址。 注:1949—1952 年曾属皖南行署区。	唐

福　建　省

	今地名	沿革变迁	
福建省	福建省 （福州市）	简称闽，别称七闽、八闽。	
		越国	春秋
		楚国	战国
		闽中郡	秦
		闽越国	汉初
		会稽郡	汉
		建安郡	三国吴
		建安、晋安二郡	西晋
		建安、晋安、南安三郡	南朝梁
		建安郡及临川郡	隋
		福建经略使	唐
		福建路	宋
		福建道	元
		福建行中书省	元
		福建布政使司	明
		福建省（省会福州）	清

续 表

	今地名	沿 革 变 迁	
福州市	福州市（鼓楼区）	别称榕城。	
		东冶	西汉
		冶县	西汉
		东冶县	东汉
		晋安郡	西晋
		闽州	南朝陈
		丰州	南朝陈
		泉州	隋
		闽州	隋
		建安郡	隋
		建州	唐
		泉州	唐
		闽州	唐
		福州	唐
		长乐郡	唐
		福州	唐
		长乐府	五代闽
		东都	五代闽
		福州	五代汉
		福建路	北宋
		福州路	元
		福州府	明
		福州市（省辖，福建省会）	1946 年
		注：1949 年为地级市。	
	鼓楼区（东街街道）	冶城	汉初
		鼓楼区	1946 年
		红卫区	1968 年
		鼓楼区	1978 年

续 表

	今地名	沿革变迁	
福州市	长乐区（吴航街道）	新宁县(治今古槐镇)	唐
		长乐县(治今址)	唐
		安昌县	五代闽
		长乐县	五代唐
		安昌县	五代晋
		长乐县	五代晋
		长乐市	1994 年
		长乐区	2017 年
	福清市（玉屏街道）	万安县(治今市)	唐
		福唐县	唐
		永昌县	五代梁
		福唐县	五代唐
		福清县	五代唐
		福清州	元
		福清县	明
		福清市	1990 年
	闽侯县（甘蔗街道）	闽侯县(治今福州市)	1913 年
		闽县	1933 年
		侯官县	1933 年
		闽侯县	1934 年
		林森县	1943 年
		闽侯县(1970 年迁今址)	1950 年
	连江县（凤城镇）	温麻县(治今霞浦县南)	西晋
		闽县	隋
		温麻县(治今址)	唐
		连江县	唐
	罗源县（凤山镇）	罗源场	唐
		永贞监	唐
		永贞县(治今址)	五代闽
		永昌县	北宋
		罗源县	北宋

续 表

	今地名	沿 革 变 迁	
福州市	闽清县(梅城镇)	梅溪场	唐
		梅溪县(治今址)	唐
		闽清县	五代闽
	永泰县(樟城镇)	永泰县(治今址)	唐
		永福县	北宋
		永泰县	1914 年
	平潭县(海坛街道)	平潭厅(治今址)	清
		平潭县	1913 年
厦门市	厦门市(思明区)	厦门城	明
		思明州	清初
		厦门厅	清
		思明县	1912 年
		厦门市(省辖,1980 年辟设经济特区)	1933 年
	思明区(厦港街道)	由原开元、思明、鼓浪屿三区合设。	2003 年
	同安区(祥平街道)	同安县(治今区)	西晋
		同安区	1996 年
莆田市	莆田市(城厢区)	莆田县(治今市东南,唐迁今市)	南朝陈
		兴化军	北宋
		兴化路	元
		兴化府	明
		莆田县	1913 年
		莆田市	1983 年
	城厢区(霞林街道)	治今址。	1984 年
	仙游县(鲤城街道)	清源县(治今县西北)	唐
		仙游县(治今址)	唐

续 表

	今地名	沿革变迁	
三明市	三明市 （三元区）	三元县 三明县 三明市（治今址） 注：初为地级市，1963 年降县级市，1983 年复地级市。	1940 年 1956 年 1960 年
	三元区 （列东街道）	由原三元区、梅列区合并设立。	2021 年
	沙县区 （凤岗街道）	沙村县（治今区东） 沙县（唐中和时迁今址） 沙县区	南朝宋 隋 2021 年
	永安市 （燕西街道）	永安县（治今市） 永安市	明 1984 年
	明溪县 （雪峰镇）	归化县（治今址） 明溪县 三明县 明溪县	明 1933 年 1956 年 1964 年
	清流县 （龙津镇）	清流县（治今址） 清宁县 清流县	北宋 1960 年 1961 年
	宁化县 （翠江镇）	黄连县（治今县城郊高堑村） 宁化县（五代唐迁今址） 清宁县 宁化县	唐 唐 1960 年 1961 年
	大田县 （均溪镇）	治今址。	明
	尤溪县 （城关镇）	治今址。	唐

续 表

	今地名	沿革变迁	
三明市	将乐县 (古镛镇)	将乐县(治今址) 镛州 将乐县	三国吴 五代闽 五代南唐
	泰宁县 (杉城镇)	归化县(治今址) 泰宁县	五代南唐 北宋
	建宁县 (濉溪镇)	绥城县(治今县西南) 建宁县(治今址)	东晋 北宋
泉州市	泉州市 (丰泽区)	武荣州(治今市) 泉州 清源郡 泉州 清源军 平海军 泉州 泉州路 泉宁府 泉州府 泉州市 注：泉州城区因古代环植刺桐，别名刺桐城，又因城形似鲤鱼，又称鲤城。1950年设县级市，1985年升地级市。	唐 唐 唐 唐 五代汉 北宋 北宋 元 元 明 1950年
	丰泽区 (丰泽街道)	治今址。	1997年
	石狮市 (湖滨街道)	石狮镇 石狮市	1942年 1987年
	晋江市 (罗山街道)	晋江县(治今泉州市，1951年迁今址) 晋江市	唐 1992年

续 表

	今地名	沿革变迁	
泉州市	南安市 (溪美街道)	东安县(治今市东丰州镇) 晋安县 南安县(1937年迁今市) 南安市	三国吴 西晋 隋 1993年
	惠安县 (螺城镇)	治今址。	北宋
	安溪县 (凤城镇)	清溪县(治今址) 安溪县	五代南唐 北宋
	永春县 (桃城镇)	桃源县(治今址) 永春县 永春直隶州 永春县	五代闽 五代晋 清 1913年
	德化县 (浔中镇)	治今址。	五代闽
	金门县 (金城镇)	金门千户所 金门县丞 金门县(治今址) 注：金门县现由台湾当局控制。	明 清 1914年
漳州市	漳州市 (龙文区)	漳州(治今漳浦县) 漳浦郡 漳州(治今市) 漳州路 漳州府 龙溪县 漳州市 注：1950年设县级市,1985年升地级市。	唐 唐 唐 元 明、清 1913年 1950年
	龙文区 (步文街道)	治今址。	1996年

续　表

	今地名	沿革变迁	
漳州市	龙海区 (石码街道)	龙海县(治今区) 龙海市 龙海区	1960年 1993年 2021年
漳州市	长泰区 (武安镇)	长泰县(治今址) 长泰区	五代南唐 2021年
漳州市	云霄县 (云陵镇)	云霄厅(治今址) 云霄县	清 1913年
漳州市	漳浦县 (绥安镇)	初治今云霄县,开元中迁今址。	唐
漳州市	诏安县 (南诏镇)	治今址。	明
漳州市	东山县 (西埔镇)	初治今县东铜陵镇,1956年迁今址。	1915年
漳州市	南靖县 (山城镇)	南胜县(治今县东南) 南靖县(1938年迁今址)	元 元末
漳州市	平和县 (小溪镇)	初治今县西南,1950年迁今址。	明
漳州市	华安县 (华丰镇)	治今址。	1928年
南平市	南平市 (建阳区)	南平县(治今市) 延平县 龙津县 剑浦县 南平县 延平路 延平府 南平县 南平市 注:1956年设县级市,1994年升地级市。	东汉 东晋 五代闽 五代南唐 元 元 明、清 1913年 1956年

续 表

	今地名	沿革变迁	
南平市	建阳区（潭城街道）	建平县(治今区) 建阳县 嘉禾县 建阳县 建阳市 建阳区	东汉 西晋 南宋 元 1994年 2014年
	邵武市（昭阳街道）	昭武县(治今市) 邵武县 邵阳县 邵武县 昭武县 邵武县 邵武军 邵武路 邵武府 邵武县 邵武市	三国吴 西晋 东晋 南朝宋 五代闽 五代南唐 宋 元 明、清 1913年 1983年
	武夷山市（崇安街道）	崇安场 崇安县(治今市) 武夷山市	五代南唐 北宋 1989年
	建瓯市（瓯宁街道）	建瓯县(治今市) 建瓯市	1913年 1992年
	顺昌县（双溪街道）	升永顺场置县,治今址。	五代闽
	浦城县（南浦街道）	汉兴县(治今址) 吴兴县 唐兴县 武宁县 唐兴县 浦城县	东汉 三国吴 唐 唐 唐 唐

续　表

	今地名	沿革变迁	
南平市	光泽县 (杭川镇)	治今址。	北宋
	松溪县 (松源街道)	松源县(治今县东北旧县) 松溪县(治今址) 松政县 松溪县 松政县 松溪县	五代南唐 北宋 1960 年 1962 年 1970 年 1974 年
	政和县 (熊山街道)	关隶县(治今址) 政和县 松政县 政和县 松政县 政和县	北宋 北宋 1960 年 1962 年 1970 年 1974 年
龙岩市	龙岩市 (新罗区)	杂罗县(治今市) 龙岩县 龙岩直隶州 龙岩县 龙岩市(地级)	唐 唐 清 1913 年 1981 年
	新罗区 (东城街道)	由原县级龙岩市改置,治今址。	1996 年
	永定区 (凤城街道)	永定县 永定区	明 2014 年
	漳平市 (菁城街道)	漳平县(治今址) 漳平市	明 1990 年

续 表

	今地名	沿革变迁	
龙岩市	长汀县 （汀州镇）	长汀县（治今上杭县九州） 汀州（治今址） 汀州路 汀州府 长汀县	唐 唐 元 明 1913年
	上杭县 （临江镇）	上杭场 上杭县（治今永定区东北，南宋迁今址） 杭武县 上杭县	唐 北宋 1931年 1932年
	武平县 （平川街道）	武平场 武平县（治今中山镇，南宋迁今址） 杭武县 武平县	五代南唐 北宋 1931年 1932年
	连城县 （莲峰镇）	莲城县（治今址） 连城县	南宋 元
宁德市	宁德市 （蕉城区）	宁德县（治今市） 宁德市 注：1988年设县级市，1999年升地级市。	五代唐 1988年
	蕉城区 （蕉北街道）	由原县级宁德市改置，治今址。	1999年
	福安市 （城北街道）	福安县（治今市） 福安市	南宋 1989年
	福鼎市 （桐山街道）	福鼎县（治今址） 福鼎市	清 1995年

续　表

	今地名	沿革变迁	
宁德市	**霞浦县** (松城街道)	长溪县(治今址) 福宁州 福宁府 霞浦县	唐 元 清 清
	古田县 (城东街道)	初治今县东北旧县,1957 年迁今址。	唐
	屏南县 (古峰镇)	初治今县北双溪,1950 年迁长桥,1956 年迁今址。	清
	寿宁县 (鳌阳镇)	治今址。	明
	周宁县 (狮城镇)	周墩特种区 周宁县(治今址)	1938 年 1945 年
	柘荣县 (双城镇)	柘洋特种区 柘荣县(治今址)	1935 年 1945 年

江　西　省

	今地名	沿　革　变　迁	
江西省	江西省 （南昌市）	简称赣，别称豫章。	
		楚、吴、越三国	春秋
		楚国	战国
		九江郡	秦
		豫章郡	西汉
		豫章、庐陵、鄱阳三郡	东汉
		豫章、临川等郡	三国吴
		江州	西晋
		洪、江、饶、抚等州	隋
		豫章、九江、鄱阳等郡	隋
		江南西道	唐
		江南东、西二路	宋
		江西行中书省	元
		江西布政使司	明
		江西省（省会南昌）	清
南昌市	南昌市 （红谷滩区）	别称洪都。	
		豫章郡	西汉
		南昌县	西汉
		九江郡	新莽
		豫章郡	东汉
		江州	西晋
		洪州	隋
		豫章县	隋
		豫章郡	隋
		洪州	唐
		钟陵县	唐
		南昌县	唐
		南昌府	五代南唐
		洪州	北宋
		隆兴府	南宋
		隆兴路	元
		龙兴路	元
		洪都府	元末
		南昌府（江西省会）	明、清
		南昌县	1912 年
		南昌市（省辖）	1926 年
		注：1932 年撤销南昌市，1935 年复设。1949 年为江西省会、地级市。	

续 表

	今地名	沿革变迁	
南昌市	红谷滩区 (沙井街道)	红谷滩新区 红谷滩区	2002年 2019年
	新建区 (长堎街道)	新建县(治今南昌市,1961年迁今址) 新建区	北宋 2015年
	南昌县 (莲塘镇)	南昌县(治今南昌市) 豫章县 钟陵县 南昌县(1945年迁治莲塘)	西汉 隋 唐 唐
	安义县 (龙津镇)	治今址。	明
	进贤县 (民和镇)	进贤镇 进贤县(治今址)	北宋 北宋
景德镇市	景德镇市 (昌江区)	新平镇(治今市) 昌南镇 景德镇 景德镇市(县级,1953年升地级市)	东晋 东晋 北宋 1927年
	昌江区 (西郊街道)	景南区 昌江区	1970年 1979年
	乐平市 (洎阳街道)	乐平县(初治今德兴市银城畈,后治今市) 乐平州 乐平县 乐平市	唐 元 明 1992年
	浮梁县 (浮梁镇)	新昌县(治今县南) 浮梁县 浮梁州 浮梁县(1988年治今址)	唐 唐 元 明

续 表

	今地名	沿革变迁	
萍乡市	萍乡市 （安源区）	萍乡县（治今芦溪县古冈，唐迁今址） 萍乡州 萍乡县 萍乡市	三国吴 元 明 1949年
	安源区 （安源镇）	城关区 安源区	1961年 1993年
	莲花县 （琴亭镇）	莲花厅（治今址） 莲花县	清 1912年
	上栗县 （上栗镇）	上栗区（1976年批准，治今址） 上栗县	1971年 1997年
	芦溪县 （芦溪镇）	芦溪区（1976年批准，治今址） 芦溪县	1971年 1997年
九江市	九江市 （浔阳区）	江州（治今市） 九江郡 江州 浔阳郡 江州 江州路 九江府 九江市 注：1949年设县级市，1980年升地级市。	东晋 隋 唐 唐 唐 元 明、清 1949年
	浔阳区 （甘棠街道）	治今址。	1980年

续 表

	今地名	沿革变迁	
九江市	柴桑区 (沙河街道)	寻阳县(治今九江市) 彭蠡县 湓城县 浔阳县 德化县 九江县(1968年迁今址) 柴桑区	隋 隋 隋 唐 五代南唐 1914年 2017年
	瑞昌市 (湓城街道)	瑞昌县(治赤乌镇,南宋迁今址) 瑞昌市	五代南唐 1989年
	共青城市 (茶山街道)	由德安、永修、星子三县析置,治今址。	2010年
	庐山市 (南康镇)	星子镇(治今址) 星子县 南康军 南康路 南康府 星子县 庐山市	五代吴 北宋 北宋 元 明、清 1912年 2016年
	武宁县 (豫宁街道)	西安县(治今县西) 豫宁县 武宁县 豫宁县 武宁县(1970年迁治今址)	东汉 西晋 唐 唐 唐
	修水县 (义宁镇)	分宁县(治今址) 宁州 宁县 宁州 义宁州 义宁县 修水县	唐 元 明 明 清 1912年 1914年

续 表

	今地名	沿革变迁	
九江市	永修县（涂埠镇）	永修县(治今县西北) 建昌县 建昌州 建昌县 永修县(1949年迁今址)	东汉 南朝宋 元 明 1914年
	德安县（蒲亭镇）	升蒲塘场置县,治今址。	五代吴
	都昌县（都昌镇）	唐初治今县东北,大历年迁今址。	唐
	湖口县（双钟镇）	湖口戍(治今县南) 湖口镇 湖口县(治今址)	南朝宋 唐 五代南唐
	彭泽县（龙城镇）	彭泽县(治今湖口县东南) 龙城县 彭泽县(五代南唐迁今址)	西汉 隋 隋
新余市	新余市（渝水区）	新渝县(治今市西南) 新喻县(治今市) 新喻州 新喻县 新余县 新余市 新余县 新余市	三国吴 唐 元 明 1957年 1960年 1963年 1983年
	渝水区（城南街道）	由原新余县改置。	1983年
	分宜县（钤东街道）	初治钤阳,1958年迁今址。	北宋

续　表

	今地名	沿革变迁	
鹰潭市	鹰潭市 (月湖区)	由贵溪、余江二县析置,治今址。 注:1983年升设地级市。	1979年
	月湖区 (江边街道)	由原县级鹰潭市改设。	1983年
	余江区 (邓埠街道)	安仁县(治今区东北锦江镇) 余江县(1961年迁今址) 余江区	南朝陈 1914年 2018年
	贵溪市 (花园街道)	贵溪县(治今市) 贵溪市	唐 1996年
赣州市	赣州市 (章贡区)	赣县(治今市西南) 南康郡 南康国 南康郡 虔州 南康郡 虔州 南康郡 虔州 赣州 赣州路 赣州府 赣县 赣州市(治今址) 注:1949年由赣县析设赣州市(县级),1998年升地级市。	西汉 东晋 南朝宋 南朝齐 隋 隋 唐 唐 唐 南宋 元 明、清 1912年 1949年
	章贡区 (解放街道)	由原县级赣州市改设。	1998年

续 表

<table>
<tr><th></th><th>今地名</th><th colspan="2">沿 革 变 迁</th></tr>
<tr><td rowspan="6">赣州市</td><td>南康区
（蓉江街道）</td><td>南安县(治今区)
南康县
赣县
南康县
南康市
南康区</td><td>三国吴
西晋
隋
隋
1995 年
2013 年</td></tr>
<tr><td>赣县区
（梅林镇）</td><td>赣县(治今赣州市西南)
南康县
赣县(1971 年迁今址)
赣县区</td><td>西汉
隋
隋
2016 年</td></tr>
<tr><td>瑞金市
（象湖镇）</td><td>瑞金监(治今市)
瑞金县
瑞金市</td><td>唐
五代南唐
1994 年</td></tr>
<tr><td>龙南市
（龙南镇）</td><td>龙南场
龙南县(治今址)
虔南县
龙南县
龙南市</td><td>五代吴
五代南唐
北宋
南宋
2020 年</td></tr>
<tr><td>信丰县
（嘉定镇）</td><td>南安县(治今址)
信丰县</td><td>唐
唐</td></tr>
<tr><td>大余县
（南安镇）</td><td>大庾县(治今县西南)
大庾镇
大庾县
南安军(治今址)
南安路
南安府
大庾县
大余县</td><td>隋
隋
唐
北宋
元
明、清
1912 年
1957 年</td></tr>
</table>

续　表

	今地名	沿革变迁	
赣州市	上犹县 (东山镇)	上犹场 上犹县(治今县西) 南安县(治今址) 永清县 上犹县	五代吴 五代南唐 南宋 元 元
	崇义县 (横水镇)	治今址。	明
	安远县 (欣山镇)	治今县南,唐迁今址。	南朝梁
	定南县 (历市镇)	定南县(治今县南) 定南厅 定南县(1928 年迁今址)	明 清 1912 年
	全南县 (城厢镇)	虔南厅(治今址) 虔南县 全南县	清 1912 年 1957 年
	宁都县 (梅江镇)	阳都县(治今县南) 宁都县 虔化县(治今址) 宁都县 宁都州 宁都县 宁都州 宁都县	三国吴 西晋 隋 南宋 元 明 清 1912 年
	于都县 (贡江镇)	雩都县(治今县东北) 南康郡(隋大业中迁今址) 于都县	西汉 西晋 1957 年

续 表

	今地名	沿革变迁	
赣州市	兴国县 （潋江镇）	治今址，属虔州。	北宋
赣州市	会昌县 （文武坝镇）	会昌县（治今址） 会昌军 会昌县 会昌州 会昌县	北宋 南宋 南宋 元 明
赣州市	寻乌县 （长宁镇）	长宁县（治今址） 寻邬县 寻乌县	明 1914年 1957年
赣州市	石城县 （琴江镇）	石城场 石城县（治今址）	隋 五代南唐
吉安市	吉安市 （吉州区）	吉州（治今吉水县北） 庐陵县（治今市） 庐陵郡 吉州 吉州路 吉安路 吉安府 庐陵县 吉安县 吉安市 注：1950年设县级市，2000年升地级市。	隋 唐 唐 唐 元 元 明、清 1912年 1914年 1950年
吉安市	吉州区 （文山街道）	由原县级吉安市西部及吉安县部分辖域设立。	2000年
吉安市	井冈山市 （红星街道）	井冈山区（治今茨坪） 井冈山管理局 井冈山 井冈山县 井冈山市（2000年迁今址）	1951年 1959年 1978年 1981年 1984年

续　表

	今地名	沿革变迁	
吉安市	吉安县 (敦厚镇)	庐陵县(治今泰和县西北) 高昌县 石阳县 庐陵县(唐迁今址) 吉安县	秦 东汉 南朝梁 隋 1914 年
	吉水县 (文峰镇)	吉水县(治今址) 吉水州 吉水县	五代南唐 元 明
	峡江县 (水边镇)	巴丘县(治今县巴邱镇) 峡江县(1995 年迁今址)	三国吴 明
	新干县 (金川镇)	新淦县(治今樟树市,隋迁今址) 新淦州 新淦县 新干县	西汉 元 明 1957 年
	永丰县 (恩江镇)	由吉水县析置,治今址。	北宋
	泰和县 (澄江镇)	西昌县(治今县西) 安丰县 泰和县 太和县(治今址) 太和州 泰和县	三国吴 隋 隋 唐 元 明
	遂川县 (泉江镇)	龙泉场 龙泉县(治今县南) 泉江县(治今址) 龙泉县 遂川县	五代南唐 五代周 北宋 南宋 1914 年

续 表

	今地名	沿 革 变 迁	
吉安市	万安县 （芙蓉镇）	万安镇 万安县（治今址）	唐 北宋
	安福县 （平都镇）	安平县（治今县南） 安平侯国 平都县（三国吴迁今址） 安复县 平都县 安复县 安福县 安福州 安福县	西汉 西汉 东汉 西晋 隋 隋 唐 元 明
	永新县 （禾川镇）	永新县（初治今县西，唐迁今址） 永新州 永新县	三国吴 元 明
宜春市	宜春市 （袁州区）	宜春县（治今市） 宜阳县 宜春县 袁州 袁州路 袁州府 宜春县 宜春市 注：1979 年设县级市，2000 年升地级市。	西汉 西晋 隋 唐 元 明、清 1912 年 1979 年
	袁州区 （灵泉街道）	由原县级宜春市改置，治今区。	2000 年

续 表

	今地名	沿革变迁	
宜春市	丰城市 (河洲街道)	富城县(治今市西)	东汉
		丰城县	西晋
		广丰县	隋
		丰城县	隋
		吴皋县(治今址)	唐
		丰城县	五代南唐
		富州	元
		丰城县	明
		丰城市	1988 年
	樟树市 (淦阳街道)	清江县(治今市西南)	五代南唐
		临江军	北宋
		临江路	元
		临江府	明、清
		清江县(1949 年迁今市)	1912 年
		樟树市	1988 年
	高安市 (瑞州街道)	建成县(治今市)	西汉
		建城县	东汉
		高安县	唐
		靖州	唐
		米州	唐
		筠州	唐
		瑞州	南宋
		瑞州路	元
		瑞州府	明、清
		高安县	1912 年
		高安市	1993 年
	奉新县 (冯川镇)	新吴县(初治今县西北,唐迁今址)	东汉
		奉新县	五代南唐
	万载县 (康乐街道)	万载场	五代吴
		万载县(治今址)	五代南唐
		建成县	北宋
		万载县	南宋

续 表

	今地名	沿革变迁	
宜春市	上高县 （敖阳街道）	上高场（治今址） 上高县	五代南唐 五代南唐
	宜丰县 （新昌镇）	宜丰县（治今县北，唐废） 新昌县（治今址） 新昌州 新昌县 宜丰县	三国吴 北宋 元 明 1914年
	靖安县 （双溪镇）	升靖安场置县，治今址。	五代南唐
	铜鼓县 （永宁镇）	铜鼓厅（治今址） 铜鼓县	清 1912年
抚州市	抚州市 （临川区）	临川郡（治今市西） 抚州 临川郡 抚州（治今市） 抚州路 抚州府 临川市 临川县 抚州市（县级） 临川市 抚州市（地级）	三国吴 隋 隋 唐 元 明、清 1949年 1951年 1954年 1987年 2000年
	临川区 （青云街道）	临汝县（治今抚州市西） 临川县 临川市 临川县 抚州市（1969年迁今区） 临川市 临川区	东汉 隋 1949年 1951年 1954年 1987年 2000年

续　表

	今地名	沿革变迁	
抚州市	东乡区 (孝岗镇)	东乡县 东乡区	明 2016 年
	南城县 (建昌镇)	南城县(治今县东南) 新南城县 南城县(唐迁今址) 建武军 建昌军 建昌路 建昌府 南城县	西汉 西晋 东晋 五代南唐 北宋 元 明、清 1912 年
	黎川县 (日峰镇)	新城县 黎川县	南宋 1914 年
	南丰县 (琴城镇)	南丰县(治今县东,唐迁今址) 南丰州 南丰县	三国吴 元 明
	崇仁县 (巴山镇)	治今址。	隋
	乐安县 (鳌溪镇)	初治今县北,后迁今址。	南宋
	宜黄县 (凤冈镇)	宜黄县(治今县东) 宜黄场 宜黄县(治今址)	三国吴 五代唐 北宋
	金溪县 (秀谷镇)	金溪场 金溪县(治今址)	五代南唐 北宋
	资溪县 (鹤城镇)	泸溪县(治今址) 资溪县	明 1914 年
	广昌县 (盱江镇)	初治今县北,清迁今址。	南宋

续 表

	今地名	沿 革 变 迁	
上饶市	上饶市 （信州区）	信州（治今市西北） 信州路 广信府（明初迁今市） 上饶县 上饶市 注：1950年设县级市，2000年升地级市。	唐 元 元末 1912年 1950年
	信州区 （茅家岭街道）	由原县级上饶市改置。	2000年
	广丰区 （永丰街道）	永丰县（治今址） 广丰县 广丰区	唐 清 2015年
	广信区 （旭日街道）	上饶县 广信区	三国吴 2019年
	德兴市 （银城街道）	德兴县（治今市） 德兴市	五代南唐 1990年
	玉山县 （冰溪街道）	治今县东，明迁今址。	唐
	铅山县 （河口镇）	铅山场 铅山县（治今县东） 铅山州 铅山县（1949年迁今址）	五代南唐 五代南唐 元 明
	横峰县 （兴安街道）	兴安县（治今横峰镇） 横峰县（治今址）	明 1914年
	弋阳县 （弋江镇）	葛阳县（治今县西北） 弋阳县（治今址）	东汉 隋

续　表

	今地名	沿革变迁	
上饶市	余干县 (玉亭镇)	余干县(治今址) 余汗县 余干县 余汗县 余干县 余干州 余干县	秦 西汉 南朝宋 南朝齐 隋 元 明
	鄱阳县 (鄱阳镇)	番邑 番县(治今县东北) 番阳县 鄱阳县 鄱阳郡(三国吴迁今址) 吴州 鄱阳郡 饶州 鄱阳郡 饶州 饶州路 饶州府 鄱阳县 波阳县 鄱阳县	春秋楚 秦 西汉 东汉 东汉 南朝梁 南朝梁 隋 隋 唐、宋 元 明、清 1912 年 1957 年 2003 年
	万年县 (陈营镇)	初治今县西南,1961 年迁今址。	明
	婺源县 (蚺城街道)	婺源县(初治今县北,天复初迁今址) 婺源州 婺源县	唐 元 明

山 东 省

	今地名	沿 革 变 迁	
山东省	山东省（济南市）	简称鲁。	
		齐、鲁等国	春秋
		齐国	战国
		临淄等郡	秦
		济南、济阴、山阳等郡和淄川、胶东等国	汉
		青、兖、徐等州	西晋
		济、光、胶等州	北魏
		东平、济北等郡	隋
		河南道	唐
		京东路及河北路	宋
		山东东西二路	金
		山东东西道宣慰司	元
		山东行中书省	明
		山东布政使司	明
		山东省（省会济南）	清
		注：1949—1952 年江苏省徐州、新海连（今连云港）二市和丰、沛、邳、华山、铜北、东海、赣榆七县曾划入；本省西部聊城、菏泽、湖西三专区所属行政区域曾属平原省。1963 年河南省东明县划入；次年范县划归河南省。1965 年馆陶县划归河北省；河北省宁津、庆云二县划入。	

续 表

	今地名	沿革变迁	
济南市	济南市（市中区）	历下邑(治今市)	战国齐
		历城县	秦
		济南郡	西晋
		冀州	南朝宋
		齐州	北魏
		齐郡	隋
		齐州	唐
		临淄郡	唐
		齐郡	唐
		齐州	唐
		济南府	北宋
		济南路	元
		济南府(山东省会)	明、清
		历城县	1913 年
		济南市	1929 年
		济南特别市	1948 年
		济南市	1949 年
		注：1949 年为山东省会，地级市。	
	市中区（杆石桥街道）	市中区	1955 年
		红旗区	1966 年
		市中区	1973 年
	历城区（山大路街道）	历城县(初治今济南市，1931 年迁王舍人镇，后又多迁，1958 年迁洪家楼)	秦
		历城区(治今济南市)	1987 年
	长清区（文昌街道）	长清县(治今区西南，北宋迁今址。1960 年废，1961 年复置)	隋
		长清区	2001 年

续表

	今地名	沿革变迁	
济南市	章丘区 （双山街道）	高唐县（治今区西北） 章丘县（北宋迁章丘旧城，1958年迁今区） 章丘市 章丘区	北齐 隋 1992年 2016年
济南市	济阳区 （济北街道）	济阳县 济阳区	金 2018年
济南市	平阴县 （榆山街道）	平阴邑 榆山县（治今县西北） 平阴县（治今址）	春秋齐 隋 隋
济南市	莱芜区 （凤城街道）	莱芜县（治今区东北，金迁今区） 莱芜市 莱芜区 注：1992年升设地级市。	唐 1983年 2019年
济南市	商河县 （许商街道）	滴河县（治今址） 商河县	隋 北宋
青岛市	青岛市 （市南区）	青岛特别市 青岛市 注：1949年升设地级市。	1929年 1930年
青岛市	市南区 （香港中路街道）	治今址。	1946年
青岛市	崂山区 （中韩街道）	崂山行政办事处（治仙家寨，1951年迁李村） 崂山郊区 崂山公社 崂山县 崂山区	1949年 1953年 1958年 1961年 1988年

续 表

	今地名	沿革变迁	
青岛市	黄岛区（隐珠街道）	珠山县(治今区) 胶南县 胶南市 黄岛区	1945 年 1946 年 1990 年 2012 年
	即墨区（通济街道）	即墨县(治今区) 即墨市 即墨区	隋 1989 年 2017 年
	胶州市（三里河街道）	胶西县(治今市西,北宋迁治今市) 胶州 胶县 胶州市	隋 蒙古 1913 年 1987 年
	平度市（东阁街道）	平度县(治今市西北) 长广县(治今市) 胶水县 平度州 平度县 平度市	西汉 北齐 隋 明 1913 年 1989 年
	莱西市（水集街道）	莱西县(治今市西北,1949 年迁治今市) 莱西市	1940 年 1990 年
淄博市	淄博市（张店区）	淄博特区(治博山城) 淄博工矿特区 淄博市(1961 年迁治张店) 注：1950 年设县级市,1954 年升地级市,1958 年降县级市。1961 年复为地级市,迁治张店。	1945 年 1948 年 1950 年

续 表

	今地名	沿革变迁	
淄博市	张店区（马尚街道）	张店镇（治今区）	金
		张店区	1946年
		张店市	1947年
		张周市	1950年
		张店区	1954年
	淄川区（般阳路街道）	贝丘县（治淄川城）	南朝宋
		淄川县	隋
		淄州	隋
		淄川州	明
		淄川县	明
		淄川区	1955年
	博山区（城东街道）	博山县（治博山镇）	清
		博山市（治郭庄）	1945年
		淄博市	1950年
		博山区	1954年
	临淄区（稷下街道）	临淄县（治今区北）	秦
		临淄郡	秦
		齐国	西汉
		齐郡	西汉
		齐国	东汉
		青州	东汉至西晋
		齐郡	东晋至隋
		临淄县（元末治临淄城）	隋
		临淄区	1969年
	周村区（青年路街道）	周村市（治周村）	1945年
		张周市	1950年
		周村区	1954年
	桓台县（索镇街道）	新城县（治今县西）	蒙古
		耏水县	1913年
		桓台县（1949年迁今址）	1914年

续 表

	今地名	沿革变迁	
淄博市	高青县（田镇街道）	由高苑、青城二县析置，治今址。	1948年
	沂源县（历山街道）	由沂水、蒙阴、临朐三县析置，治今址。	1944年
枣庄市	枣庄市（薛城区）	枣庄办事处（治枣庄镇） 峄县 枣庄市（1961年升地级市，迁治薛城区）	1948年 1950年 1960年
	薛城区（临城街道）	临城县（治今区） 薛城县（1956年废，1960年划入枣庄市） 薛城区	1944年 1952年 2005年
	滕州市（北辛街道）	滕国（治滕城） 滕县 公丘侯国 蕃县（治今市） 公丘县 滕县 滕州 滕县 滕州市	西周 秦 西汉 西汉 东汉 隋 金 明 1988年
东营市	东营市（东营区）	由垦利县析设市（地级），治今址。	1982年
	东营区（胜利街道）	由原东营区、牛庄区合并设立。	1987年
	垦利区（垦利街道）	垦利行政委员会 垦利县（治今利津县东） 垦利区 注：1945年迁陈家庄，1960年治城关，1965年迁今址。	1941年 1943年 2016年

续 表

	今地名	沿革变迁	
东营市	利津县 (利津街道)	治今址,1958 年废,1961 年复置。	金
东营市	广饶县 (广饶街道)	广饶县(治今寿光市,三国魏迁治今县北)	西汉
		千乘县(治今址)	隋
		乐安县	金
		广饶县	1914 年
烟台市	烟台市 (莱山区)	烟台特区(治今市)	1934 年
		烟台市	1938 年
		注:1938 年设县级市,1950 年升地级市,1958 年降为县级市。1983 年福山县撤销并入,同年烟台升为地级市。1994 年牟平县撤销并入。	
烟台市	莱山区 (黄海路街道)	由莱山、解甲庄、初家三镇析设。	1994 年
烟台市	福山区 (清洋街道)	福山县(治今区)	金
		福山区	1983 年
烟台市	牟平区 (宁海街道)	牟平县(治古观镇,唐迁今区)	西汉
		牟平区	1994 年
烟台市	蓬莱区 (登州街道)	蓬莱镇	唐
		蓬莱县(治今区)	唐
		登州	唐至元
		登州府	明、清
		蓬莱县	1913 年
		蓬莱市	1991 年
		蓬莱区	2020 年
烟台市	龙口市 (新嘉街道)	黄县(治今市东南)	秦
		龙口市(治今市)	1986 年

续 表

	今地名	沿 革 变 迁	
烟台市	莱阳市(城厢街道)	昌阳县(治今市东南,唐迁今市) 莱阳县 莱阳市	西晋 五代唐 1987年
	莱州市(文昌路街道)	掖县(治今市) 东莱郡 掖侯国 掖县 东莱国 光州 东莱郡 莱州 莱州府 掖县 莱州市	西汉 西汉 东汉 东汉 西晋 北魏 北魏 隋至元 明、清 1913年 1988年
	招远市(罗峰街道)	招远县(治招城) 招远市	金 1991年
	栖霞市(庄园街道)	栖霞县(治今市) 栖霞市	金 1995年
	海阳市(东村街道)	海阳县(治今市东南,1950年迁今市) 海阳市	清 1996年
潍坊市	潍坊市(奎文区)	北海县(治今市) 潍州 潍县 潍坊特别市 潍坊市(地级) 注:1950年降为县级市,1958年潍县并入,1983年升地级市。	隋 唐至明 明 1948年 1949年
	奎文区(东关街道)	由潍坊区、寒亭区析置。	1994年

续 表

	今地名	沿革变迁	
潍坊市	青州市（王府街道）	广县（治今市西南）	西汉
		益都县（治今市）	北齐
		青州	北齐
		北海郡	隋
		青州	唐、宋
		益都路	元
		青州府	明、清
		益都县	1913 年
		青州市	1986 年
	诸城市（密州街道）	东武县（治今市西）	西汉
		琅邪郡（东汉迁今市）	西汉
		城阳郡	三国魏
		胶州	北魏
		高密郡	北齐
		诸城县	隋
		密州	隋至明
		诸城县	明
		诸城市	1987 年
	寿光市（圣城街道）	寿光县（治今市东，1953 年迁今市）	西汉
		寿光市	1993 年
	安丘市（新安街道）	安丘县（治今市西南）	西汉
		牟山县	隋
		安丘县	隋
		辅唐县（治今市）	唐
		安丘县	五代梁
		辅唐县	五代唐
		胶西县	五代晋
		安丘县	北宋
		安丘市	1994 年

续 表

	今地名	沿革变迁	
潍坊市	高密市(醴泉街道)	高密县(治今市西)	秦
		高密国	西汉
		高密郡	北魏
		高密县(治今市)	唐
		高密市	1994年
	昌邑市(奎聚街道)	都昌邑	战国
		都昌县(治今市西)	西汉
		昌邑县(治今市)	北宋
		昌邑市	1994年
	临朐县(城关街道)	临朐县(治今址)	西汉
		昌国县	南朝宋
		逢山县	隋
		临朐县	隋
	昌乐县(宝都街道)	安仁县(治今县西北)	北宋
		昌乐县(明迁今址)	北宋
济宁市	济宁市(任城区)	任城县(治今市东南)	西汉
		任城国	东汉
		任城郡(治今市)	北魏
		高平郡	北齐
		济州	金
		济宁府	元
		济宁路	元
		济宁府	明
		济宁州	明
		济宁直隶州	清
		济宁县	1913年
		济宁市	1948年
		注：1948年设县级市，1950年5月撤销，同年11月复置。1958年济宁县并入，1965年恢复。1983年升地级市，并撤销济宁县。	

续　表

	今地名	沿革变迁	
济宁市	任城区（阜桥城道）	由原市中区、任城区合并设立。	2013年
	兖州区（龙桥街道）	瑕丘县（治今区东北）	秦
		兖州（治今区）	隋
		瑕县	北宋
		嵫阳县	金
		滋阳县	明
		兖州府	明
		兖州县	1961年
		兖州市	1992年
		兖州区	2013年
	曲阜市（鲁城街道）	西周、春秋为鲁国都。	
		鲁县（治今市）	战国秦
		薛郡	战国秦
		鲁国	西汉
		鲁郡	三国魏
		鲁国	西晋
		鲁郡	东晋
		任城郡	北齐
		汶阳县	隋
		曲阜县	隋
		仙源县	北宋
		曲阜县	金
		曲阜城（1958年迁兖州，1961年复迁今市）	明
		曲阜市	1986年
	邹城市（钢山街道）	邹县（治今市东南）	秦
		驺县	西汉
		邹县（北齐迁今市）	三国魏
		邹城市	1992年

续 表

	今地名	沿 革 变 迁	
济宁市	微山县 (夏镇街道)	由微山、昭阳、独山、南阳四湖和沿湖地区析置,治今址。	1953 年
	鱼台县 (谷亭街道)	方与邑 方与县(治今县西北) 鱼台县(治今县西旧城,1964 年迁今址)	战国宋 秦 唐
	金乡县 (金乡街道)	东缗县(治今址) 金乡县	秦 东汉
	嘉祥县 (嘉祥街道)	初治今县西南,后迁今址。	金
	汶上县 (中都街道)	中都邑 东平陆县(治今县北) 平陆县 中都县(治今址) 汶阳县 汶上县	春秋鲁 西汉 南朝宋 唐 金 金
	泗水县 (泗河街道)	治今址。	隋
	梁山县 (水泊街道)	昆山县(治今县北) 梁山县(治今址)	1939 年 1949 年

续　表

	今地名	沿　革　变　迁	
泰安市	泰安市 （泰山区）	博邑 博阳县（治今市东南） 济北郡 博县 博平县 汶阳县 博城县 乾封县 博城县 乾封县 奉符县（治今市） 泰安军 泰安州 泰安县 泰安府 泰山市 泰安市 泰安县 泰安市 注：1958 年设县级市，1985 年升地级市。	春秋齐 秦 秦 西汉 北魏 隋 隋 唐 唐 唐 北宋 金 金 清 清 1958 年 1958 年 1963 年 1982 年
	泰山区 （岱庙街道）	由原县级泰安市改置。	1985 年
	新泰市 （青云街道）	东平阳县（治今市） 新泰县 新泰市	西汉 西晋 1983 年
	肥城市 （新城街道）	肥成县（治今市北老城） 肥城县 肥城郡 肥城县（1980 年迁今市） 肥城市	西汉 北魏 北周 元 1992 年

续　表

	今地名	沿革变迁	
泰安市	宁阳县 (文庙街道)	宁阳侯国(治今县南古城)	西汉
		宁阳县	东汉
		平原县(治今址)	北齐
		龚丘县	隋
		龚县	北宋
		宁阳县	金
	东平县 (东平街道)	须昌县(治今县西北)	秦
		须昌侯国	西汉
		须昌县	西汉
		东平国	西晋
		东平郡	南朝宋
		须昌县	北齐
		须城县	五代唐
		东平府	北宋
		东平路	元
		东平府	明初
		东平州	明
		东平县(治今州城街道,1982 年迁治今址)	1913 年
		注:1960 年撤销,1961 年复置。	
威海市	威海市 (环翠区)	威海卫(治今市)	明
		威海卫市	1945 年
		威海市	1948 年
		威海县	1950 年
		威海市	1951 年
		注:1945 年设县级市,1987 年升地级市。	
	环翠区 (环翠楼街道)	由原县级威海市改置。	1987 年
	文登区 (天福街道)	文登县(治今市)	北齐
		文登市	1988 年
		文登区	2013 年

续　表

	今地名	沿革变迁	
威海市	荣成市（崖头街道）	成山卫（治成山镇） 荣成县（1948年迁今市） 荣成市	明 清 1988年
威海市	乳山市（城区街道）	牟海行政区（治今市） 牟海县 乳山县 乳山市	1941年 1942年 1945年 1993年
日照市	日照市（东港区）	海曲县（治今市西南） 西海县 日照县（治今市） 日照市	西汉 东汉 金 1985年
日照市	东港区（日照街道）	由原县级日照市改置。	1992年
日照市	五莲县（洪凝街道）	初治王家口子村，1950年迁今址。	1947年
日照市	莒　县（城阳街道）	莒国（治今址） 莒县 城阳国 城阳郡 东莞郡 城阳州 莒州 莒县	周 秦 西汉 西晋 西晋 金 金 1913年

续 表

	今地名	沿革变迁	
临沂市	临沂市 (兰山区)	临沂县(治今费县东临沂庄) 沂州(治今市) 琅邪郡 沂州 兰山县 沂州府 兰山县 临沂县 临沂市 临沂县 临沂市 注:1958年设县级市,1994年升地级市。	西汉 隋 隋 唐 清 清 1913年 1914年 1958年 1963年 1983年
	兰山区 (金雀山街道)	由原县级临沂市改置。	1994年
	沂南县 (界湖街道)	由沂水、临沂、莒县三县析置,治今址。	1940年
	郯城县 (郯城街道)	郯县(治今县北) 东海郡 郯侯国 郯县 郯郡 郯城县(元末治今址)	秦 秦 三国魏 西晋 北周 唐
	沂水县 (沂城街道)	东莞县(治今址) 东安县 沂水县	西汉 隋 隋
	兰陵县 (卞庄街道)	兰陵县(治今县西南兰陵镇,隋大业中废) 兰陵县(治兰陵镇,1953年废) 苍山县(治今县东北,1950年迁今址) 兰陵县	战国楚 1943年 1947年 2014年

续　表

	今地名	沿革变迁	
临沂市	费　县 （费城街道）	费邑 费县（治今县西南） 费侯国 费县（唐迁今址）	春秋鲁 西汉 东汉 东汉
	平邑县 （平邑街道）	费南县（治今址） 平邑县	1940 年 1945 年
	莒南县 （十字路街道）	治今址。	1941 年
	蒙阴县 （蒙阴街道）	初治今县西南，元迁治今址。	西汉
	临沭县 （临沭街道）	初治今县郑山乡，1941 年迁今址。	唐
德州市	德州市 （德城区）	德州（治今陵城区） 平原郡 德州 平原郡 德州（明迁今市） 德县 德州市 注：1946 年设县级市，1958 年德县并入，1994 年升地级市。	隋 隋 唐 唐 唐 1913 年 1946 年
	德城区 （新湖街道）	由原县级德州市改置，治今区。	1994 年

续 表

	今地名	沿革变迁	
德州市	陵城区 (临齐街道)	将陵县(治今区北) 陵州(治今德州市) 陵县 陵州 陵县(治今区) 匡五县 陵县 陵城区	隋 蒙古 元 元 明 1943年 1949年 2014年
	乐陵市 (市中街道)	乐陵县(治今市东南) 乐陵郡 乐陵县(北宋迁今市西南旧乐陵,明迁今市) 乐陵市	西汉 北魏 隋 1988年
	禹城市 (市中街道)	祝阿邑 祝阿县(治今市西南) 禹城县(治今市) 禹城市	春秋齐 北周 唐 1993年
	宁津县 (津城街道)	宁津县(治今址) 振华县 宁津县 注:原属河北省,1950年划归山东省,1952年又划河北省,1964年复归山东省。	金 1940年 1949年
	庆云县 (渤海路街道)	西无棣县(治今河北省盐山县旧庆云) 庆云县(1965年迁今址) 注:原属河北省,1965年划归山东省。	元 明
	临邑县 (邢侗街道)	漯阴县(治今县南) 临邑县(北宋迁今址)	秦 南朝宋

续 表

	今地名	沿革变迁	
德州市	齐河县 （晏城街道）	初治今县东南城关，1973年迁治今址。	金
	平原县 （龙门街道）	平原县（治今县南） 平原郡 平原国 平原县（治今址）	秦 西汉 东汉 北齐
	夏津县 （银城街道）	夏津县（治今县北） 鄃县 夏津县（治今址）	隋 唐 唐
	武城县 （广运街道）	东武城县（治今河北省故城县西北，北宋迁今县老城镇，1973年迁今址） 武城县 注：1949—1952年曾属河北省。	西汉 西晋
聊城市	聊城市 （东昌府区）	聊城邑 聊城县（治今市西北） 平原郡 聊邑县 聊城县 博州（治今市） 东昌路 东昌府 聊城县 筑先县 聊城县 聊城市 聊城县 聊城市 注：1949—1952年曾属平原省，1958年设县级市，1997年升地级市。	春秋齐 秦 北魏 唐 五代唐 北宋 元 明、清 1913年 1940年 1949年 1958年 1963年 1983年

续 表

	今地名	沿革变迁
聊城市	东昌府区(柳园街道)	由原县级聊城市改置,治今区。 1997年
	茌平区(振兴街道)	茬平县(治今区西南) 秦 茌平县(金迁今址) 东汉 茌平区 2019年 注:1949—1952年曾属平原省。
	临清市(青年路街道)	临清县(治今河北省临西县) 北魏 临清州(治今市) 明 临清直隶州 清 临清县 1913年 临清市 1945年 临清镇 1949年 临清县 1954年 临清市 1958年 临清县 1963年 临清市 1983年 注:原属山东省,1945年划入河北省,1949年废市为镇,1952年复归山东省。
	阳谷县(侨润街道)	初治今县东北,北宋迁今址。 隋 注:1949—1952年曾属平原省。
	莘县(燕塔街道)	莘邑 春秋卫 阳平县(治今址) 西汉 乐平县 北齐 阳平县 隋 清邑县 隋 莘县 隋 注:1949—1952年曾属平原省。

续 表

	今地名	沿革变迁	
聊城市	东阿县（铜城街道）	柯邑	春秋齐
		阿邑	春秋齐
		东阿县（治今阳谷县东阿镇，北宋迁平阴县东阿镇，1947 年迁今址）	秦
		注：1949—1952 年曾属平原省。	
	冠　县（清泉街道）	冠氏邑	春秋晋
		冠氏县（治今址）	隋
		冠州	蒙古
		冠县	明
		注：1949—1952 年曾属平原省。	
	高唐县（鱼邱湖街道）	高唐邑	春秋齐
		高唐县（治今禹城市西南，北魏迁今址）	西汉
		崇武县	唐
		高唐县	唐
		鱼邱县	五代梁
		高唐县	五代唐
		齐城县	五代晋
		高唐县	五代汉
		高唐州	元
		高唐县	1913 年
		注：1949—1952 年曾属平原省。	
滨州市	滨州市（滨城区）	渤海县（治今市东）	唐
		滨州	五代周
		滨县	1913 年
		滨州市（治北镇）	1982 年
		注：1982 年设县级市，1987 年滨县撤销并入，2000 年升地级市。	

续 表

	今地名	沿 革 变 迁	
滨州市	滨城区 (市中街道)	由原县级滨州市改置,治今区。	2000 年
	沾化区 (富国街道)	招安县(治今区西古城镇) 沾化县(1957 年迁今址) 沾化区	北宋 金 2014 年
	邹平市 (黄山街道)	邹平县(治今市西北) 平原县 邹平县(治邹平城) 邹平市 注:北宋迁今址。	西汉 南朝宋 隋 2018 年
	惠民县 (孙武街道)	厌次县(治今县东北) 富平县 厌次县 乐陵国 棣州(北宋迁今址) 乐安州 武定州 武定直隶州 武定府 惠民县	秦 西汉 东汉 西晋 唐 明 明 清 清 清
	阳信县 (信城街道)	初治今无棣县北,北齐迁治今址。	西汉
	无棣县 (棣丰街道)	无棣县(治今庆云县东北,北宋迁今址) 东无棣县 海丰县 无棣县	隋 元 明 1914 年

续 表

	今地名	沿革变迁	
滨州市	博兴县（博昌街道）	博昌邑 博昌县(治今县南,唐迁今址) 博兴县 博兴州 博兴县	战国齐 西汉 五代唐 元 明
菏泽市	菏泽市（牡丹区）	乘氏县(治今市) 济阴县 曹州 曹县 曹州 曹州府 菏泽县 菏泽市 菏泽县 菏泽市 注：1949—1952年曾属平原省,1960年设县级市,2000年升地级市。	北魏 金 明 明 明 清 清 1960年 1963年 1983年
	牡丹区（西城街道）	由原县级菏泽市改置,治今区。	2000年
	定陶区（天中街道）	陶邑 定陶县(治今区西北) 梁国(西汉初为梁国都) 济阴国 济阴郡 定陶国 济阴郡 定陶县(明迁今址) 定陶区 注：1949—1952年曾属平原省。	春秋鲁 秦 西汉 西汉 西汉 西汉 西汉 北宋 2016年

续 表

	今地名	沿革变迁	
菏泽市	**曹县**（曹城街道）	曹州(治今址) 曹县 注：1949—1952 年曾属平原省。	明 明
	单县（北城街道）	单父邑(治今址) 单父县 单父侯国 单父县 单州 单县 注：1949—1952 年曾属平原省。	春秋鲁 秦 东汉 魏、晋 五代唐 明
	成武县（文亭街道）	成武县(治今址) 城武县 成武县 城武县 成武县 注：1949—1952 年曾属平原省。	秦 南朝宋 隋 明 1958 年
	巨野县（凤凰街道）	初治今县东北,北魏迁今址。 注：1949—1952 年曾属平原省。	西汉
	郓城县（唐塔街道）	郓邑 清泽县(治今县东) 万安县 郓城县 万安县 郓城县(金迁今址) 注：1949—1952 年曾属平原省。	春秋鲁 北周 隋 隋 唐 五代唐

续 表

	今地名	沿革变迁	
菏泽市	**鄄城县** （古泉街道）	鄄邑	战国齐
		甄城县（治今县北旧城）	秦
		鄄城县	西汉
		濮阳郡	北魏至北周
		濮州	隋至明
		鄄城县（治今址）	1931 年
		注：1949—1952 年曾属平原省。	
	东明县 （城关街道）	东昏县（治今河南兰考县境）	西汉
		东明县	新莽
		东昏县	东汉
		东明县（明迁今址）	北宋
		注：1949—1952 年曾属平原省。	

河　南　省

	今地名	沿　革　变　迁	
河南省	河南省（郑州市）	简称豫，古豫州地。	
		周畿内及宋、卫、郑等国	春秋
		韩、魏、赵等国	战国
		三川、颍川、南阳等郡	秦
		河南、河内、南阳等郡	西汉
		河南尹、陈国和河内等郡	东汉
		豫州	三国魏
		司、兖、豫等州	西晋
		司、怀、豫等州	北魏
		河南、荥阳、南阳等郡	隋
		河南、都畿道	唐
		京东、京西及河北等路	宋
		河南江北行中书省	元
		中书分省	明
		河南行中书省（治今开封市）	明
		河南布政使司	明
		河南省（省会开封）	清
		注：1949—1952 年本省北部安阳、新乡、濮阳三专区曾属平原省，1954 年省会由开封迁至郑州市。 附：平原省—1949 年置，治今新乡市，包括鲁西南、豫北、冀南毗连地区。1952 年撤销，分别划归山东、河南两省。	
郑州市	郑州市（中原区）	管国（中国八大古都之一）	西周
		管邑	春秋
		管城县（治今市）	隋
		管州	隋
		郑州	隋
		荥阳郡	隋
		管州	唐
		郑州	唐
		郑州直隶州	清
		郑县	1913 年
		郑州市	1928 年
		注：①1928 年设县级市，1931 年撤销，1948 年复置，1949 年升地级市。 ② 1954 年河南省会由开封迁此。	

续　表

	今地名	沿革变迁	
郑州市	中原区（建设路街道）	郑州市第三区	1948年
		建设区	1955年
		中原区	1961年
	巩义市（紫荆路街道）	巩邑	周
		巩县（隋迁治今市东北老城，1963年迁治今址）	秦
		巩义市	1991年
	荥阳市（索河街道）	荥阳邑	战国韩
		荥阳县（今郑州市东北古荥）	秦
		荥阳郡治（北魏迁治今市）	三国魏
		成皋郡治	北齐
		武泰县	唐
		荥阳县	唐
		荥阳市	1994年
	新密市（青屏街街道）	新密邑	春秋郑
		密县（治今市东南，隋大业初迁今市）	西汉
		新密市	1994年
	登封市（嵩阳街道）	崇高县（治今城关）	西汉
		纶氏县（治今市西南）	西汉
		轮氏县	东汉
		嵩阳县（治今市）	隋
		登封县	唐
		嵩阳县	唐
		登封县	唐
		登封市	1994年
	新郑市（新华路街道）	新郑县（治今市）	秦
		新郑市	1994年
	中牟县（广惠街街道）	中牟县（治今县东）	西汉
		内牟县（治中牟城）	隋
		圃田县	隋
		中牟县（明迁今址）	唐

续　表

	今地名	沿革变迁	
开封市	开封市 (鼓楼区)	古称大梁,战国魏都邑。五代梁、晋、汉、周及北宋等均都此。为中国八大古都之一。	
		梁州(治今市)	东魏
		汴州	北周
		开封府	五代梁
		东都	五代梁
		东京	五代晋至金
		汴京	金
		南京	金
		南京路	元
		汴梁路	元
		开封府(河南省会)	明、清
		开封市	1936 年
		注:① 1936 年为省辖市,1949 年为地级市。 ② 1954 年河南省会由此迁郑州市。	
	鼓楼区 (相国寺街道)	鼓楼隅	明
		第二区	1949 年
		鼓楼区	1956 年
	祥符区 (城东街道)	开封县(治今区西南古城)	秦
		浚仪县(治今开封市)	西汉
		开封县(汴州城)	唐
		祥符县	北宋
		汴京	金
		南京	金
		祥符县	明
		开封县	1913 年
		祥符区(1948 年治朱仙镇,1949 年迁城关镇)	2014 年
	杞　县 (金城街道)	杞国	西周
		雍丘邑	春秋宋
		雍丘县(治今址)	秦
		杞县	五代晋
		雍丘县	五代汉
		杞县	金

续 表

<table>
<tr><th></th><th>今地名</th><th colspan="2">沿 革 变 迁</th></tr>
<tr><td rowspan="5">开封市</td><td rowspan="2">通许县
（咸平街道）</td><td>咸平县（治今址）</td><td>北宋</td></tr>
<tr><td>通许县</td><td>金</td></tr>
<tr><td rowspan="2">尉氏县
（两湖街道）</td><td>尉氏邑</td><td>春秋郑</td></tr>
<tr><td>尉氏县（治今址）</td><td>秦</td></tr>
<tr><td>兰考县
（兰阳街道）</td><td colspan="2">由兰封、考城二县合置，治今址。 1954年
附：① 兰封县—清宣统元年（1909年）改兰仪县置，治今兰考县。1954年与考城县合置兰考县。
② 考城县—东汉改甾县置，治今民权县东北。五代梁开平元年（907年）改戴邑县，唐同光二年（924年）改考城县。1954年与兰封县合置兰考县。</td></tr>
<tr><td rowspan="24">洛阳市</td><td rowspan="24">洛阳市
（西工区）</td><td colspan="2">西周为雒邑。</td></tr>
<tr><td>洛阳县（治今市东北汉魏故城）</td><td>秦</td></tr>
<tr><td>三川郡</td><td>秦</td></tr>
<tr><td>雒阳县</td><td>西汉</td></tr>
<tr><td>河南郡</td><td>西汉</td></tr>
<tr><td>洛阳县</td><td>三国魏</td></tr>
<tr><td>司州</td><td>西晋</td></tr>
<tr><td>洛州</td><td>北魏</td></tr>
<tr><td>司州</td><td>北魏</td></tr>
<tr><td>洛州</td><td>东魏</td></tr>
<tr><td>洛阳郡治</td><td>东魏</td></tr>
<tr><td>东京（治今市）</td><td>隋</td></tr>
<tr><td>豫州</td><td>隋</td></tr>
<tr><td>河南郡</td><td>隋</td></tr>
<tr><td>洛州</td><td>唐</td></tr>
<tr><td>东都</td><td>唐</td></tr>
<tr><td>河南府</td><td>唐</td></tr>
<tr><td>东京</td><td>唐</td></tr>
<tr><td>金昌府</td><td>金</td></tr>
<tr><td>河南路</td><td>元</td></tr>
<tr><td>河南府</td><td>明、清</td></tr>
<tr><td>洛阳县</td><td>1913年</td></tr>
<tr><td>洛阳市</td><td>1948年</td></tr>
<tr><td colspan="2">注：① 为中国八大古都之一。东周、东汉、三国魏、西晋、北魏（孝文帝后）、隋（炀帝）、唐（武后）及五代梁、后唐均都此，号称“九朝古都”。
② 1948年设县级市，1954年升地级市。</td></tr>
</table>

续 表

	今地名	沿革变迁	
洛阳市	西工区 (王城路街道)	西工地 西工区 洛北区(与老城区合并) 西工区(由洛北区析设)	民国初 1956 年 1958 年 1975 年
	偃师区 (槐新街道)	偃师县(治今区东偃师老城) 偃师市(1935 年迁今区) 偃师区	西汉 1993 年 2021 年
	孟津区 (河图街道)	平阴县(治今区东北) 河阴县 河清县 孟津县(1948 年治今址) 孟津区	秦 三国魏 北宋 金 2021 年
	新安县 (汉关街道)	新安县(治今义马市西) 新安郡 新安县 东垣县 新安县(唐贞观初迁今址)	秦 北魏 北魏 隋 隋
	栾川县 (耕莘街道)	栾川镇 栾川县(治今址) 栾川镇 栾川县	北宋 北宋 金 1947 年
	嵩 县 (城关镇)	陆浑县(治今县东北) 北陆浑县 南陆浑县 伏流县 陆浑县 伊阳县(治今县西南旧治) 嵩州 嵩县(治今老城,1960 年迁今址)	西汉 东魏 东魏 隋 隋 唐 金 明

续 表

	今地名	沿革变迁	
洛阳市	汝阳县（城关镇）	伊阳县（治今址）	明
		汝阳县	1959 年
	宜阳县（锦屏镇）	宜阳县（治今县西）	战国韩
		宜阳郡治	北魏
		阳州治	东魏
		宜阳县	北周
		熊州治	北周
		宜阳县	隋
		福昌县	唐
		福庆县	五代唐
		福昌县	北宋
		寿安县	北宋
		宜阳县（治今址）	金
		宜北县	1947 年
		宜南县	1947 年
		宜阳县（治今址）	1949 年
	洛宁县（永宁街道）	北宜阳县（治今县东）	西魏
		熊耳县	北周
		永宁县（治今县北，北宋迁今址）	隋
		洛宁县	1913 年
		洛北县	1947 年
		洛南县	1947 年
		洛宁县	1949 年
	伊川县（城关街道）	自由、平等二县	1929 年
		自由县（治今址，1931 年平等县并入）	1931 年
		伊川县	1932 年
平顶山市	平顶山市（新华区）	平顶山煤矿办事处	1954 年
		平顶山矿区	1955 年
		平顶山市（地级）	1957 年
		平顶山特区	1964 年
		平顶山市	1969 年

续　表

	今地名	沿革变迁	
平顶山市	新华区 (曙光街街道)	治今址。 中心区(与卫东区合并) 新华区(恢复)	1969 年 1970 年 1977 年
	舞钢市 (垭口街道)	舞阳工区 舞钢区 舞钢市	1974 年 1977 年 1990 年
	汝州市 (煤山街道)	梁县(治今市西南) 石台县 梁县 伊州治(治今市) 汝州治 临汝县 汝州市	秦 北魏 隋、唐 唐 唐至明 1913 年 1988 年
	宝丰县 (父城街道)	武兴县(治今址) 中兴县 龙兴县 龙兴镇 龙兴县 宝丰县 宝丰镇 宝丰县	唐 唐 唐 北宋 北宋 北宋 元 明
	叶　县 (九龙街道)	叶邑 叶县(治今县西南旧县) 昆阳县(治今址) 叶县(废昆阳,叶县迁今址,隋还旧治) 昆阳县(治今址) 叶县	春秋楚 秦 秦 北齐 蒙古 元

续 表

	今地名	沿革变迁	
平顶山市	鲁山县 （鲁阳街道）	鲁阳邑 鲁阳县（治今址） 山北县 荆州治 鲁阳郡治 鲁山县 鲁县 鲁山县 鲁州治 鲁山县	战国楚 西汉 北魏 北魏 北魏 北周 隋 唐 唐 唐
平顶山市	郏　县 （龙山街道）	郏邑 郏县（治今址） 郏城县 郏县	春秋郑 秦 北魏 元
安阳市	安阳市 （北关区）	相州（治安阳城） 魏郡 相州 邺郡 相州 彰德军 彰德府 彰德路 彰德府 安阳县 安阳市（地级） 注：① 1949—1952年曾属平原省。 ② 商为相地，河亶甲所都。后盘庚从奄迁都于此，治小屯（今市区西北），称殷。为中国历史文化名城、八大古都之一。	北周 北周 唐 唐 唐 五代晋 金 元 明、清 1913年 1949年
安阳市	北关区 （红旗路街道）	治今址。	1973年

续 表

	今地名	沿革变迁	
安阳市	林州市 (开元街道)	临虑邑 隆虑县(治今市) 林虑县 林州 林县 林州 林县 林州 林县 林州市 注：1949—1952 年曾属平原省。	战国魏 西汉 东汉 金 蒙古 蒙古 蒙古 蒙古 明 1994 年
	安阳县 (安阳市北关区)	安阳县(治今安阳市西南) 邺县(治安阳城) 安阳县(治今市) 注：1949—1952 年曾属平原省。	秦 北周 隋
	汤阴县 (城关镇)	荡阴邑 荡阴县(治今址) 汤阴县 汤源县 汤阴县 注：1949—1952 年曾属平原省。	战国魏 西汉 隋 唐 唐
	滑　县 (道口镇街道)	白马县(治今县东白马墙) 滑州 滑县(1949 年迁今址) 注：1949—1952 年曾属平原省。	秦 隋 明
	内黄县 (繁阳街道)	初治今县城西北,北宋迁今址。 注：1949—1952 年曾属平原省。	西汉

续 表

	今地名	沿 革 变 迁	
鹤壁市	鹤壁市（淇滨区）	鹤壁办事处 鹤壁市（省辖） 注：1960年起为地级市。	1956年 1957年
	淇滨区（大赉店镇）	郊区 淇滨区	1966年 2001年
	浚县（卫溪街道）	黎阳县（治今县东北） 黎阳郡治 黎州治 利通军 浚州 通州 浚州 浚县（治今址） 注：1949—1952年曾属平原省。	西汉 北魏 北周 北宋 北宋 金 金 明
	淇县（朝歌街道）	朝歌（为纣王时都城） 朝歌邑 朝歌县（治今址） 卫县 淇州 淇县 注：1949—1952年曾属平原省。	殷 战国魏 秦 隋 蒙古 明
新乡市	新乡市（卫滨区）	治今址。 注：① 1949年设市（地级）。 ② 1949—1952年曾为平原省省会。	1949年
	卫滨区（健康路街道）	第二区 第一区 新华区 卫滨区	1949年 1951年 1955年 2004年

续 表

	今地名	沿革变迁	
新乡市	卫辉市 (汲水镇)	汲邑	战国魏
		汲县(治今市西南汲城村)	西汉
		汲郡治	西晋
		汲县(治今市)	隋
		卫州	唐
		卫辉路治	元
		卫辉府治	明、清
		汲县	1913年
		卫辉市	1988年
		注：1949—1952年曾属平原省。	
	辉县市 (城关街道)	共国	西周
		共邑	春秋卫
		共县(治今市)	西汉
		获嘉县	北齐
		共城县	隋
		河平县	金
		苏门县	金
		辉州	金
		辉县	明
		辉县市	1988年
		注：1949—1952年曾属平原省。	
	长垣市 (蒲西街道)	长垣邑	战国魏
		长垣县(治今市东北)	秦
		匡城县	隋
		长垣县(治今市西南)	五代梁
		匡城县	五代唐
		鹤丘县	北宋
		长垣县(明迁今址)	北宋
		长垣市	2019年
		注：1949—1952年曾属平原省。	

续 表

	今地名	沿革变迁	
新乡市	新乡县 (小冀镇)	获嘉县(治今县西南) 新乡县(治今新乡市,2012年迁今址) 注:1949—1952年曾属平原省。	西汉 隋
	获嘉县 (城关镇)	宁邑 修武县(治今址) 获嘉县 南修武县 西修武县 获嘉县 注:1949—1952年曾属平原省。	春秋晋 秦 西汉 北魏 东魏 隋
	原阳县 (阳和街道)	由原武、阳武两县合置,治今址。 注:1949—1952年曾属平原省。 附:① 原武县—西汉置,治今原阳县城关镇。北齐废,隋开皇中复置。大业中改原陵县,唐初复为原武县。北宋熙宁六年(1073年)又废,元祐元年(1086年)再置。1949年与阳武县合置原阳县。 ② 阳武县—秦置,治今原阳县东南。北齐迁治今中牟县西北。唐武德四年(621年)还治故址(今原阳县东南)。1949年与原武县合置原阳县。	1949年
	延津县 (文岩街道)	酸枣县(治今县城西南) 延津县 延州 延津县(治今址) 注:1949—1952年曾属平原省。	秦 北宋 金 元
	封丘县 (城关镇)	封父国 封丘县(治今址) 注:1949—1952年曾属平原省。	夏、商 西汉

续　表

<table>
<tr><th></th><th>今地名</th><th colspan="2">沿　革　变　迁</th></tr>
<tr><td rowspan="4">焦作市</td><td>焦作市
(解放区)</td><td>焦作镇
焦作市
焦作镇
焦作县
焦作工矿区
焦作市

注：① 1949—1952 年曾属平原省。
② 1956 年设县级市，1974 年升地级市。</td><td>清
1945 年
1946 年
1948 年
1949 年
1956 年</td></tr>
<tr><td>解放区
(民生街道)</td><td>市内区
焦作镇
焦作区
解放区</td><td>1945 年
1953 年
1956 年
1958 年</td></tr>
<tr><td>沁阳市
(覃怀街道)</td><td>野王邑
野王县(治今市)
河内郡治
河内县
怀州
河内郡治
怀州治
怀庆路治
怀庆府治
沁阳县
沁阳市

注：1949—1952 年曾属平原省。</td><td>春秋晋
秦
西晋
隋
隋
隋
唐
元
明
1913 年
1989 年</td></tr>
<tr><td>孟州市
(会昌街道)</td><td>河阳县(治今市西)
孟州(金大定中迁今市)
孟县
孟州市

注：1949—1952 年曾属平原省。</td><td>西汉
唐
明
1996 年</td></tr>
</table>

续 表

	今地名	沿 革 变 迁	
焦作市	修武县 (城关镇)	北齐天保中置县,治今址。	北齐
		注:隋大业和北宋熙宁时曾废入武陟县,1949—1952年曾属平原省。	
	博爱县 (清化镇街道)	博爱县(治今址)	1929年
		清化县	1938年
		博爱县	1938年
		注:1949—1952年曾属平原省。	
	武陟县 (木城街道)	怀县(治今县西)	秦
		河内郡治	秦
		武陟县(治今县东南,1939年迁今址)	隋
		注:1949—1952年曾属平原省。	
	温 县 (温泉街道)	温国	西周
		温县(治今县西南,隋大业中迁今址)	春秋晋
		李城县	唐
		温县	唐
		注:1949—1952年曾属平原省。	
濮阳市	濮阳市 (华龙区)	由濮阳县析置,治今市。	1945年
		注:1946年撤销,1983年复设市(地级)。	
	华龙区 (中原路街道)	濮阳市市区	1986年
		华龙区	2002年
	清丰县 (城关镇)	初治今县城西北古城村,北宋元丰时迁今址。	唐
		注:1949—1952年曾属平原省。	

续 表

	今地名	沿革变迁	
濮阳市	南乐县（城关镇）	乐昌县(治今县西北) 昌乐县(唐初迁治今址) 南乐县 注：1949—1952 年曾属平原省。	西汉 北魏 五代唐
	范　县（城关镇）	初治今县东南，隋大业中迁今县东南旧范县。1956 年迁今址。 注：明初属山东省，1949 年属平原省，1952 年属山东省，1964 年划归河南省。	西汉
	台前县（城关镇）	台前办事处 台前县	1973 年 1978 年
	濮阳县（城关镇）	濮阳县(治今县西南故县村) 东郡治 濮阳国治 濮阳郡治 开德府治(今址) 开州治 开县 濮阳县 注：① 春秋称帝丘，战国称濮阳，为卫国都城。 ② 1949—1952 年曾属平原省。	秦 秦 西晋 西晋末 北宋 金 1913 年 1914 年
许昌市	许昌市（魏都区）	郑州(治今市) 许州 颍昌府 许州 许州直隶州 许昌府 许州直隶州 许昌县 许昌市 注：1948 年设县级市，1956 年升地级市。	东魏 北周 北宋 金 清 清 清 1913 年 1948 年

续 表

	今地名	沿革变迁	
许昌市	魏都区（西大街街道）	由原县级许昌市改置。	1986年
	建安区（将官池镇）	许县（治今许昌市东古城） 许昌县 许昌郡治 许田县 许州 许昌县（治许昌市，1961年迁今址） 建安区	秦 三国魏 东魏 五代唐 明 1913年 2016年
	禹州市（颍川街道）	阳翟县（治今市） 颍川郡治 阳翟郡治 颍顺军治 颍顺州治 钧州治 禹州 禹县 禹州市 注：古称阳翟，相传为夏禹都城。春秋郑庄公于此建城，为郑国别都，名栎邑。战国初韩景侯在此建都。	秦 秦 东魏至隋初 金 金 金 明 1913年 1988年
	长葛市（建设路街道）	长葛邑 长社县（治今市东北） 颍川县 长葛县（治今市东北老城镇，1960年迁今市） 长葛市	春秋郑 秦 隋 隋 1993年

续 表

	今地名	沿革变迁	
许昌市	鄢陵县 (安陵镇)	鄢国 鄢邑 鄢陵县(治今县西北古城村,东汉迁今址)	西周 春秋郑 西汉
	襄城县 (城关街道)	襄城邑 襄陵县(治今址)	战国魏 秦
漯河市	漯河市 (郾城区)	漯河镇 漯河市 注:1948 年设县级市,1986 年升地级市。	1912 年 1948 年
	郾城区 (龙塔街道)	郾邑 郾县(治今区西南古城村) 郾城县(唐开元中迁今址) 郾城区	战国魏 西汉 隋 2004 年
	舞阳县 (舞泉镇)	舞阳邑 舞阳县(治今县西北,金泰和中迁今址)	战国魏 秦
	临颍县 (新城街道)	初治今县西北,隋大业初迁今址。	西汉
三门峡市	三门峡市 (湖滨区)	由陕县析置(地级),1958 年降为县级市,1986 年升地级市。	1957 年
	湖滨区 (湖滨街道)	由原县级三门峡市改置。	1986 年

续 表

	今地名	沿革变迁	
三门峡市	陕州区（大营镇）	陕县（治旧陕县） 陕州 北陕县 陕县 陕州 陕县（治今址） 陕州区	秦 北魏 北魏 北周 唐 1913年 2015年
	义马市（千秋路街道）	义马矿区 义马市（治今址）	1970年 1981年
	灵宝市（城关镇）	桃林县（治今市北老城） 灵宝县（1959年迁今址） 灵宝市	隋 唐 1993年
	渑池县（城关镇）	渑池县（治今县西） 北渑池县 渑池县（唐初迁治今址）	秦 北魏 隋
	卢氏县（城关镇）	西汉置县，治今址。西魏为义川郡治，隋初为虢州治。	西汉
南阳市	南阳市（卧龙区）	宛邑 宛县（治今市） 南阳郡 上陌县 上宛县 南阳县 宛州 申州 南阳府 南阳县 南阳市 注：1948年设县级市，1994年南阳升地级市，南阳县并入。	春秋楚 秦 秦 北魏 北周 隋 唐 金 元 1913年 1948年

续 表

	今地名	沿革变迁	
南阳市	卧龙区 (七一街道)	治今址。	1994年
	邓州市 (花洲街道)	穰邑 穰县(治今市) 荆州 邓州 穰城县 穰县 邓州 邓县 邓州市	战国楚 秦 北魏 隋 金 元 明 1913年 1988年
	南召县 (城关镇)	初治今县东云阳镇,1949年迁今址。	明
	方城县 (凤瑞街道)	阳城邑 阳城县(治今县城东) 堵阳县 方城县(治今址) 裕州 方城县	战国楚 秦 西汉 北魏 金 1913年
	西峡县 (紫金街道)	析邑 析县(治今址) 西析阳县 中乡县 内乡县 西峡县	春秋楚 秦 北魏 西魏 隋 1948年
	镇平县 (涅阳街道)	治今址。明洪武十年(1377年)省入南阳县,十三年复置。	金
	内乡县 (城关镇)	中乡县(治今西峡县) 内乡县(金迁今址)	西魏 隋

续 表

	今地名	沿 革 变 迁	
南阳市	淅川县（龙城街道）	淅川县（治今县城东，五代梁迁今县西南）	北魏
		淅川厅	清
		淅川直隶厅	清
		淅川县（1961年迁今址）	1913年
	社旗县（赊店镇）	以南阳县赊旗镇（今赊店镇）为中心，以及唐河、泌阳、方城等县地区析置，治今址。	1965年
	唐河县（滨河街道）	上马县（治今址）	北魏
		泌阳县	唐
		泌州	唐
		广州	五代唐
		泌州	五代晋
		唐州	五代汉
		唐县	明
		沘源县	1914年
		唐河县	1923年
	新野县（汉城街道）	新野县（治今址）	西汉
		荆州	三国魏
		新野郡治	西晋
		棘阳县	北周
		新野县	隋
		新州	唐
		新野镇	唐
		新野县	元
	桐柏县（清淮街道）	义乡县（治今县东北）	南朝梁
		桐柏县（北宋开宝中迁今址）	隋
		桐柏镇	南宋
		桐柏县	元

续 表

	今地名	沿革变迁	
商丘市	商丘市 (梁园区)	朱孙集 朱家集 朱集市 商丘市 注：1950年设县级市,1997年升地级市。	明 清 1948年 1950年
	梁园区 (平原街道)	由原县级商丘市改置。	1997年
	睢阳区 (新城街道)	春秋宋国都,为睢阳邑。 睢阳县(治今商丘市西南) 砀郡治 梁国治 梁郡治 宋城县 应天府治 睢阳县 归德府治 归德州 商丘县(治城关镇) 归德府治 商丘县 睢阳区	 秦 秦 汉、晋 南朝宋 隋 北宋 金 金 明 明 明 1913年 1997年
	永城市 (雪枫街道)	芒县(治今市西北) 临睢县 永城县(治今市东北) 永州 永城县 雪枫县 永城县 永城市	秦 东汉 隋 金 蒙古 1945年 1949年 1996年
	民权县 (绿洲街道)	由杞县、睢县析置,治今址。	1929年

续 表

	今地名	沿革变迁	
商丘市	睢县 （城关回族镇）	襄邑县（治今址） 拱州 睢州 睢县 睢州 睢县	秦 北宋 金 明 明 1913年
	宁陵县 （城关回族镇）	初治今县城东南，金大定中迁今址。	西汉
	柘城县 （凤凰街道）	柘县（治今址） 柘城县	秦 隋
	虞城县 （城关镇）	虞国 虞县（治今县北） 虞城县（1954年迁今址）	商、周 秦 隋
	夏邑县 （城关镇）	栗县（治今址） 栗侯国 下邑县 夏邑县	秦 西汉 北魏 金
信阳市	信阳市 （浉河区）	平春县（治今市西北） 平阳县（治今市） 义阳郡 司州 义阳县 义阳郡 信阳县 信阳军 信阳府 信阳州 信阳县 信阳市 注：1949年设县级市；1998年升地级市，信阳县撤销并入，改置平桥区。	东汉 东晋 东晋 南朝宋 隋 隋 北宋 北宋 元 元 1913年 1949年

续 表

	今地名	沿革变迁	
信阳市	浉河区 (湖东街道)	由原县级信阳市改置。	1998 年
	平桥区 (平桥街道)	由信阳县改置,治今址,为信阳市辖区。	1998 年
	罗山县 (宝城街道)	宝城县(治今县城西) 保城县 罗山县(唐迁今址)	南朝宋 南朝齐 隋
	光山县 (紫水街道)	西阳县(治今县西) 光城县(治今址) 光州 光城郡治 光山县 光州治 弋阳郡治 光州治 期思县 光山县	西汉 南朝宋 南朝梁 南朝梁 隋 隋 隋 唐 南宋 南宋
	新　县 (新集镇)	经扶县(治今址) 新县	1933 年 1947 年
	商城县 (赤城街道)	西苞信县(治今县城西) 苞信县 殷城县 商城县(明成化中治今址) 赤城县 商城县	南朝宋 南朝梁 隋 北宋 1929 年 1932 年
	固始县 (秀水街道)	蓼国 蓼县(治今县城北) 固始县(隋开皇初治今址)	春秋 西汉 南朝宋

续 表

	今地名	沿革变迁	
信阳市	潢川县（定城街道）	黄国	西周
		弋阳县（治今县西）	西汉
		弋阳郡治	魏、晋
		南弋阳县	东魏
		北弋阳县	东魏
		定城县（治今址）	北齐
		弦州治	唐
		光州治	唐至明
		潢川县	1914年
	淮滨县（滨湖街道）	淮滨办事处	1951年
		淮滨县（治今址）	1952年
	息　县（谯楼街道）	息国	西周
		息县（治今县城西南）	春秋楚
		新息县	西汉
		南新息县	南朝宋
		北新息县	北朝宋
		新息县	北齐
		息州	元
		息县（治今址）	明
周口市	周口市（川汇区）	周口市	1948年
		周口镇	1952年
		周口市	1953年
		周口镇	1965年
		周口市	1980年
		注：1980年设县级市，2000年升地级市。	
	川汇区（人和街街道）	由原县级周口市改置。	2000年

续　表

	今地名	沿革变迁	
周口市	淮阳区（城关回族镇）	陈国	西周
		陈县(治今址)	春秋楚
		陈郡治	秦
		淮阳国	西汉
		陈国	东汉
		陈郡治	东汉
		陈国	三国魏
		陈郡治	三国魏
		项县	北魏
		陈州治	北周
		宛丘县	隋
		淮阳郡治	隋
		陈州	唐
		淮阳郡治	唐
		陈州	唐
		淮宁府	北宋
		陈州	金
		陈州	明
		淮宁县	清
		陈州府治	清
		淮阳县	1913年
		淮阳区	2019年
	项城市（花园街道）	顿国	春秋
		南顿县(治今市西南)	西汉
		南顿郡治	西晋
		和城县	北齐
		南顿县	隋
		项城县(治今市南,1953年迁今址)	明
		项城市	1993年
	扶沟县（桐丘街道）	初治今县城东北古城村,隋开皇中迁今址。	西汉

续 表

	今地名	沿革变迁	
周口市	西华县（娲城街道）	长平县（治今县北） 西华县（治今县南） 鸿沟县 西华县（治今址） 箕城县 武城县 箕城县 西华县	秦 西汉 隋 隋 唐 唐 唐 唐
	商水县（新城街道）	汝阳县（治今县西北） 溵水县（治今址） 商水县	西汉 隋 北宋
	沈丘县（东城街道）	项国 项县（治今址） 秣陵县 项城县 沈丘县	春秋 秦 东魏 隋 明
	郸城县（新城街道）	郸县（治今安徽涡阳县东北，隋开皇中迁今址） 郸城办事处 郸城县	西汉 1951年 1952年
	太康县（城关回族镇）	阳夏县（治今址） 太康县	秦 隋
	鹿邑县（真源街道）	苦县（治今县东） 武平县 鹿邑县（治今县城西，元迁今址）	春秋楚 东汉 隋

续 表

	今地名	沿革变迁	
驻马店市	驻马店市(驿城区)	驻马店市 驻马店镇 驻马店市 注：1980年设县级市,2000年升地级市。	1949年 1965年 1980年
	驿城区(人民街街道)	由原县级驻马店市改置。	2000年
	西平县(柏城街道)	初治今县城西,唐开元中迁今址。	西汉
	上蔡县(重阳街道)	蔡国 上蔡县(治今县西南) 汝南郡治 武津县 临汝县 武津县 上蔡县(治今址)	西周 战国韩 西汉 南朝宋 北魏 隋 隋
	平舆县(清河街道)	平舆邑 平舆县(治今县北古城,唐天授中迁今址)	战国楚 秦
	正阳县(真阳街道)	慎阳县(治今县东北) 真阳县 慎阳县 真阳县 真丘县 真阳县 淮阳县 真阳县(北宋迁今址) 正阳县	西汉 南朝宋 南朝宋 北魏 隋 隋 唐 唐 清

续 表

	今地名	沿革变迁	
驻马店市	确山县 （盘龙街道）	朗陵县（治今县西南） 安昌县 朗山县（治今址） 确山县	西汉 北魏 隋 北宋
	泌阳县 （花园街道）	比阳县（治今址） 阳平县 淮州治 饶良县 显州治 比阳县 唐州治 泌阳县 唐州 泌阳县	西汉 北魏 西魏 隋 隋 隋 唐 蒙古 明 明
	汝南县 （汝宁街道）	汝阳县（治今址） 汝南郡治 豫州治 蔡州治 汝宁府治 汝南县	隋 隋 唐 唐 元、明、清 1913 年
	遂平县 （瀶阳街道）	房国 吴房县（治今县西南） 遂宁县 瀶阳县 吴房县 遂平县（治今址）	西周 西汉 北魏 隋 隋 唐

续　表

	今地名	沿革变迁	
驻马店市	新蔡县 (古吕街道)	新蔡县(治今址)	秦
		新蔡郡治	西晋
		蔡州治	东魏
		广宁郡治	北齐
		广宁县	隋
		汝北县	隋
		新蔡县	隋
		息州	蒙古
		新蔡县	明
河南省	济源市 (沁源街道)	济源县(治今址)	隋
		原州	蒙古
		济源县	蒙古
		济源市	1988年
		注：1949—1952年曾属平原省，1997年为省直辖行政单位。	

湖　北　省

	今地名	沿革变迁	
湖北省	湖北省（武汉市）	简称鄂。	
		楚国	春秋、战国
		南郡	秦
		江夏郡、南郡	汉
		蜀、魏、吴三国	三国
		郢州、荆州	西晋
		郢州、荆州、鄂州等	隋
		江夏、襄阳、夷陵等郡	隋
		江南道及山南东道等	唐
		京西南路及荆湖北路（湖北路）等	宋
		湖广行中书省	元
		湖广布政使司	明
		湖广左布政使司	清
		湖北省（省会武昌府，今武汉市武昌区）	清
武汉市	武汉市（江岸区）	本市由武昌、汉口、汉阳三部分组成：	
		（1）武昌	
		夏口城	三国吴
		武昌军	唐
		武昌路	元
		武昌府（湖北省会）	明、清
		武昌市	1926 年
		（2）汉口	
		汉口镇巡检司	明
		夏口厅	清
		夏口县	1912 年
		汉口特别市	1926 年
		武汉特别市	1927 年
		汉口特别市	1929 年
		（3）汉阳	
		汉阳军	五代
		汉阳府	元、明、清
		武汉市（湖北省会）	1949 年
		注：1949 年武昌、汉口二市和汉阳县城三地合并设武汉市，为中央直辖市。1954 年为湖北省地级市。	

续 表

	今地名	沿革变迁	
武汉市	江岸区 (四唯街道)	江岸区 二七区 江岸区	1953 年 1968 年 1980 年
	汉阳区 (琴断口街道)	江津县(治今蔡甸区东) 汉阳县(唐初迁今汉阳城) 汉阳军 汉阳府 汉阳县 武汉市第六区 汉阳区	隋(开皇中) 隋(大业初) 五代周、宋 元、明、清 1912 年 1949 年 1952 年
	武昌区 (积玉桥街道)	夏口城 江夏县(治今武昌城) 鄂州治 鄂州路治 武昌路治 武昌府(湖北省会) 武昌县 武昌市 京兆区 武昌市 武汉市第一区 武昌区	三国吴 隋 唐、宋 元 元 明、清 1912 年 1926 年 1927 年 1937 年 1949 年 1952 年
	蔡甸区 (蔡甸街道)	沌阳县(治今汉阳城西,为江夏郡治) 汉津县(治今区东) 汉阳县(唐初迁今市汉阳区,1960 年迁蔡甸镇) 蔡甸区	西晋 隋 隋 1992 年

续 表

	今地名	沿革变迁	
武汉市	江夏区（纸坊街道）	沙羡县（治今区西金口镇，西晋迁夏口） 汝南县 江夏县（今武昌城） 鄂州治 鄂州路治 武昌路治 武昌府治 武昌县（1960年迁纸坊镇） 江夏区	西汉 东晋 隋 唐、宋 元 元 明、清 1912年 1995年
	黄陂区（前川街道）	黄陂县（治今区北，南宋迁今武汉青山矶。元迁还旧址，后迁今区） 黄陂区	北周 1998年
	新洲区（邾城街道）	新洲县（治今区） 新洲区	1952年 1998年
		附：① 西陵县—西汉置，治今新洲区西，为江夏郡治。南朝梁废。 ② 南安县—南朝齐置，治今新洲区。隋开皇五年（585年）为黄州治，开皇十八年改黄冈县。大业初为永安郡治。唐中和五年（885年）迁治今黄冈市。	
黄石市	黄石市（下陆区）	石黄镇 大冶特区办事处 石黄特区 黄石市（地级）	1948年 1949年 1949年 1950年
	下陆区（新下陆街道）	治今址。	1979年
	大冶市（东岳路街道）	大冶县（治今市） 大冶市	五代南唐 1994年

续　表

	今地名	沿革变迁	
黄石市	阳新县(兴国镇)	阳新县(治今县西南)	三国吴
		富川县	隋
		永兴县(治今址)	隋
		永兴军治	北宋
		兴国军治	北宋
		兴国路治	元
		兴国府治	元末
		兴国州	明
		兴国县	1912 年
		阳新县	1914 年
十堰市	十堰市(茅箭区)	十堰办事处	1967 年
		十堰市	1969 年
		注：1969 年设县级市，1973 年升地级市。	
	茅箭区(武当路街道)	治今址。	1984 年
	郧阳区(城关镇)	郧乡县(治今址)	西晋
		齐兴郡	南朝齐至北周
		郧县	元
		郧阳区	2014 年
	丹江口市(均州路街道)	武当县(治今市西北)	西汉
		始平郡治	南朝宋
		武当郡治	西魏
		均州(为武当县治)	隋
		武当郡治	唐
		均州	唐
		均县(1958 年迁今市)	1912 年
		丹江口市	1983 年
	郧西县(城关镇)	由郧县、上津二县析置，治今址。	明

续 表

	今地名	沿革变迁	
十堰市	竹山县（城关镇）	上庸县（治今县西南）	战国秦
		上庸郡治	东汉末
		安城县	南朝梁
		竹山县（治今址）	西魏
	竹溪县（城关镇）	由竹山县西部析置，治今址。	明
	房　县（城关镇）	房陵县（治今址）	秦
		房陵郡治	东汉末
		新城郡治	三国魏
		光迁县	北周
		光迁郡治	北周
		房陵郡治	隋
		房陵县	唐
		房州治	唐
		房县	明
宜昌市	宜昌市（西陵区）	夷陵县（治今市东南）	西汉
		西陵县	三国吴
		夷陵县	西晋
		宜州	南朝梁
		拓州	西魏
		硖州（唐贞观中迁今市）	北周
		峡州	宋
		峡州路	元
		峡州府	元
		峡州	明
		夷陵州	明
		宜昌府	清
		东湖县	清
		宜昌县	1912 年
		宜昌市（地级）	1949 年
		注：1958 年降为县级市，1979 年复为地级市。2001 年宜昌县省入，改为夷陵区。	

续 表

	今地名	沿革变迁	
宜昌市	西陵区 (西陵街道)	治今址。	1986年
	夷陵区 (小溪塔街道)	由宜昌县改置,治今址,为宜昌市辖区。	2001年
	宜都市 (陆城街道)	宜都县(治今市) 宜昌县 宜都县 江州 东松州 宜都县 枝城市 宜都市	南朝陈 隋 唐 唐 唐 唐 1987年 1998年
	当阳市 (玉阳街道)	当阳县(治今荆门市西南,东晋迁今市) 平州 玉州治 荆门军治 荆门府治 当阳县 当阳市	西汉 北周 隋 南宋 元 元 1988年
	枝江市 (马家店街道)	枝江县(治今市西北) 枝江侯国 枝江县(1962年迁今市) 枝江市	西汉 东汉 三国魏 1996年
	远安县 (鸣凤镇)	高安县(治今县西北) 远安县(明成化中迁今址)	南朝宋 北周
	兴山县 (古夫镇)	初治今县北,北宋迁今高阳镇,1992年迁今址。	三国吴

续 表

	今地名	沿革变迁	
宜昌市	秭归县（茅坪镇）	秭归县（治今县西北）	西汉
		长宁县	北周
		秭归县	隋
		归州	唐
		长宁县	明
		归州	明
		归县	1912年
		秭归县（1991年迁今址）	1914年
	长阳土家族自治县（龙舟坪镇）	佷山县（治今县西）	西汉
		长杨县	隋
		长阳县（治今址）	唐
		长阳土家族自治县	1984年
	五峰土家族自治县（渔洋关镇）	长乐县（治今址）	清
		五峰县	1914年
		五峰土家族自治县	1984年
襄阳市	襄阳市（襄城区）	襄阳县（治今市襄阳城）	西汉
		襄阳郡	东汉
		雍州	东晋
		襄州	西魏
		襄阳郡	隋
		襄州	唐
		襄阳府	北宋
		襄阳路	元
		襄阳府	明、清
		襄阳县	1912年
		襄樊市（地级）	1951年
		襄樊镇	1952年
		襄樊市（县级）	1953年
		襄阳市（地级）	2010年
	襄城区（真武山街道）	治今址（初属襄樊市辖区，2010年为襄阳市辖区）。	1984年

续 表

	今地名	沿革变迁	
襄阳市	襄州区 (张湾街道)	襄阳县(治今襄阳城,1992年迁今址) 襄阳区 襄州区	西汉 2001年 2010年
	老河口市 (光化街道)	老河口镇 老河口市 光化县 老河口市 注:清雍正三年(1725年)设老河口镇,属光化县。1951年以老河口镇设老河口市。1952年撤销并入光化县,1979年复设市,1983年光化县撤销并入。	清 1951年 1952年 1979年
	枣阳市 (北城街道)	蔡阳县(治今市西南蔡阳) 襄乡县(治今市东北) 安昌县 襄乡县 广昌县(治今市) 广昌郡 枣阳县 枣阳军 枣阳县 枣阳市	秦 东汉 三国魏 南朝宋 北周 北周 隋 南宋 元 1988年
	宜城市 (鄢城街道)	鄢县(治今市东南) 宜城县 华山县 汉南县 率道县 宜城县(治今市) 自忠县 宜城县 宜城市	秦 西汉 南朝宋 西魏 唐 唐 1944年 1949年 1994年
	南漳县 (城关镇)	重阳县(治今址) 思安县 南漳县	西魏 北周 隋

续 表

	今地名	沿革变迁	
襄阳市	谷城县（城关镇）	谷国	西周
		筑阳县(治今县东北)	秦
		筑阳侯国	东汉
		筑阳县(北魏迁今址)	三国魏
		义成县	隋
		谷城县	隋
	保康县（城关镇）	治今址。	明
鄂州市	鄂州市（鄂城区）	鄂邑	战国
		鄂县(治今市)	秦
		武昌县	三国魏
		武昌郡	三国魏
		鄂县	西晋
		武昌县	隋
		武昌军	南宋
		寿昌军	南宋
		寿昌县	1913 年
		鄂城县	1914 年
		鄂城市(县级)	1960 年
		鄂州市(地级)	1983 年
	鄂城区（凤凰街道）	治今址。	1983 年
荆门市	荆门市（东宝区）	荆门县(治今市)	唐
		荆门军	北宋
		荆门府	元
		荆门州	元
		荆门县	明
		荆门州	明
		荆门直隶州	清
		荆门县	1912 年
		荆门市	1979 年
		注：1979 年设县级市，1983 年荆门县撤销并入，升地级市。	

续 表

	今地名	沿 革 变 迁	
荆门市	东宝区 (泉口街道)	治今址。	1985 年
	钟祥市 (郢中街道)	苌寿县(治今市) 竟陵郡治 长寿县 郢州治 竟陵郡治 郢州治 安陆府治 钟祥县 承天府治 安陆府 钟祥县治 钟祥市	南朝宋 南朝宋 西魏 西魏 隋 唐 元 明 明 清 1912 年 1992 年
	京山市 (新市街道)	新阳县(治今址) 角陵县 京山县 京山市	西晋 西魏 隋 2018 年
	沙洋县 (沙洋镇)	沙洋镇 沙洋市(治今址) 沙洋镇 沙洋区 沙洋县	北宋 1960 年 1961 年 1985 年 1998 年
孝感市	孝感市 (孝南区)	孝昌县(治今北,唐咸通中迁治今市) 孝感县 孝感市 注:1993 年升设地级市。	南朝宋 五代唐 1983 年

续 表

	今地名	沿革变迁	
孝感市	孝南区（书院街道）	治今址。	1993年
孝感市	应城市（城中街道）	应城县（治今市） 城阳郡治 应阳县 应城县 应阳县 应城县 应城市	南朝宋 西魏 隋 唐 唐 五代唐 1986年
孝感市	安陆市（府城街道）	安陆县（治今市西北，东晋末迁今市） 安陆郡治 南司州治 安州 郧州 安州 安陆郡治 安州 德安府 安陆县 安陆市	秦 南朝宋 南朝梁 西魏 北周 北周 隋 唐 北宋 1912年 1987年
孝感市	汉川市（仙女山街道）	汉川县（治今市西南） 义川县 汉川县 汉川镇 汉川县（元至正中迁今址）	唐 北宋 北宋 北宋 北宋
孝感市	孝昌县（花园镇）	孝昌县（治今县北） 孝感县（治今址） 孝感市 孝昌县	南朝宋 五代唐 1983年 1993年

续　表

	今地名	沿革变迁	
孝感市	大悟县 (城关镇)	礼山县(治今县东南) 大悟县(治今址)	1933年 1952年
	云梦县 (城关镇)	西魏置县,治今址。北宋熙宁初废,元祐复置。1960年又废,1961年复置。	西魏
荆州市	荆州市 (沙市区)	江陵县(治今市西北江陵故城) 南郡 荆州 江陵府 江陵路 中兴路 荆州府 江陵县 沙市市(治今址) 荆沙市 荆州市	秦 秦 西晋 唐、宋 元 元 明、清 1912年 1949年 1994年 1996年
	沙市区 (中山路街道)	沙市镇(治今址) 沙市市 沙市区	宋 1949年 1994年
	荆州区 (西城街道)	由原江陵县析置。	19994年
	石首市 (绣林街道)	石首县(治今市) 石首市	西晋 1986年
	洪湖市 (新堤街道)	洪湖县(治洪湖镇,1958年迁今市) 洪湖市	1952年 1987年
	松滋市 (新江口街道)	松滋县(治今市北,南宋迁今老城镇,1947年迁今市) 松滋市	东晋 1995年

续 表

	今地名	沿革变迁	
荆州市	监利市 （容城镇）	监利县 监利市	三国吴 2020年
荆州市	公安县 （斗湖堤镇）	公安县（治今址） 江安县 公安县	东汉 西晋 南朝陈
荆州市	江陵县 （郝穴镇）	江陵县（治今荆州市江陵故城） 江陵区（治今址） 江陵县 注：1994年析江陵县设荆州区。	秦 1994年 1998年
黄冈市	黄冈市 （黄州区）	邾邑 邾县（治今市西北） 衡山郡 衡山国 南安县 黄冈县 黄州（治今市） 黄州路 黄州府 黄冈县 黄州市（县级） 黄冈市（地级）	战国楚 秦 西汉 西汉 南齐 隋 唐 元 明、清 1912年 1990年 1995年
黄冈市	黄州区 （赤壁街道）	黄冈县（治今武汉市新洲区，唐中和时迁今址） 黄州市 黄州区	隋 1990年 1995年
黄冈市	麻城市 （龙池桥街道）	信安县（治今市东） 麻城县（元末迁今市） 麻城市	南朝梁 隋 1986年

续 表

	今地名	沿革变迁	
黄冈市	武穴市 (武穴街道)	永宁县(治今市北) 广济县 广济镇 广济县(1953年迁今市) 武穴市	唐 唐 南宋 南宋 1987年
	团风县 (团风镇)	团风镇 团风县(治今址)	北宋 1995年
	红安县 (城关镇)	黄安县(治今址) 红安县 黄安县 红安县	明 1931年 1932年 1952年
	罗田县 (凤山镇)	初治今县东,几经废置,元大德中迁今址。	南朝梁
	英山县 (温泉镇)	英山县(治今址) 红山县 英山县	南宋 1931年 1932年
	浠水县 (清泉镇)	希水左县(治今址) 浠水县 兰溪县 蕲水县 浠水县	南朝宋 南朝梁 唐 唐 1933年
	蕲春县 (漕河镇)	蕲春县(治今县西南) 蕲春郡治 蕲阳县 齐昌县 蕲州治 蕲春县 蕲春郡治 蕲州治(南宋景定中迁今址) 蕲州路治 蕲州 蕲春县	西汉 三国魏 东晋 南朝齐 南朝齐 隋 隋 唐 元 明 1912年

续 表

	今地名	沿革变迁	
黄冈市	黄梅县（黄梅镇）	永兴县（治今县西北） 新蔡县 黄梅县（元初迁今址）	南朝齐 隋 隋
咸宁市	咸宁市（咸安区）	永安县（治今市） 咸宁县 咸宁市	五代南唐 北宋 1983年
	咸安区（浮山街道）	由原县级咸宁市改置。	1998年
	赤壁市（赤马港街道）	蒲圻县（治今市东北，隋开皇中迁今市） 蒲圻市 赤壁市	三国吴 1986年 1998年
	嘉鱼县（鱼岳镇）	沙阳县（治今县东北） 沙州 嘉鱼县（治今址）	西晋 南朝梁 五代南唐
	通城县（隽水镇）	下隽县（治今县西北） 隽州治 上隽郡治 通城镇 通城县（治今址）	西汉 南朝梁 南朝梁 唐 北宋
	崇阳县（天城镇）	唐年县（治今县西南） 崇阳县（治今址） 唐年县 崇阳县	唐 五代吴 五代南唐 北宋
	通山县（通羊镇）	由永兴县析置，治今址。	五代南唐

续　表

	今地名	沿革变迁	
随州市	随州市(曾都区)	随国	西周
		随县(治今市)	西汉
		随阳县	南朝宋
		随阳郡	南朝宋
		随县	南朝齐
		随郡	南朝齐
		随州	西魏
		汉东郡	隋
		随州	唐
		随县	1912年
		随州市(地级)	1979年
	曾都区(西城街道)	由原县级随州市改置。	2000年
	广水市(应山街道)	永阳县(治今市)	南朝梁
		应州	南朝梁
		应山县	隋
		广水市	1988年
	随　县(厉山镇)	随县(治今随州市)	西汉
		随阳县	南朝宋
		随县	南朝齐
		随州	明
		随县	1912年
		随州市	1983年
		随县(治今址)	2009年
恩施土家族苗族自治州	恩施土家族苗族自治州(恩施市)	容美、施南等土司	元、明、清
		鄂西土家族苗族自治州(治恩施市)	1983年
		恩施土家族苗族自治州	1993年
	恩施市(小渡船街道)	沙渠县(治今市)	三国吴
		施州治	北周
		清江县	隋
		施州	元
		施州卫	明
		恩施县	清
		恩施市	1981年

续 表

	今地名	沿革变迁	
恩施土家族苗族自治州	利川市（都亭街道）	利川县（治今市） 利川市	清 1986年
	建始县（业州镇）	初治今县东，北宋迁今址。	西晋
	巴东县（信陵镇）	归乡县（治今县西北） 乐乡县 巴东县（北宋迁今址）	南朝梁 北周 隋
	宣恩县（珠山镇）	施南土司 宣恩县（治今址）	清 清
	咸丰县（高乐山镇）	治今址。	清
	来凤县（翔凤镇）	来凤县（治今址） 来凤土家族自治县 来凤县	清 1979年 1983年
	鹤峰县（容美镇）	鹤峰直隶州 鹤峰直隶厅 鹤峰县（治今址） 鹤峰土家族自治县 鹤峰县	清 清 1912年 1980年 1983年
湖北省	仙桃市（干河街道）	建兴县（治今市沔阳镇） 沔阳县 玉沙县 沔阳府治 沔阳州 沔阳县（1952年迁今市） 仙桃市 注：1994年为省直辖行政单位。	西魏 隋 北宋 元 明 1912年 1986年

续 表

	今地名	沿 革 变 迁	
湖北省	潜江市 (园林街道)	潜江县(治今市西北,元至正中迁今市)	北宋
		潜江市	1988年
		注:1994年为省直辖行政单位。	
	天门市 (竟陵街道)	竟陵县(治今市东北)	秦
		霄城县	西晋
		竟陵县(治今市)	北周
		景陵县	五代晋
		天门县	清
		天门市	1987年
		注:1994年为省直辖行政单位。	
	神农架林区 (松柏镇)	初治木鱼镇,1972年迁治今址。	1970年
		注:1983年为省直辖行政单位。	

湖　南　省

	今地名	沿革变迁	
湖南省	湖南省 （长沙市）	简称湘。	
		楚国	春秋、战国
		长沙、黔中二郡	秦
		长沙国和桂阳、零陵、武陵三郡	西汉
		长沙、桂阳、武陵、汉昌等郡	东汉
		长沙、衡阳等郡	三国
		湘州	西晋
		潭、岳、衡等州	隋
		长沙、巴陵、衡山等郡	隋
		江南西、山南东和黔中等道	唐
		湖南观察使	唐
		荆湖南路	北宋
		湖广行中书省	元
		湖广布政使司	明
		湖广右布政使司	清
		湖南省（省会长沙）	清
长沙市	长沙市 （岳麓区）	长沙邑（治今市）	战国楚
		长沙郡	战国秦
		长沙国	西汉
		长沙郡	东汉
		湘州	西晋
		潭州	隋
		长沙郡	隋
		潭州	唐
		长沙郡	唐
		潭州	唐
		长沙府	五代楚
		潭州	北宋
		潭州路	元
		大临路	元
		长沙府	明
		长沙县	1913 年
		长沙市（省辖，湖南省会）	1933 年
		注：1949 年为湖南省地级市、省会。	

续 表

<table>
<tr><th></th><th>今地名</th><th colspan="2">沿 革 变 迁</th></tr>
<tr><td rowspan="5">长沙市</td><td>岳麓区
(望岳街道)</td><td>岳麓区
西区(撤销并入)
岳麓区(由原西区、郊区、望城县部分地域析设)</td><td>1960 年
1974 年
1996 年</td></tr>
<tr><td>望城区
(高塘岭街道)</td><td>望城县(治今区东,1952 年迁今址)
望城区</td><td>1951 年
2011 年</td></tr>
<tr><td>浏阳市
(关口街道)</td><td>浏阳县(治今市东北,唐迁今市)
浏阳州
浏阳县
浏阳市</td><td>东汉
元
明
1993 年</td></tr>
<tr><td>宁乡市
(玉潭街道)</td><td>新阳县(治今市西)
新康县
宁乡县(治今址)
宁乡市</td><td>三国吴
西晋
北宋
2017 年</td></tr>
<tr><td>长沙县
(星沙街道)</td><td>临湘县(治今长沙市)
长沙县(1997 年迁今址)</td><td>秦
隋</td></tr>
<tr><td rowspan="3">株洲市</td><td>株洲市
(天元区)</td><td>建宁县(治今市)
槠洲
株洲
株洲市

注：1951 年设县级市,1965 年升地级市。</td><td>三国吴
南宋
南宋
1951 年</td></tr>
<tr><td>天元区
(嵩山路街道)</td><td>治今址。</td><td>1997 年</td></tr>
<tr><td>渌口区
(渌口镇)</td><td>株洲县
渌口区</td><td>1965 年
2018 年</td></tr>
</table>

续 表

	今地名	沿革变迁	
株洲市	醴陵市（仙岳山街道）	醴陵县(治今市) 醴陵州 醴陵县 醴陵市	东汉 元 明 1985年
	攸县（联星街道）	攸县(治今县东北) 攸水县(五代梁迁今址) 攸州 攸县	西汉 南朝梁 元 明
	茶陵县（云阳街道）	茶陵县(治今县东北,唐迁今址) 茶陵军 茶陵州 茶陵县 茶陵州 茶陵县	西汉 南宋 元 元末 明 1913年
	炎陵县（霞阳镇）	酃县(治今址) 炎陵县	南宋 1994年
湘潭市	湘潭市（岳塘区）	由湘潭县析置(县级),治今址。 注：1953年升地级市,1959年降县级市,1980年复升地级市。	1950年
	岳塘区（五里堆街道）	由原板塘区、岳塘区、郊区部分地域合设。	1992年
	湘乡市（望春门街道）	湘乡县(治今市) 湘乡州 湘乡县 湘乡市	东汉 元 元末 1986年
	韶山市（清溪镇）	韶山区(治今址) 韶山市	1968年 1990年

续　表

	今地名	沿　革　变　迁	
湘潭市	湘潭县 (易俗河镇)	湘西县(治今渌口区南) 衡山县 湘潭县(治今址) 湘潭州 湘潭县	三国吴 隋 唐 元 明
衡阳市	衡阳市 (蒸湘区)	衡州 衡阳县(治今市) 衡山郡 衡州 衡阳郡 衡州 衡州路 衡州府 衡阳县 衡阳市(县级) 注：1950 年升地级市，1952 年降为县级市，1980 年复为地级市。	隋 隋 隋 唐 唐 唐 元 元末 1913 年 1943 年
	蒸湘区 (蒸湘街道)	由原城北区、城南区、郊区合置。	2001 年
	南岳区 (祝融街道)	南岳特区 南岳管理局 南岳县 南岳区	1951 年 1960 年 1963 年 1984 年
	耒阳市 (蔡子池街道)	耒阳县(治今市) 洡阴县 耒阳县 耒阳州 耒阳县 耒阳市	秦 隋 唐 元 明 1986 年

续 表

	今地名	沿革变迁	
衡阳市	常宁市 （宜阳街道）	新宁县（治今市南） 常宁县（治今址） 常宁州 常宁县 常宁市	三国吴 唐 元 明 1996年
	衡阳县 （西渡镇）	临烝县（治今衡阳市） 衡阳县 临烝县 衡阳县（1952年迁今址）	三国吴 隋 唐 唐
	衡南县 （云集街道）	1952年由衡阳县析置，治今衡阳市。2004年迁治今址。	1952年
	衡山县 （开云镇）	衡阳县（治今县南） 衡山县 湘潭县 衡山县（五代迁今址）	三国吴 西晋 唐 唐
	衡东县 （洣水镇）	1966年由衡山县析置，治衡山县城。1969年迁治今址。	1966年
	祁东县 （玉合街道）	1952年由祁阳县析置，治今址。	1952年

续　表

	今地名	沿革变迁	
邵阳市	邵阳市（大祥区）	昭陵县(治今市)	西汉
		昭陵郡	三国吴
		邵陵郡	西晋
		邵陵县	西晋
		邵阳县	隋
		南梁州	唐
		邵州	唐
		邵陵郡	唐
		邵州	唐
		敏州	五代晋
		邵州	五代汉
		宝庆府	南宋
		宝庆路	元
		宝庆府	明
		宝庆县	1913 年
		邵阳县	1926 年
		邵阳市	1950 年
		注：1950 年设县级市，1977 年升地级市。	
	大祥区（城南街道）	由原西区、郊区部分地域析置。	1997 年
	武冈市（迎春亭街道）	都梁侯国(治今市东北)	西汉
		都梁县	东汉
		武冈县(治今市西南)	三国吴
		武刚县	东晋
		武强县	南朝梁
		武冈县	唐
		武冈军治(治今市)	北宋
		武冈路治	元
		武冈府治	明
		武冈州	明
		武冈县	1912 年
		武冈市	1994 年

续 表

	今地名	沿革变迁	
邵阳市	邵东市（大禾塘街道）	邵东县 邵东市	1952 年 2019 年
	新邵县（酿溪镇）	由邵阳、新化两县析置，治今址。	1952 年
	邵阳县（塘渡口镇）	昭陵县（治今邵阳市） 邵陵县 邵阳县 敏政县 邵阳县 宝庆县 邵阳县（1952 年迁今址）	西汉 西晋 隋 五代晋 五代汉 1913 年 1926 年
	隆回县（花门街道）	初治今县六都寨，1949 年迁今址。	1947 年
	洞口县（文昌街道）	由武冈县析置，治今址。	1952 年
	绥宁县（长铺镇）	初治今县西南，1954 年迁今址。	北宋
	新宁县（金石镇）	夫夷县（治今县东北） 扶县 扶阳县 夫夷县 新宁县（明景泰初迁今址）	西汉 东晋 南朝梁 南朝陈 南宋
	城步苗族自治县（儒林镇）	城步砦 城步巡检司 城步县（治今址） 城步苗族自治县	北宋 明初 明 1956 年

续 表

	今地名	沿革变迁	
岳阳市	岳阳市（岳阳楼区）	巴陵县(治今市)	西晋
		巴陵郡	南朝宋
		巴州	南朝梁
		岳州	隋
		罗州	隋
		巴陵郡	隋
		巴州	唐
		岳州	唐
		巴陵郡	唐
		岳州	唐
		纯州	南宋
		岳州	南宋
		岳州路	元
		岳州府	明
		岳州	明
		岳州府	明
		岳阳县	1913 年
		岳阳市	1961 年
		岳阳县	1962 年
		岳阳市	1975 年
		注：1961 年设县级市，1983 年升地级市。	
	岳阳楼区（五星牌街道）	初设岳阳市南区、郊区	1984 年
		岳阳楼区	1996 年
	汨罗市（归义镇）	罗县(治今市西北)	战国秦
		湘阴县	唐
		汨罗县(治今市)	1966 年
		汨罗市	1987 年
	临湘市（长安街道）	王朝县(治今市陆城镇)	北宋
		临湘县(1930 年迁今市)	北宋
		临湘市	1992 年

续 表

	今地名	沿革变迁	
岳阳市	岳阳县 (荣家湾镇)	巴陵县(治今岳阳市) 岳阳县(1978 年迁今址)	西晋 1913 年
岳阳市	华容县 (章华镇)	南安县(治今址) 安南县 华容县 容城县 华容县	三国吴 西晋 隋 唐 唐
岳阳市	湘阴县 (文星街道)	湘阴县(治今县西北,南宋绍兴初迁今址) 湘阴州 湘阴县	南朝宋 元 明
岳阳市	平江县 (汉昌街道)	汉昌县(治今县南) 吴昌县 罗县 湘阴县 昌江县(治今址) 平江县 平江州 平江县	东汉 三国吴 隋 唐 唐 五代唐 元 明
常德市	常德市 (武陵区)	临沅县(治今市) 武陵郡 武州 武陵县 朗州 鼎州 常德府 常德路 常德府 常德县 常德市 注:1950 年设县级市,1988 年升地级市,常德县撤销并入。	秦 东汉 南朝梁 隋 隋 北宋 南宋 元 明 1913 年 1950 年

续 表

	今地名	沿革变迁	
常德市	武陵区(南坪街道)	由原县级常德市改置。	1988年
	津市市(襄阳街街道)	由津市镇设市,治今址。	1950年
	安乡县(深柳镇)	作唐县(治今县北) 安乡县 孱陵县 安乡县(南宋绍兴中迁今址)	东汉 隋 隋 唐
	汉寿县(龙阳街道)	索县(治今常德市东北) 汉寿县 吴寿县 龙阳县(治今址) 汉寿县 辰阳县 龙阳县 龙阳军 龙阳县 龙阳州 龙阳县 汉寿县	西汉 东汉 三国吴 三国吴 西晋 北宋 南宋 南宋 南宋 元 明 1912年
	澧县(澧阳街道)	澧阳县(治今县东南,唐大历中迁今址) 澧州 澧县	隋 明 1913年
	临澧县(安福街道)	安福县(治今址) 临澧县	清 1914年

续 表

	今地名	沿革变迁	
常德市	桃源县（漳江街道）	沅南县（治今常德市西南）	东汉
		武陵县	隋
		桃源县（治今址）	北宋
		桃源州	元
		桃源县	明
	石门县（楚江街道）	澧阳县（治今址）	西晋
		石门郡治	西晋
		石门县	南朝陈
张家界市	张家界市（永定区）	永定县（治今市）	清
		大庸县	1914年
		大庸市（县级，1988年升地级市）	1985年
		张家界市	1994年
	永定区（西溪坪街道）	由原县级大庸市改置（1994年改属张家界市）。	1988年
	慈利县（零阳街道）	零阳县（治今县东）	西汉
		零陵县	隋
		慈利县（治今址）	隋
		慈利州	元
		慈利县	明
	桑植县（澧源镇）	充县（治今址）	西汉
		临澧县	西晋
		崇义县	隋
		桑植安抚司	元
		桑植县	清
益阳市	益阳市（赫山区）	益阳县（治今市东，唐贞观中迁今址）	秦
		益阳州	元
		益阳县	明
		益阳市	1950年
		注：1950年设县级市，1994年升地级市，益阳县撤销并入。	

续 表

	今地名	沿革变迁	
益阳市	赫山区 (赫山街道)	由原益阳县改置。	1994年
	沅江市 (琼湖街道)	药山县(治今市西) 安乐县(治今市) 沅江县 桥江县 沅江县 沅江市	南朝梁 隋 隋 唐 北宋 1988年
	南县 (南洲镇)	南州直隶厅(初治今县东南,后迁今址) 南县	清 1913年
	桃江县 (桃花江镇)	由益阳县析置,治今址。	1952年
	安化县 (东坪镇)	初治今县南,南宋迁今县梅城镇,1952年迁今址。	北宋
郴州市	郴州市 (北湖区)	郴县(治今市) 桂阳郡 郴州 桂阳郡 郴州 敦化县 郴县 郴阳县 郴州 郴州路 郴州府 郴州 郴县 郴州市 郴县 郴州市 注:1960年升设县级市,1994年郴县并入,升地级市。	秦 西汉 隋 隋 唐 五代晋 五代汉 元 元 元 明 明 1913年 1960年 1963年 1977年

续 表

	今地名	沿革变迁	
郴州市	北湖区（骆仙街道）	由原县级郴州市改置。	1994年
	苏仙区（苏仙岭街道）	由郴县改置，治今区。	1994年
	资兴市（唐洞街道）	资兴县（治今市东南） 兴宁县（治今市） 资兴县 资兴市	唐 南宋 1914年 1984年
	桂阳县（龙潭街道）	平阳县（治今址） 桂阳监 平阳县 桂阳军治 桂阳路治 桂阳府治 桂阳州 桂阳直隶州 桂阳县	东晋 唐 北宋 南宋 元 明 明 清 1913年
	宜章县（玉溪镇）	义章县（治今县西南，唐开元中迁今址） 宜章县	隋 北宋
	永兴县（便江街道）	便县（治今址） 安陵县 高亭县 永兴县	西汉 唐 唐 北宋

续 表

	今地名	沿革变迁	
郴州市	嘉禾县(珠泉镇)	嘉禾县(治今址)	明
		蓝嘉县	1959年
		嘉禾县	1961年
	临武县(舜峰镇)	临武邑	战国楚
		临武县(治今县东北)	西汉
		隆武县	唐
		临武县(南宋绍兴中迁今址)	唐
	汝城县(卢阳镇)	汝城县(治今县南)	东晋
		卢阳县	南朝陈
		卢阳郡治	南朝陈
		义昌县	唐
		郴义县	五代楚
		桂阳县(治今址)	北宋
		汝城县	1913年
		汝桂县	1959年
		汝城县	1961年
	桂东县(沤江镇)	桂东县(治今县南,明洪武初迁治今址)	南宋
		汝桂县	1959年
		桂东县	1961年
	安仁县(永乐江镇)	安仁场	五代唐
		安仁县(治今址)	北宋

续 表

	今地名	沿 革 变 迁	
永州市	永州市（冷水滩区）	永州	隋
		零陵县（治今市零陵区）	隋
		零陵郡	隋
		永州	唐
		零陵郡	唐
		永州	唐
		永州路	元
		永州府	明、清
		零陵县	1913 年
		永州市（1995 年迁今址）	1982 年
		注：1984 年零陵县撤销并入。1995 年冷水滩市撤销并入，升设地级永州市，并设置冷水滩、芝山二区，市人民政府迁治冷水滩区。2005 年芝山区改名零陵区。	
	冷水滩区（梧桐街道）	冷水滩市	1961 年
		冷水滩区	1995 年
	零陵区（徐家井街道）	泉陵侯国	西汉
		泉陵县（治今区北）	东汉
		零陵郡	东汉
		零陵县（治今区）	隋
		永州	隋
		零陵郡	隋
		永州	唐、宋
		永州路	元
		永州府	明、清
		零陵县	1913 年
		永州市	1982 年
		芝山区	1995 年
		零陵区	2005 年
	祁阳市（长虹街道）	祁阳县	三国吴
		祁阳市	2021 年

续　表

	今地名	沿革变迁	
永州市	东安县 (白牙市镇)	东安场 东安县(治今县西南,1946 年迁今址)	五代楚 北宋
	江永县 (潇浦镇)	谢沐县(治今县西南) 永阳县 永明县 永明镇 永明县(元至元间迁今址) 江永县	西汉 隋 唐 北宋 北宋 1956 年
	双牌县 (泷泊镇)	潇水林区 双牌县(治今址)	1965 年 1969 年
	道　县 (濂溪街道)	营浦县(治今县城东郊) 永阳县(治今县西) 营道县 营州治 南营州治 道州 弘道县(治今址) 江华郡治 道州治 营道县 道州路治 道州府治 道州 道县	西汉 隋 唐 唐 唐 唐 唐 唐 唐 北宋 元 明 明 1913 年
	宁远县 (舜陵街道)	梁兴县(治今县东南) 唐兴县(治今址) 延唐县 延昌县 延唐县 延喜县 宁远县	隋 唐 唐 五代梁 五代唐 五代晋 北宋

续 表

	今地名	沿 革 变 迁	
永州市	蓝山县 （塔峰镇）	南平县（治今县东北） 临武县 南平县 蓝山县（南宋迁今址） 蓝嘉县 蓝山县	西汉 隋 唐 唐 1959 年 1961 年
永州市	新田县 （龙泉街道）	由宁远县析置，治今址，1959 年废，1961 年复置。	明
永州市	江华瑶族自治县 （沱江镇）	江华县（治今县西南） 云溪县 江华县（明天顺间迁今址） 江华瑶族自治县	唐 唐 唐 1955 年
怀化市	怀化市 （鹤城区）	怀化县（治怀化驿，1949 年迁今市） 怀化市 注：1979 年设县级市，1997 年升地级市。	1942 年 1979 年
怀化市	鹤城区 （红星街道）	治今址。	1998 年
怀化市	洪江市 （黔城镇）	初治今洪江镇，1997 年迁今址。	1950 年
怀化市	中方县 （中方镇）	由怀化市析置，治今址。	1997 年
怀化市	沅陵县 （沅陵镇）	沅陵县（治今县南） 沅陵郡治（隋迁今址） 辰州治 辰州路治 辰州府治 沅陵县	西汉 南朝陈 唐 元 明 1913 年

续　表

	今地名	沿 革 变 迁	
怀化市	辰溪县 (辰阳镇)	辰阳县(治今县西) 建昌县 辰阳县 辰溪县(治今址)	西汉 南朝梁 南朝陈 隋
	溆浦县 (卢峰镇)	由辰溪县析置,治今址。	唐
	会同县 (林城镇)	三江县(治今县西北) 会同县(治今址)	北宋 北宋
	麻阳苗族自治县 (高村镇)	麻阳戍 麻阳县(治今县西南,北宋迁今锦和镇,1953 年迁今址) 麻阳苗族自治县	南朝陈 唐 1990 年(1988 年批准)
	新晃侗族自治县 (晃州镇)	晃州(治今县西南) 夜郎县 峨山县 晃州驿 晃州直隶厅(治今址) 晃县 新晃侗族自治县	唐 唐 唐 明 清 1913 年 1956 年
	芷江侗族自治县 (芷江镇)	潭阳县(治今址) 卢阳县 沅州治 沅州路治 芷江县 沅州府治 芷江县 芷江侗族自治县	唐 北宋 北宋 元 清 清 1913 年 1987 年(1986 年批准)

续 表

	今地名	沿 革 变 迁	
怀化市	靖州苗族侗族自治县（渠阳镇）	诚州（治今县东）	五代
		渠阳县	北宋
		诚州	北宋
		渠阳军	北宋
		渠阳砦	北宋
		渠阳县	北宋
		永平县	北宋
		靖州（南宋绍兴中迁今址）	北宋
		靖州路	元
		靖州	明
		靖州府	明
		靖州	明
		靖县	1913 年
		靖州苗族侗族自治县	1987 年
	通道侗族自治县（双江镇）	罗蒙县（治今县西北）	北宋
		通道县	北宋
		通道侗族自治县（1957 年迁今址）	1954 年
娄底市	娄底市（娄星区）	由涟源县析置，治今址。	1961 年
		注：1961 年设县级市，1962 年撤销，1980 年复设，1999 年升地级市。	
	娄星区（长青街道）	由原县级娄底市改置。	1999 年
	冷水江市（冷水江街道）	锡矿山特区	1951 年
		冷江市（治今址）	1961 年
		冷江特别区	1962 年
		冷水江市	1969 年
	涟源市（蓝田街道）	蓝田县（治今市）	1951 年
		涟源县	1952 年
		涟源市	1987 年

续 表

	今地名	沿革变迁	
娄底市	双峰县 (永丰街道)	由湘乡县析置,治今址。	1952年
	新化县 (上梅街道)	初治今县北,后迁今址。	北宋
湘西土家族苗族自治州	湘西土家族苗族自治州 (吉首市)	湘西苗族自治区(首府乾城县,今吉首市) 湘西苗族自治州 湘西土家族苗族自治州	1952年 1955年 1957年
	吉首市 (乾州街道)	乾州(治今市西南) 乾州厅 乾州直隶厅 乾县 乾城县 吉首县(治今市) 吉首市	清 清 清 1913年 1914年 1953年 1982年
	泸溪县 (武溪镇)	卢州(治今县) 卢溪县 泸溪县	南朝梁 隋 清
	凤凰县 (沱江镇)	五寨长官司(治今县西南) 凤凰厅 凤凰直隶厅(治今址) 凤凰县	明 清 清 1913年
	花垣县 (花垣镇)	永绥厅(治今县南) 永绥直隶厅 永绥县 花垣县(治今址)	清 清 1913年 1953年

续 表

	今地名	沿革变迁	
湘西土家族苗族自治州	保靖县（迁陵镇）	保静州（治今县）	五代
		保靖州	元
		保靖州安抚司	明
		保靖州宣慰司	明
		保靖县	清
	古丈县（古阳镇）	古丈坪厅（治今址）	清
		古丈县	1913年
	永顺县（灵溪镇）	永顺州（治今县东南）	五代
		永顺路	元
		永顺安抚司	元
		永顺宣抚司	元
		永顺宣慰司	明
		永顺厅	清
		永顺府	清
		永顺县（治今址）	清
	龙山县（民安街道）	治今址。	清

广 东 省

	今地名	沿 革 变 迁	
广东省	广东省（广州市）	简称粤。	
		百越(粤)	春秋、战国
		南海郡	秦
		南海、合浦、苍梧等郡	西汉
		交州	东汉
		广州	三国吴
		南海、龙川等郡	隋
		岭南道	唐
		岭南东道	唐
		广南东路	宋
		江西和湖广行中书省	元
		广东布政使司	明
		广东省（省会广州）	清
		注：1988 年海南行政区所属县、市及西沙、中沙、南沙三个群岛所属岛礁及其海域析出，设置海南省。	

续 表

	今地名	沿革变迁	
广州市	广州市（越秀区）	简称穗，别称羊城、五羊城、仙城、穗城。	
		南海郡（治今市）	秦
		南越国	西汉
		南海郡	西汉
		交州	东汉
		广州	三国吴
		番州	隋
		南海郡	隋
		广州	唐
		南海郡	唐
		广州	唐
		兴元府	五代南汉
		广州	北宋
		广南东路	北宋
		翔龙府	南宋
		广州路	元
		广州府（广东省会）	明、清
		广州市政公所	1918 年
		广州市政厅	1921 年
		广州市	1925 年
		广州特别市	1930 年
		广州市（院辖）	1947 年
		注：1949 年为中央直辖市，1954 年改为广东省地级市。	
	越秀区（北京街道）	治今址，2005 年东山区撤销并入。	1950 年
	番禺区（市桥街道）	番禺县（治今广州市）	秦
		南海郡	秦
		交州治	东汉
		广州治	三国吴
		兴王府治	五代南汉
		广州路治	元
		广州府治	明、清
		番禺县（1945 年迁今址）	1912 年
		番顺县	1959 年
		番禺县	1960 年
		番禺市	1992 年
		番禺区	2000 年

续　表

	今地名	沿　革　变　迁	
广州市	花都区 (新华街道)	花县(治今区东北花山镇,1955 年迁今址)	清
		广北县	1958 年
		花县	1959 年
		花都市	1993 年
		花都区	2000 年
	从化区 (街口街道)	从化县(治今花都区横潭,1949 年迁今址)	明
		从化市	1994 年
		从化区	2014 年
	增城区 (荔城街道)	增城县(治今区东北,唐末迁今址)	东汉
		增城市	1993 年
		增城区	2014 年
韶关市	韶关市 (浈江区)	始兴郡(治今曲江区)	三国吴
		广兴郡	南朝宋
		始兴郡	南朝齐
		东衡州	南朝梁
		韶州	隋
		东衡州	唐
		韶州(治今市西)	唐
		始兴郡	唐
		韶州(五代南汉迁今市)	唐
		韶州路	元
		韶州府	明
		曲江县	1912 年
		韶关市	1949 年
		注：1949 年设县级市,1950 年升地级市,1958 年降县级市,1975 年复设地级市。	

续 表

	今地名	沿革变迁	
韶关市	浈江区（东河街道）	治今址。	1975年
		注：2004年原北江区、曲江县部分辖地划入。	
	曲江区（马坝镇）	曲江县（治今区东南，五代南汉迁今韶关市，1966年迁今址）	西汉
		曲江区	2004年
	乐昌市（乐城街道）	梁化县（治今址）	南朝梁
		乐昌县	隋
		乐昌市	1994年
	南雄市（雄州街道）	浈昌县（治今市）	唐
		雄州治	五代南汉
		南雄州	北宋
		保昌县	北宋
		保昌郡	北宋
		南雄路	元
		南雄府	明
		南雄直隶州	清
		南雄府	清
		保昌县	清
		南雄州	清
		南雄县	1912年
		南雄市	1996年
	始兴县（太平镇）	始兴县（治今县西北）	三国吴
		始兴郡治	三国吴
		广兴郡治	南朝宋
		始兴郡治	南朝齐
		始兴县（南宋淳熙中迁今址）	隋
	仁化县（丹霞街道）	初治今县北城口镇，北宋咸平初迁今址。	南朝齐

续 表

	今地名	沿革变迁	
韶关市	翁源县(龙仙镇)	初治今县西北,几经迁治,1940 年迁今址。	南朝梁
	新丰县(丰城街道)	新丰县(治今县东) 休吉县 长宁县(治今址) 新丰县	南朝齐 隋 明 1914 年
	乳源瑶族自治县(乳城镇)	乳源县(治今县东南,明迁今址) 乳源瑶族自治县	南宋 1963 年
深圳市	深圳市(福田区)	深圳市 深圳特区	1979 年 1980 年
	福田区(沙头街道)	治今址。	1990 年
	宝安区(新安街道)	宝安县(治今南头镇) 东莞县 新安县 宝安县(1953 年迁今深圳,1982 年迁今址) 宝安区	东晋 唐 明 1914 年 1992 年
珠海市	珠海市(香洲区)	渔民县(治今唐家镇) 珠海县(1961 年迁今市) 珠海市 珠海特区	1952 年 1953 年 1979 年 1980 年
	香洲区(梅华街道)	治今址。	1984 年
	斗门区(井岸镇)	斗门县(初治斗门圩,同年底迁今址) 斗门区	1965 年 2001 年

续 表

	今地名	沿 革 变 迁	
汕头市	汕头市（金平区）	汕头汛 汕头市政厅 汕头市（县级，1970年升设地级市） 汕头特区	清 1921年 1930年 1981年
	金平区（石炮台街道）	撤销升平、金园二区设置。	2003年
	潮阳区（文光街道）	潮阳县（治今区西北，唐元和中迁治今址） 潮阳市 潮阳区	东晋 1993年 2003年
	澄海区（澄华街道）	澄海（治今址） 澄海市 澄海区	明 1994年 2003年
	南澳县（后宅镇）	南澳厅（治深澳） 南澳县（1937年迁今址）	清 1912年
佛山市	佛山市（禅城区）	佛山镇 佛山市 注：1925年设县级市，1927年废，1949年复设市（县级），1950年升地级市，1958年降县级市，1975年复升地级市。	北宋 1925年
	禅城区（祖庙街道）	由城区、石湾区改置。	2002年

续 表

	今地名	沿革变迁	
佛山市	南海区(桂城街道)	南海县(治今广州市)	隋
		广州治	隋
		番州治	隋
		南海郡治	隋
		广州治	唐
		广州路治	元
		广州府治	明、清
		南海县(1986年迁今址)	1912年
		南海市	1992年
		南海区	2002年
	顺德区(容桂街道)	顺德县(治今址)	明
		番顺县	1959年
		顺德县	1960年
		顺德市	1992年
		顺德区	2002年
	三水区(西南街道)	三水县(治今西南街道,1945年迁今址)	明
		三水市	1993年
		三水区	2002年
	高明区(荷城街道)	平兴县(治今区西南)	西晋
		高明县(治明城镇)	明
		高鹤县(治江门市沙坪镇)	1959年
		高明县(1984年迁今址)	1981年
		高明市	1994年
		高明区	2002年
江门市	江门市(蓬江区)	江门市政厅	1925年
		江门市	1927年
		注:1927年设县级市,1930年为省辖市,1931年并入新会县,1949年复设市(县级),1950年升地级市。	
	蓬江区(环市街道)	郊区	1984年
		蓬江区	1994年

续 表

	今地名	沿革变迁	
江门市	新会区 （会城街道）	盆允县（治今区北） 新会郡治 新会县 允州治 冈州治（今址） 新会市 新会区	东晋 东晋 隋 隋 唐 1992年 2002年
	台山市 （台城街道）	新宁县（治今址） 台山县 台山市	明 1914年 1992年
	开平市 （长沙街道）	开平县（治开屯，1952年迁今址） 开平市	清 1993年
	鹤山市 （沙坪街道）	鹤山县（治今鹤城镇，1949年迁今址） 高鹤县 鹤山县 鹤山市	清 1959年 1981年 1993年
	恩平市 （恩城街道）	思平县（治今市北） 高凉郡治 齐安县 齐安郡治 海安县 齐安县 恩州治 恩平郡治 恩平县 恩州治 恩平堡 南恩州治 恩平县（治今址） 恩平市	三国吴 南朝宋 南朝齐 南朝齐 隋 唐 唐 唐 唐 唐 北宋 北宋 明 1994年

续 表

	今地名	沿 革 变 迁	
湛江市	湛江市(赤坎区)	治今址。	1945 年
		注：原为遂溪、吴川两县地。清光绪二十五年(1899 年)为法国侵占，1943 年被日本占领，1945 年抗日战争胜利收回后置湛江市(县级)。1949 年底升为地级市，1958 年降为县级市，1975 年复为地级市。	
	赤坎区(南桥街道)	治今址。	1980 年
	雷州市(雷城街道)	海康县(治今市)	隋
		合州治	隋
		南合州	唐
		东合州	唐
		雷州治	唐
		海康郡治	唐
		雷州治	唐
		雷州路治	元
		雷州府治	明、清
		海康县	1912 年
		雷州市	1994 年
	廉江市(罗州街道)	石城县(治龙湖)	唐
		罗州	唐
		廉江县(元天历初迁今市)	唐
		石城县	南宋
		廉江县	1914 年
		廉江市	1993 年
	吴川市(梅菉街道)	吴川县(治今市西南)	隋
		吴梅县	1952 年
		吴川县(治今址)	1953 年
		化州县	1959 年
		吴川县	1961 年
		吴川市	1994 年

续 表

	今地名	沿革变迁	
湛江市	遂溪县 （遂城镇）	铁耙县(治今湛江市西南) 遂溪县(南宋绍兴中迁今市)	隋 唐
		注：隋开皇十年(590 年)置铁耙县,治今湛江市西南。唐天宝元年(742 年)改遂溪县。北宋开宝五年(972 年)废入海康县(今雷州市)。南宋绍兴十九年(1149 年)复置遂溪县,迁治今址。1949 年迁今城月镇,1950 年复迁今址。1959 年撤销,1961 年复置。	
	徐闻县 （徐城街道）	徐闻县(治今县南) 齐康县 齐康郡治 隋康县 徐闻县(元至元中迁今址)	西汉 南朝齐 南朝齐 隋 唐
茂名市	茂名市 （茂南区）	由原茂名县析置,治今址。	1959 年
		注：1959 年设县级市,1975 年升地级市。	
	茂南区 （站前街道）	治今址。	1985 年
	电白区 （水东街道）	连江县(治今区) 保安县 保宁县(北宋废) 电白县(治今区东南,1950 年迁今址) 电白区	南朝梁 唐 唐 明 2013 年
	高州市 （潘州街道）	茂名县(治今市) 潘州 越裳县 茂名县 高州路治 高州府治 高州县 高州市	隋 唐 五代梁 五代南汉 元 明、清 1959 年 1993 年

续 表

	今地名	沿革变迁	
茂名市	化州市（东山街道）	罗州县(治今市北)	南朝宋
		石龙县(治今市)	南朝梁
		化州	北宋
		化州路治	元
		化州府治	明
		化州	明
		化县	1912年
		化州县	1959年
		化州市	1994年
	信宜市（东镇街道）	梁德县(治今市东北)	南朝梁
		梁德郡治	南朝梁
		怀德县	隋
		信义县(治今市西南)	唐
		南扶州治	唐
		窦州	唐
		信宜县(1952年迁今址)	北宋
		信宜市	1995年
肇庆市	肇庆市（端州区）	高要县(治今市)	西汉
		高要郡	南朝梁
		端州	隋
		信安郡	隋
		端州	唐
		高要郡	唐
		端州	唐
		肇庆府	北宋
		肇庆路	元
		肇庆府	明、清
		高要县	1911年
		肇庆市	1949年
		注：1949年设县级市，1988年升地级市。	
	端州区（城东街道）	由原县级肇庆市改置。	1988年

续 表

	今地名	沿革变迁	
肇庆市	高要区（南岸街道）	高要县（治今肇庆市，1986年迁治今址）	西汉
		高要市	1993年
		高要区	2015年
	四会市（东城街道）	四会县（治今市）	秦
		南绥州	唐
		浈州	唐
		广四县	1959年
		四会县	1961年
		四会市	1993年
	广宁县（南街街道）	广宁县（治今址）	明
		广四县	1959年
		广宁县	1961年
	怀集县（怀城街道）	怀化县（治今县东）	东晋
		怀集县（治今址）	南朝宋
	封开县（江口街道）	初治封开街，1958年迁今址。	1952年
	德庆县（德城街道）	端溪县（治今址）	西汉
		康州	唐
		德庆府	南宋
		德庆路	元
		德庆府	明
		德庆州	明
		德庆县	1912年

续 表

	今地名	沿革变迁	
惠州市	惠州市(惠城区)	循州(治今市) 龙川郡 循州 海丰郡 循州 祯州 惠州 惠州路 惠州府 惠阳县 惠州市 注：1953年设县级市,1988年升地级市。	隋 隋 唐 唐 唐 五代南汉 北宋 元 明、清 1912年 1953年
	惠城区(龙丰街道)	由原县级惠州市改置。	1988年
	惠阳区(淡水街道)	安怀县(治今惠东县西北) 怀安县 归善县(治今惠州市东北) 惠阳县(1985年迁今址) 惠阳市 惠阳区	南朝宋 南朝齐 隋 1912年 1994年 2003年
	博罗县(罗阳街道)	治今址。	秦
	惠东县(平山街道)	治今址。	1949年
	龙门县(龙城街道)	治今址。	明

续 表

	今地名	沿革变迁	
梅州市	梅州市（梅江区）	敬州（治程乡县，今梅县区）	五代南汉
		梅州（治今市）	北宋
		梅州路	元
		梅州	元
		嘉应直隶州	清
		嘉应府	清
		嘉应州	清
		梅州	清末
		梅县	1912年
		梅州市	1978年
		梅县市	1983年
		梅州市	1988年
		注：1978年设县级市，1988年升地级市。	
	梅江区（金山街道）	治今址。	1988年
	梅县区（程江镇）	程乡县（治今梅州市）	南朝齐
		嘉应州	清
		梅县	1912年
		梅县市	1983年
		梅县（治今址）	1988年
		梅县区	2013年
	兴宁市（兴田街道）	兴宁县（治今市西北，明成化时治今址）	东晋
		兴宁市	1994年
	大埔县（湖寮镇）	义招县（治今址）	东晋
		万川县	隋
		大埔县	明
	丰顺县（汤坑镇）	初治今丰良镇，1949年迁今址。	清

续 表

	今地名	沿革变迁	
梅州市	五华县(水寨镇)	长乐县(治今县西北) 五华县(1952年迁今址)	北宋 1914年
	平远县(大柘镇)	初治今县西北仁居镇,1954年迁今址。	明
	蕉岭县(蕉城镇)	镇平县(治今址) 蕉岭县	明 1914年
汕尾市	汕尾市(城区)	由海丰、陆丰二县析置,治今址。	1988年
	城　区(香洲街道)	汕尾镇 析汕尾镇等地设置。	1950年 1988年
	陆丰市(东海街道)	陆丰县(治今址) 陆丰市	清 1995年
	海丰县(海城镇)	治今址。	东晋
	陆河县(河田镇)	由陆丰县析置,治今址。	1988年
河源市	河源市(源城区)	河源县(治今市) 河源市(地级)	南朝齐 1988年
	源城区(上城街道)	析原河源县城区设置。	1988年
	紫金县(紫城镇)	永安县(治今址) 紫金县	明 1914年

续 表

	今地名	沿革变迁	
河源市	龙川县（老隆镇）	龙川县（治今县东南）	秦
		雷乡县	唐
		龙川县	五代南汉
		循州	五代南汉
		雷江县	北宋
		龙川县	南宋
		循州治	南宋
		循州路治	元
		循州治	元
		龙川县（1912年迁治今址）	明
	连平县（元善镇）	连平县（治今址）	明
		连平州	明
		连平县	1912年
		和平县	1960年
		连平县	1962年
	和平县（阳明镇）	和平县（治今址）	明
		连平县	1959年
		和平县	1960年
	东源县（仙塘镇）	由河源市郊区改置，治今址。	1993年
阳江市	阳江市（江城区）	安宁县（治今市西）	东汉末
		高梁郡	西晋
		高凉县	南朝梁
		阳江县（治今市）	隋
		恩州	唐
		南恩州	北宋
		南恩路	元
		南恩州	元
		阳江州	清
		阳江直隶厅	清
		阳江直隶州	清
		阳江县	1912年
		两阳县	1959年
		阳江县	1961年
		阳江市（地级）	1988年

续 表

	今地名	沿革变迁	
阳江市	江城区(城北街道)	治今址。	1988年
	阳东区(东城镇)	阳东区(治今址) 阳东县 阳东区	1988年 1991年 2014年
	阳春市(春城街道)	莫阳县(治今市西南) 阳春县(治今市) 阳春郡治 春州治 南陵郡治 春州治 阳春县 两阳县 阳春县 阳春市	西晋 南朝梁 南朝梁 唐 唐 唐 北宋 1959年 1961年 1994年
	阳西县(织篢镇)	治今址。	1988年
清远市	清远市(清城区)	清远郡治 清远县(治今市) 清远市(地级)	南朝梁 隋 1988年
	清城区(东城街道)	治今址。	1988年
	清新区(太和镇)	清新县(治今址) 清新区	1992年 2012年

续 表

	今地名	沿革变迁	
清远市	英德市（英城街道）	浈阳县（治今市东） 贞阳县 浈阳县 英州治 真阳县 英德府治 英德路治 英德州 英德路 英德州 英德县（治今址） 英德市	西汉 南朝宋 南朝齐 五代南汉 北宋 南宋 元 元 元 元 明 1994年
	连州市（连州镇）	桂阳县（治今市） 阳山郡治 连州 熙平郡治 连州 连山郡治 连州 连州路治 连州 桂阳州 连州 连州直隶州 连县 连州各族自治县 连县 连州市	西汉 南朝梁 隋 隋 唐 唐 唐 元 元 元 明 清 1912年 1960年 1961年 1994年
	佛冈县（石角镇）	佛冈厅（治今址） 佛冈县	清 1914年
	阳山县（阳城镇）	初治今县东南，唐神龙初迁今址。	西汉

续　表

	今地名	沿 革 变 迁	
清远市	连山壮族瑶族自治县(吉田镇)	广德县(治今县北)	南朝梁
		广泽县	隋
		连山县	隋
		连山镇	南宋
		连山县	南宋
		连山直隶厅	清
		连山县(1946 年迁永和镇)	1912 年
		连山僮族瑶族自治县	1958 年
		连山壮族瑶族自治县(1966 年迁今址)	1965 年
	连南瑶族自治县(三江镇)	连南县(治今址)	1942 年
		连南瑶族自治区	1953 年
		连南瑶族自治县	1955 年
		连南瑶族壮族自治县	1961 年
		连南瑶族自治县	1962 年
广东省	东莞市(南城街道)	宝安县(治南头)	东晋
		东莞县(北宋开宝中迁今市)	唐
		东莞市	1985 年
	中山市(东区街道)	香山场	北宋
		香山县(治今址)	南宋
		中山县	1925 年
		中山市	1983 年
潮州市	潮州市(湘桥区)	潮州(治今市)	隋
		义安郡	隋
		潮州	唐
		潮阳郡	唐
		潮州	唐
		潮州路	元
		潮州府	明、清
		海阳县	1912 年
		潮安县	1914 年
		潮州市	1953 年
		注：1953 年为地级市，1979 年降为县级，1991 年复升地级。	

续 表

	今地名	沿 革 变 迁	
潮州市	湘桥区 （凤新街道）	治今址。	1991年
	潮安区 （庵埠镇）	海阳县（治今潮州市东北，隋开皇中迁今址） 潮安县 潮安区	东晋 1914年 2013年
	饶平县 （黄冈镇）	初治今县北三饶镇，1952年迁今址。	明
揭阳市	揭阳市 （榕城区）	揭阳县（治今市西北，南宋绍兴初迁治今址） 揭阳市（地级）	秦 1991年
	榕城区 （新兴街道）	揭阳县治 榕城区	南宋绍兴十年（1140年）后 1991年
	揭东区 （曲溪街道）	揭东县（治今址） 揭东区	1991年 2012年
	普宁市 （流沙北街道）	普安县（寄治潮阳县贵屿） 普宁县（初治今市东北，1949年迁今址） 普宁市	明 明 1993年
	揭西县 （河婆街道）	治今址。	1965年
	惠来县 （惠城镇）	海宁县（治今县西） 惠来县（治今址）	东晋 明

续　表

	今地名	沿　革　变　迁	
云浮市	云浮市 (云城区)	东安县(治今市) 云浮县 云浮市(地级)	明 1914 年 1992 年
	云城区 (云城街道)	由原县级云浮市辖地改设。	1994 年
	云安区 (六都镇)	由云浮市析置,治今址。	1996 年
	罗定市 (罗城街道)	罗定州(治今市) 罗定县 罗定市	明 1912 年 1993 年
	新兴县 (新城镇)	新兴县(治今址) 新成县 新兴县	东晋 南朝齐 南朝梁
	郁南县 (都城镇)	西宁县(治今县东) 郁南县(1951 年迁今址)	明 1914 年

广西壮族自治区

	今地名	沿革变迁	
广西壮族自治区	广西壮族自治区（南宁市）	简称桂。	
		百越(粤)	春秋、战国
		桂林郡和象郡	秦
		苍梧、郁林、合浦等郡	汉
		苍梧、桂林等郡	西晋
		晋兴、合浦等郡	南齐
		郁林、宁越等郡	隋
		岭南道	唐初
		岭南西道	唐
		广南西路	宋
		广西行中书省	元
		广西布政使司	明
		广西省(省会桂林)	清
		广西僮族自治区(首府南宁)	1958 年
		广西壮族自治区	1965 年
南宁市	南宁市（青秀区）	晋兴郡(治晋兴县,今南宁市区南。隋开皇中省兴县改宣化县)	东晋
		南晋州	唐
		邕州	唐
		朗宁郡	唐
		邕州	唐
		诚州	五代晋
		邕州(治宣化县)	五代汉
		邕州路	元
		南宁路	元
		南宁府	明
		南宁县(由宣化县改称)	1913 年
		邕宁县	1914 年
		南宁市	1946 年
		注：1946 年设市(县级),1949 年广西省会由桂林迁此,为省辖市(地级),1958 年为广西僮(壮)族自治区首府。	
	青秀区（长塘镇）	新城区	1979 年
		青秀区	2005 年

续 表

	今地名	沿革变迁	
南宁市	邕宁区 (蒲庙镇)	晋兴县(治今南宁市区南) 晋兴郡治 宣化县 南晋州治 邕州治 朗宁郡治 邕州治 诚州治 邕州治 邕州路治 南宁路治 南宁府(1913 年废府存县) 南宁县(由宣化县改称) 邕宁县(1950 年迁今址) 邕宁区	东晋 东晋 隋 唐 唐 唐 唐 五代晋 五代汉 元 元 明 1913 年 1914 年 2004 年
	武鸣区 (城厢镇)	武缘县(治今南宁市,唐迁今址) 武鸣府 武鸣县 武隆县 武鸣县 武鸣区	隋 1912 年 1913 年 1958 年 1959 年 2015 年
	横州市 (横州镇)	昌平县(治今市西南) 宁浦县 宁浦郡治 简州治 缘州治 简州治 南简州治 横州治 宁浦郡治(治今址) 横州治 横州路治 横州 横县 横州 横县 横州市	三国吴 西晋 西晋 隋 隋 唐 唐 唐 唐 唐 元 元 明 明 1912 年 2021 年

续　表

	今地名	沿革变迁	
南宁市	隆安县 (城厢镇)	隆安县(治今址) 武隆县 隆安县	明 1958 年 1959 年
	马山县 (白山镇)	由那马、隆山二县析置,治今址。	1952 年
	上林县 (大丰镇)	上林县(治今县南) 南方州治 澄州治 贺水郡治(明万历间迁今址) 澄江县 上林县 宾林县 上林县	唐 唐 唐 唐 清 清 1958 年 1959 年
	宾阳县 (宾州镇)	领方县(治今县西南) 临浦县 领方县 领方郡治 宾州治 安城郡治 领方郡治 宾州治 宾州路治 宾州治 宾县 宾阳县(1950 年迁今址) 宾林县 宾阳县	西汉 三国吴 西晋 南朝梁 唐 唐 唐 唐 元 元 清 1912 年 1958 年 1959 年

续 表

	今地名	沿革变迁	
柳州市	柳州市(柳北区)	潭中县(治今市东南)	西汉
		桂林郡	西晋
		马平郡	南朝梁
		马平县	隋
		南昆州	唐
		柳州	唐
		马平郡	唐
		柳州	唐
		柳州路	元
		柳州府(治今市)	明
		马平县	1913年
		柳州县	1931年
		柳江县	1937年
		柳州市	1946年
		注:1946年设县级市,1950年升地级市。	
	柳北区(雀儿山街道)	柳北区	1958年
		注:1960年与郊区合并,1979年复设。	
	柳江区(拉堡镇)	马平县(治今柳州市)	隋
		柳州县	1931年
		柳江县(1950年迁今址)	1937年
		柳江区	2016年
	柳城县(大埔镇)	龙城县(治今县西)	南朝梁
		龙州	南朝梁
		柳城县(明初迁今县旧柳城,1950年迁今址)	北宋
	鹿寨县(鹿寨镇)	由雒容、榴江、中渡三县和修仁县部分地区合置,治今址。	1952年
	融安县(长安镇)	析融水县地置,治今址。	1953年

续 表

	今地名	沿革变迁	
柳州市	融水苗族自治县（融水镇）	齐熙县（治今址）	南朝齐
		齐熙郡	南朝齐
		义熙县	隋
		融水县	唐
		融州治	唐
		融水郡治	唐
		融州治	唐
		融州路治	元
		融州治	元
		融县	明
		融水县	1952 年
		大苗山苗族自治区	1953 年
		大苗山苗族自治县	1955 年
		融水苗族自治县	1966 年
	三江侗族自治县（古宜镇）	怀远县（治今县西南）	北宋
		三江镇巡检司	明
		怀远县	明
		三江县（治今址）	1914 年
		三江侗族自治区	1952 年（1953 年批准）
		三江侗族自治县	1955 年

续 表

	今地名	沿革变迁	
桂林市	桂林市 (临桂区)	始安县(治今市)	西汉
		始安郡	三国吴
		始建国	南朝宋
		始安郡	南朝齐
		桂州	南朝梁
		始安郡	隋
		桂州	唐
		临桂县	唐
		桂州	唐
		始安郡	唐
		建陵郡	唐
		桂州	唐
		静江军	唐
		桂州	北宋
		静江府	南宋
		静江路	元
		桂林府(广西省会)	明
		桂林县	1913 年
		桂林市(省辖)	1940 年
		注：明、清及民国时期(1936—1949)曾为广西省省会。	
	临桂区 (临桂镇)	始安县(治今桂林市)	西汉
		临桂县	唐
		桂林县	1913 年
		临桂县(1975 年迁今址)	1940 年
		临桂区	2013 年
	荔浦市 (荔城镇)	荔浦县(治今市西)	西汉
		荔州治	唐
		荔浦县(元迁今市南,明迁今址)	唐
		荔浦市	2018 年
	阳朔县 (阳朔镇)	尚安县(治今兴坪镇)	三国吴
		熙平县	西晋
		阳朔县(治今县东北,唐迁今址)	隋

续 表

	今地名	沿革变迁	
桂林市	灵川县 (灵川镇)	初治今县东北,1962 年迁今址。	唐
	全州县 (全州镇)	湘源县(治今县西) 清湘县 全州(五代周迁今址) 全州路治 全州府治 全州 全县 全州县	隋 五代晋 五代晋 元 明 明、清 1912 年 1959 年
	兴安县 (兴安镇)	临源县(治今址) 全义县 德昌县 全义县 兴安县	唐 唐 五代晋 北宋 北宋
	永福县 (永福镇)	治今址。	唐
	灌阳县 (灌阳镇)	观阳县(治今县东) 灌阳县(治今址)	三国吴 隋
	资源县 (资源镇)	由全县、兴安二县析置,治今址。	1936 年
	平乐县 (平乐镇)	平乐县(治今县东北) 乐州治 昭州治(北宋迁今址) 平乐府治 平乐县(1952 年迁二塘,1958 年迁今址)	三国吴 唐 唐 元、明、清 1913 年

续　表

	今地名	沿革变迁	
桂林市	龙胜各族自治县(龙胜镇)	龙胜厅(治今址)	清
		龙胜县	1912 年
		龙胜各族自治区	1951 年
		龙胜各族自治县	1955 年
	恭城瑶族自治县(恭城镇)	恭城县(治今县东,明成化间迁今址)	隋末
		恭城瑶族自治县	1990 年
梧州市	梧州市(长洲区)	广信县(治今市)	西汉
		苍梧郡	西汉
		苍梧县	隋
		梧州	唐
		梧州路	元
		梧州府	明、清
		苍梧县	1913 年
		梧州市	1927 年
		注:1927 年设县级市,1950 年升地级市。	
	长洲区(大塘街道)	郊区	1951 年
		长洲区	2003 年
	岑溪市(岑城镇)	龙城县(治今县东)	唐
		南义州治	唐
		岑溪县	唐
		连城郡治	唐
		义州治	唐
		南义州治	北宋
		南仪州治	北宋
		岑溪县	北宋
		岑溪市	1995 年
	苍梧县(石桥镇)	广信县(治今梧州市)	西汉
		苍梧县(1952 年迁今址)	隋

续 表

	今地名	沿革变迁	
梧州市	藤　县 （藤州镇）	夫宁县（治今县东北） 永平县（治今址） 藤州治 永平郡治 藤州治 镡津县 藤州 藤县	东晋 隋 隋 隋 唐 唐 明 明
	蒙山县 （蒙山镇）	隋化县（治今县东南） 立山县 南恭州 蒙州治 蒙山郡治 蒙州治 永安州（治今址） 永安县 蒙山县	隋 唐 唐 唐 唐 唐 明 1912 年 1914 年
北海市	北海市 （海城区）	治今址。 注：原为合浦县属镇。1950 年由广东省划归广西省管辖，并改设北海市（地级）。1955 年复划入广东省，1958 年降县级市。1965 年划归广西壮族自治区。1983 年升地级市。	1950 年
	海城区 （中街街道）	治今址。	1984 年
	合浦县 （廉州镇）	合浦县（治今县西北） 合浦郡治 越州治 廉州治 石康县 合浦县（治今址） 廉州治 廉州路治 廉州府治 合浦县 注：原属广东省，1965 年划归广西壮族自治区。	西汉 西汉 唐 唐 北宋 北宋 北宋 元 明 1912 年

续 表

	今地名	沿革变迁	
防城港市	防城港市 (港口区)	防城县(治今市) 防城各族自治县 防城区 防城港市 注:1965 年由广东省划归广西壮族自治区。	清 1978 年 1985 年 1993 年
	港口区 (渔洲坪街道)	防城港管理区 港口区	1985 年 1993 年
	东兴市 (东兴镇)	十万山僮族瑶族自治县(治今市) 东兴各族自治县 防城各族自治县 防城港市 东兴市 注:原属广东省,1965 年划归广西壮族自治区。	1957 年 1958 年 1978 年 1993 年 1996 年
	上思县 (思阳镇)	上思州(治今县东南,明迁今址) 上思直隶厅 上思县	唐 清 1913 年
钦州市	钦州市 (钦南区)	安京县(治今市北) 安京郡 保京县 安京县 安远县 钦州(治今址) 钦州路治 钦州府治 钦州治 钦县 钦州僮族自治县 钦州县 钦州市(地级) 注:原属广东省,1965 年划归广西壮族自治区。	南朝梁 南朝梁 唐 北宋 北宋 南宋 元 明 明 1912 年 1964 年 1965 年 1983 年

续 表

	今地名	沿革变迁	
钦州市	钦南区（水东街道）	治今址。	1994年
	灵山县（灵城街道）	南宾县（治今县西） 灵山县（治今址） 注：原属广东省，1952年划入广西省，1955年复归广东省，1965年划归广西壮族自治区。	隋 唐
	浦北县（小江街道）	由合浦县析置，治今址。1959年撤销，1965年复置。	1952年
贵港市	贵港市（港北区）	阴平县（治今市） 郁平县 贵州治 郁林县 贵州治 贵县 贵港市 注：1988年设县级市，1995年升地级市。	三国吴 西晋 唐 北宋 北宋 明 1988年
	港北区（贵城街道）	治今址。	1995年
	桂平市（西山镇）	桂平县（治今市西） 桂平郡治 浔州治（北宋桂平县迁今址） 浔州路治 浔州府治 桂平县 桂平市	隋 隋 唐 元 明 1913年 1994年
	平南县（平南街道）	治今址，为龚州治。	唐

续　表

	今地名	沿革变迁	
玉林市	玉林市 （玉州区）	南流县(治今市) 义州 智州 牢州 郁林州 郁林府 郁林县 玉林县 玉林市 注：1983年设县级市,1997年升地级市。	唐 唐 唐 唐 北宋 1912年 1913年 1956年 1983年
	玉州区 （玉城街道）	由原县级玉林市改置,治今区。	1997年
	北流市 （陵城街道）	北流郡(治今市) 北流县 铜州治 容州治 北流县 北流市	南朝齐 南朝梁 唐 唐 唐 1994年
	容　县 （容州镇）	荡昌县(治今址) 阴石县 奉化县 普宁县 容州 容县	西晋 南朝梁 隋 隋 唐 明
	陆川县 （温泉镇）	陆川县(治今县北) 罗辩县 陆川县(北宋淳化中迁今址)	南朝梁 唐 唐

续表

	今地名	沿革变迁	
玉林市	博白县 （博白镇）	博白县（治今址） 白州治 博白县	唐 唐 南宋
玉林市	兴业县 （石南镇）	兴业县（治今址） 郁林州 兴业县	唐 北宋 北宋
百色市	百色市 （右江区）	百色厅（治今市） 百色直隶厅 百色府 百色县 百色市 注：1983 年设县级市，2002 年升地级市。	清 清 1912 年 1913 年 1983 年
百色市	右江区 （百城街道）	由原县级百色市改置，治今区。	2002 年
百色市	田阳区 （田州镇）	奉议州（治今区东南） 奉议卫 奉议州 奉议县 田阳县（治今址） 田阳区	北宋 明 明 1912 年 1936 年 2019 年
百色市	平果市 （马头镇）	平果县 平果市 附：① 思林县—1918 年置，治今平果县北，1935 年改平治县，1952 年与果德县合置平果县。 ② 果德县—1915 年置，治今平果县马头镇，1952 年与平治县合置平果县。	1952 年 2019 年

续 表

	今地名	沿 革 变 迁	
百色市	靖西市 (新靖镇)	归顺州(治今县西南) 归顺直隶州(治今址) 归顺府 靖西县 靖西市	元 清 1912 年 1913 年 2015 年
	田东县 (平马镇)	恩隆县(治今址) 田东县	清 1936 年
	德保县 (城关镇)	由敬德、天保二县合置,治今址。 附:① 天保县—清乾隆三年(1738 年)置,治今德保县城关镇,为镇安府治。1952 年与敬德县合置德保县。 ② 敬德县—1936 年改恩阳县置,治今德保县西北敬德镇。1952 年与天保县合置德保县。	1952 年
	那坡县 (城厢镇)	镇边县(治今址) 睦边县 那坡县	清 1953 年 1965 年
	凌云县 (泗城镇)	凌云县(治今址) 泗城府治 凌乐县 凌云县	清 清 1952 年 1962 年
	乐业县 (同乐镇)	乐业县(治今址) 凌乐县 乐业县	1936 年 1952 年 1962 年
	田林县 (乐里镇)	田西县(治今县西北) 田林县(治今址)	1936 年 1952 年
	西林县 (八达镇)	初治今田林县西,1963 年迁今址。	清

续 表

	今地名	沿革变迁	
百色市	隆林各族自治县（新州镇）	西隆县（治今址）	1913年
		隆林各族自治区	1953年（1952年批准）
		隆林各族联合自治区	1953年
		隆林各族自治县	1955年
贺州市	贺州市（八步区）	临贺县（治今市东南）	西汉
		贺州	隋
		临贺县	隋
		贺州	唐
		临贺郡	唐
		贺州	唐
		贺县（1952年迁今市）	明
		贺州市	1997年
		注：1997年设县级市，2002年升地级市。	
	八步区（八步街道）	由原县级贺州市改置，治今区。	2002年
	昭平县（昭平镇）	龙平县（治今址）	南朝梁
		静州	南朝梁
		梁寿郡	南朝梁
		静慰郡	南朝梁
		静州	唐
		富州	唐
		开江郡	唐
		富州	唐
		昭平县	北宋
		龙平县	南宋
		平乐县	明
		昭平县	明
	钟山县（钟山镇）	钟山县（治今址）	1916年
		富钟县	1953年
		钟山县	1962年

续 表

	今地名	沿革变迁	
贺州市	富川瑶族自治县 (富阳镇)	富川县(治今钟山县) 富水县 富川县(明洪武中迁今址) 富钟县 富川县 富川瑶族自治县	西汉 唐 唐 1953年 1962年 1984年
河池市	河池市 (宜州区)	河池县(治今河池镇) 怀德县 庭州治 河池县 河池州 河池县(1953年迁今址) 河池市(县级) 注:2002年升地级河池市。	北宋 北宋 北宋 北宋 明 1912年 1983年
	宜州区 (庆远镇)	龙水县(治今区) 宜州 龙水郡治 宜山县 庆远府治 庆远路治 庆远府治 宜山县 宜州市 宜州区	唐 唐 唐 北宋 南宋 元 明、清 1913年 1993年 2016年
	金城江区 (金城江街道)	由县级河池市改置,治今区。	2002年

续 表

	今地名	沿革变迁	
河池市	南丹县 (城关镇)	南丹州(治今址) 观州 南丹州 南丹安抚司 南丹州 南丹卫 南丹土州 南丹县	北宋 北宋 北宋 元 明 明 明 1924 年
	天峨县 (六排镇)	初治今县天峨圩,1953 年迁今址。	1936 年
	凤山县 (凤城镇)	以凤山土州改置,治今址。	1926 年
	东兰县 (东兰镇)	兰州(治今县东南) 东兰州 东兰土州(治今址) 东兰县	北宋 元 明 1912 年
	罗城仫佬族自治县 (东门镇)	罗城县(治今县北) 融水县 罗城县(治今址) 罗城仫佬族自治县	北宋 北宋 明 1984 年(1983 年批准)
	环江毛南族自治县 (思恩镇)	环江县(治今县西北,1956 年迁今址) 环江毛南族自治县	1952 年 1987 年(1986 年批准)
	巴马瑶族自治县 (巴马镇)	万冈县(治今址) 巴马瑶族自治县	1935 年 1956 年(1955 年批准)

续 表

	今地名	沿革变迁	
河池市	都安瑶族自治县(安阳镇)	都安县(治今址)	1915年
		都安瑶族自治县	1955年
	大化瑶族自治县(大化镇)	由都安、巴马、马山三县析置,治今址。	1987年
来宾市	来宾市(兴宾区)	来宾县(治旧来宾)	唐
		严州	唐
		循德郡	唐
		严州	唐
		来宾县(治今市)	1952年
		来宾市(地级)	2002年
	兴宾区(城东街道)	由来宾县改置,治今区。	2002年
	合山市(岭南镇)	由来宾县析置,治今址。	1981年
	忻城县(城关镇)	忻城县(治今址)	唐
		芝州	唐
		忻城郡	唐
		芝州	唐
		忻城土县	明
		忻城县	1928年
	象州县(象州镇)	阳寿县(治今址)	隋
		象州	唐
		象州路	元
		象州	元
		象县	1912年
		石龙县	1953年
		象州县	1960年

续 表

	今地名	沿革变迁	
来宾市	武宣县 (武宣镇)	武仙县(治今县东) 武宣县(治今址)	唐 明
	金秀瑶族自治县 (金秀镇)	金秀设治局(治今址) 大瑶山瑶族自治区 大瑶山瑶族自治县 金秀瑶族自治县	1942年 1952年 1955年 1966年
崇左市	崇左市 (江州区)	崇善县(治今市西北) 太平府(治今市) 左县(治左州镇) 崇左县(治今市) 左江县 崇左县 崇左市(地级)	北宋 明 1912年 1952年 1958年 1959年 2002年
	江州区 (江南街道)	由崇左县改置,治今区。	2002年
	凭祥市 (凭祥镇)	凭祥峒(治今市) 凭祥镇 凭祥县 凭祥州 凭祥厅 凭祥县 凭祥镇(县级,治今市) 凭祥市 睦南县 凭祥市	北宋 明 明 明 清 1912年 1955年 1956年 1958年 1961年
	扶绥县 (新宁镇)	扶绥县(治今址) 左江县 扶绥县	1952年 1958年 1959年

续 表

	今地名	沿革变迁
崇左市	宁明县 (城中镇)	思明州(治今县东) 唐 思明路(治今址) 元 思明府 明 宁明州 清 宁明县 1912年 睦南县 1958年 宁明县 1959年
	龙州县 (龙州镇)	龙州(治今县东北) 唐 龙州万户府(治今址) 元 龙州 明 龙州厅 清 龙州县 1913年 龙津县 1937年 丽江县 1952年 龙津县 1953年 睦南县 1958年 龙津县 1959年 龙州县 1961年
	大新县 (桃城镇)	大新县(治今址) 1952年 新英县 1958年 大新县 1959年 附:① 万承县—1929年改万承州置,治今大新县东北。1952年与养利、雷平二县合置大新县。 ② 养利县—1912年改养利州置,治今大新县。1952年与万承、雷平二县合置大新县。 ③ 雷平县—1928年置,治今大新县西南。1952年与万承、养利二县合置大新县。

续 表

	今地名	沿 革 变 迁
崇左市	天等县 (天等镇)	镇向县(治今址) 1951 年 镇都县 1952 年 天等县 1957 年 新英县 1958 年 天等县 1959 年 附:① 镇结县—1916 年置,治今天等县东北。1951 年与向都县合置镇向县。 ② 向都县—1917 年置,治今天等县西北。1951 年与镇结县合置镇向县,1952 年与镇向县、龙茗县合置镇都县。 ③ 龙茗县—1916 年置,治今天等县西南。1952 年与镇向县合置镇都县。

海　南　省

	今地名	沿　革　变　迁	
海南省	海南省（海口市）	简称琼。	
		象郡	秦
		珠崖、儋耳二郡	西汉
		崖州	南朝梁
		珠崖、儋耳、临振三郡	隋
		崖、振、儋、琼、万安五州	唐
		琼州、崖州	北宋
		昌化军、朱崖军、万安军	北宋
		南宁军	南宋
		乾宁军民安抚司	元
		乾宁安抚司	元
		海北海南道宣慰司	元
		琼州府	明
		琼崖道	1912 年
		海口市	1926 年
		海南特别行政区	1948 年
		琼崖专区	1949 年
		海南行政区	1950 年
		海南省（省会海口市）	1988 年
		注：海南岛名由元代起始。明洪武元年（1368 年）改为琼州府，降南宁、万安、吉阳三军为万、崖、儋三州，属琼州府，隶广西行中书省。二年海南海北道所领均属广东。清袭明制。明、清将西沙群岛、中沙群岛和南沙群岛划归琼州府管辖。1912 年设琼崖道。1920 年废道，属广东省。1926 年置海口市。1948 年设海南特别行政区，直隶行政院。1949 年属广东省琼崖专区。1950 年海南岛解放，琼崖专区改设海南行政区。1952 年析置海南黎族苗族自治区，1955 年改自治州。1988 年由广东省析设海南省，省会海口市。	
海口市	海口市（龙华区）	海口浦	宋
		海口镇（治今市）	1912 年
		海口市	1926 年
		注：1926 年设县级市，1950 年升地级市，1958 年降为县级市，1975 年复为地级市。原属广东省。1988 年海南建省，为海南省会。	

续 表

<table>
<tr><th></th><th>今地名</th><th colspan="2">沿 革 变 迁</th></tr>
<tr><td rowspan="2">海口市</td><td>龙华区
(金贸街道)</td><td>关龙乡
新华区
龙华区</td><td>1947 年
1982 年
2002 年</td></tr>
<tr><td>琼山区
(府城街道)</td><td colspan="2">琼山县(治今区东南) 隋
琼州治 唐
琼山县(北宋迁今址) 唐
琼山市 1994 年
琼山区 2002 年

注：原属广东省，1988 年起属海南省。</td></tr>
<tr><td rowspan="3">三亚市</td><td>三亚市
(吉阳区)</td><td colspan="2">临振县(治今市崖州区) 西汉
宁远县 隋
临振郡治 隋
振州 唐
延德郡治 唐
振州 唐
崖州 北宋
珠崖军 北宋
吉阳军 北宋
崖州 明
崖州直隶州 清
崖县(1951 年迁今市) 1912 年
三亚市 1984 年

注：1984 年设县级市，1987 年升地级市。原属广东省，1988 年起属海南省。</td></tr>
<tr><td>吉阳区
(迎宾路)</td><td>由原河东区、吉阳镇撤并设置。</td><td>2014 年</td></tr>
<tr><td>崖州区
(水南大道)</td><td>崖州(治今址)
崖县(1951 年迁今三亚市)
崖州区</td><td>明
1912 年
2014 年</td></tr>
</table>

续 表

	今地名	沿 革 变 迁	
三沙市	三沙市 (西沙区)	治今永兴岛永兴镇。	2012 年
		注：2012 年 6 月国务院批准撤销海南省西沙群岛、南沙群岛、中沙群岛办事处，设立三沙市(地级)。管辖西沙群岛、南沙群岛、中沙群岛的岛礁及其海域。	
	西沙区 (永兴岛)	治今址。	2020 年
	南沙区 (永署礁)	治今址。	2020 年
海南省	儋州市 (那大镇)	儋耳县(治今市西北)	西汉
		儋耳郡治	西汉
		义伦县	南朝梁
		崖州治	南朝梁
		珠崖郡治	隋
		儋耳郡治	隋
		儋州治	唐
		昌化郡治	唐
		儋州治	唐
		宜伦县	北宋
		儋州	明
		儋县(1959 年迁今址)	1912 年
		儋州市	1993 年
		注：原属广东省，1988 年起属海南省，2015 年升地级市。	
	五指山市 (通什镇)	通什镇(治今址)	1955 年
		红旗镇	1966 年
		通什镇	1981 年
		通什市	1986 年
		五指山市	2001 年
		注：原属广东省，1988 年起属海南省。	

续 表

	今地名	沿革变迁	
海南省	琼海市 (嘉积镇)	琼海县(治今市) 琼海市 注：原属广东省,1988年起属海南省。	1959年 1992年
	文昌市 (文城镇)	平昌县(治今市西北) 文昌县(元至顺初迁今址) 文昌市 注：原属广东省,1988年起属海南省。	唐 唐 1995年
	万宁市 (万城镇)	万安县(治今市北旧州) 万安州治 万全县 万安县 万安州治 万宁县 万安军治 万安县(治今址) 万安军治 万州 万县 万宁县 琼海县 万宁县 万宁市 注：原属广东省,1988年起属海南省。	唐 唐 唐 唐 唐 五代南汉 北宋 南宋 南宋 明 清 1914年 1959年 1960年 1996年
	东方市 (八所镇)	东方县(治今东方镇,1961年迁今址) 东方黎族自治县 东方市 注：原属广东省,1988年起属海南省。	1952年 1987年 1997年

续 表

	今地名	沿 革 变 迁	
海南省	定安县 (定城镇)	定安县(治今县南) 南建州(治今址) 定安县 定昌县 定安县 注:原属广东省,1988年起属海南省。	元 元 明 1959年 1961年
	屯昌县 (屯城镇)	新民县(治今址) 屯昌县 定昌县 屯昌县 注:原属广东省,1988年起属海南省。	1947年 1952年 1959年 1961年
	澄迈县 (金江镇)	初治今县西北老城,清光绪中迁今址。 注:原属广东省,1988年起属海南省。	隋
	临高县 (临城镇)	临机县(治今县东北) 临高县(南宋绍兴初迁今址) 注:原属广东省,1988年起属海南省。	唐 唐
	白沙黎族自治县 (牙叉镇)	白沙县(治今址) 白沙黎族自治县 注:原属广东省,1988年起属海南省。	1936年 1987年
	昌江黎族自治县 (石碌镇)	昌化县(治今县旧城) 昌江县 昌感县 昌江县(治今址) 昌江黎族自治县 注:原属广东省,1988年起属海南省。	隋 1914年 1950年 1961年 1987年

续 表

	今地名	沿 革 变 迁	
海南省	乐东黎族自治县（抱由镇）	乐安营（治今县南老乐城） 乐东县（治今址） 乐东黎族自治县 注：原属广东省，1988年起属海南省。	明 1936年 1987年
	陵水黎族自治县（椰林镇）	陵水县（治今县东北，明正统间迁今址） 陵水黎族自治县 注：原属广东省，1988年起属海南省。	隋 1987年
	保亭黎族苗族自治县（保城镇）	保亭县（治今址） 保亭黎族苗族自治县 注：原属广东省，1988年起属海南省。	1936年 1987年
	琼中黎族苗族自治县（营根镇）	琼中县（治今县中平镇，1959年迁今址） 琼中黎族苗族自治县 注：原属广东省，1988年起属海南省。	1948年 1987年

重 庆 市

<table>
<tr><th></th><th>今地名</th><th colspan="2">沿 革 变 迁</th></tr>
<tr><td rowspan="17">重
庆
市</td><td rowspan="17">重庆市
（渝中区）</td><td colspan="2">简称渝，商、周为巴国都。</td></tr>
<tr><td>巴国</td><td>商、周</td></tr>
<tr><td>巴郡（治今市）</td><td>战国秦</td></tr>
<tr><td>永宁郡</td><td>东汉</td></tr>
<tr><td>巴郡</td><td>东汉</td></tr>
<tr><td>楚州</td><td>南朝梁</td></tr>
<tr><td>渝州</td><td>隋</td></tr>
<tr><td>巴郡</td><td>隋</td></tr>
<tr><td>渝州</td><td>唐</td></tr>
<tr><td>南平郡</td><td>唐</td></tr>
<tr><td>渝州</td><td>唐</td></tr>
<tr><td>恭州</td><td>北宋</td></tr>
<tr><td>重庆府</td><td>南宋</td></tr>
<tr><td>重庆路</td><td>元</td></tr>
<tr><td>重庆府</td><td>明、清</td></tr>
<tr><td>重庆市（四川省辖，今为中央直辖）</td><td>1927 年</td></tr>
<tr><td colspan="2">注：① 1927 年设重庆市（四川省辖），1937 年国民政府迁此。1939 年升为院辖市。1940 年定为“陪都”。1950 年为中央直辖市，并置川东行署区。1954 年为四川省辖市（地级）。1997 年升中央直辖市。
② 川东行署区—1950 年由四川省东部分置，行署驻今重庆市。1952 年撤销，与川西、川南、川北三行署区合并复为四川省。1997 年原辖区划属重庆市。</td></tr>
<tr><td></td><td rowspan="4">渝中区
（七星岗
街道）</td><td>重庆市一区</td><td>1950 年</td></tr>
<tr><td></td><td>市中区</td><td>1955 年</td></tr>
<tr><td></td><td>渝中区</td><td>1994 年</td></tr>
<tr><td></td><td colspan="2">注：1950 年为重庆市第一区，1955 年改市中区，1994 年改渝中区。今为重庆市辖区。</td></tr>
</table>

续 表

	今地名	沿 革 变 迁	
重庆市	万州区 （陈家坝街道）	羊渠县(治今区东南)	东汉
		南浦县(治今址)	三国蜀汉
		鱼泉县	西魏
		安乡县	北周
		万川县	北周
		万川郡	北周
		南浦县	隋
		浦州	唐
		万州	唐
		南浦郡	唐
		万州	唐
		万县	明
		万县市	1928 年
		万县	1935 年
		万县市	1950 年
		万县区	1997 年
		万州区	1998 年
		注：原属四川省(1950—1952 年曾属川东行署区)，1997 年直属重庆市。	
	涪陵区 （荔枝街道）	枳县(治今区东北，三国蜀汉迁今址)	秦
		涪郡	东晋
		涪陵镇	北周
		汉平县	隋
		涪陵县	隋
		涪州	唐
		涪陵郡	唐
		涪州	唐
		涪陵县	1913 年
		涪陵市	1983 年
		涪陵区	1997 年
		注：原属四川省(1950—1952 年曾属川东行署区)，1997 年直属重庆市。	

续 表

	今地名	沿 革 变 迁	
重庆市	大渡口区(新山村街道)	1965年设置,为重庆市辖区。	1965年
	江北区(寸滩街道)	重庆市五区 重庆市二区 江北区 注:1935年设重庆市第五区,1950年为重庆市第二区,1955年改今名。今为重庆市辖区。	1935年 1950年 1955年
	沙坪坝区(覃家岗街道)	重庆市三区 沙坪坝区 注:1950年为重庆市第三区,1955年改今名。今为重庆市辖区。	1950年 1955年
	九龙坡区(杨家坪街道)	重庆市四区 九龙坡区 注:1950年为重庆市第四区,1955年改今名。今为重庆市辖区。	1950年 1955年
	南岸区(天文街道)	重庆市四区 重庆市五区 南岸区	1935年 1952年 1955年
	北碚区(北温泉街道)	北碚管理局(治今址) 北碚市 重庆市六区 北碚区	1942年 1951年 1953年 1955年
	綦江区(古南街道)	綦江长官司(治今区) 綦江县 綦江区 注:① 原属四川省(1950—1952年曾属川东行署区),1997年直属重庆市。2011年重庆市万盛区和綦江县撤销,设立綦江区。为重庆市辖区。 ② 万盛区—1955年设南桐矿区,并设南桐煤矿管理局。1993年改置万盛区,治万盛街道。2011年撤销并入綦江区。	元 元末 2011年

续　表

	今地名	沿革变迁
重庆市	大足区 （棠香街道）	大足县（治今区）　唐 大足区　2011 年 注：原属四川省（1950—1952 年曾属川东行署区），1997 年直属重庆市。
	渝北区 （两路街道）	枳县（治今区东）　东晋 枳城郡　东晋 江北镇　明 江北厅　清 江北县（1940 年迁今址）　1913 年 渝北区　1994 年 注：原属四川省（1950—1952 年曾属川东行署区），1997 年直属重庆市。
	巴南区 （龙洲湾街道）	江州县（治今重庆市）　秦 巴郡治　秦 垫江县　南朝齐 巴县　北周 渝州治　隋、唐 恭州治　北宋 重庆府治　南宋 重庆路治　元 重庆府治　明、清 巴县（1954 年迁今址）　1913 年 巴南区　1994 年 注：原属四川省（1950—1952 年曾属川东行署区），1997 年直属重庆市。

续　表

	今地名	沿　革　变　迁
重庆市	黔江区 (城西街道)	丹兴县(治今区东)　东汉 石城县　隋 黔江县(治今址)　唐 黔江厅　清 黔彭厅　清 黔江县　清 黔江土家族自治县　1984年 黔江开发区　1997年 黔江区　2000年 注：原属四川省(1950—1952年曾属川东行署区),1997年直属重庆市。
	长寿区 (菩提街道)	乐温县(治今区东北)　唐 涪州　元 长寿县(治今址)　元末 长寿区　2001年 注：原属四川省(1950—1952年曾属川东行署区),1997年直属重庆市。
	江津区 (几江街道)	江州县(治今区东北)　南朝齐 江阳县　西魏 江津县(北宋迁今址)　隋 江津市　1992年 江津区　2006年 注：原属四川省(1950—1952年曾属川东行署区),1997年直属重庆市。

续 表

	今地名	沿革变迁	
重庆市	合川区 （南津街街道）	垫江县（治今区）	秦（一说西汉）
		宕渠县	南朝宋
		东宕渠郡治	南朝宋
		石镜县	西魏
		垫江郡治	西魏
		合州治	西魏
		涪州治	隋
		涪陵郡治	隋
		合州治	唐
		巴川郡治	唐
		合州治	唐
		仙览县	五代晋
		石镜县	五代晋
		石照县	北宋
		合州治	北宋
		合川县	1913 年
		合川市	1952 年
		合川县	1957 年
		合川市	1992 年
		合川区	2006 年
		注：原属四川省（1950—1952 年曾属川东行署区），1997 年直属重庆市。	
	永川区 （中山路街道）	永川县（治今区）	唐
		永川市	1992 年
		永川区	2006 年
		注：原属四川省（1950—1952 年曾属川东行署区），1997 年直属重庆市。	
	南川区 （东城街道）	隆化县（治今区）	唐
		宾化县	唐
		隆化县	北宋
		南川县	元
		南川市	1994 年
		南川区	2006 年
		注：原属四川省（1950—1952 年曾属川东行署区），1997 年直属重庆市。	

续 表

	今地名	沿革变迁	
重庆市	璧山区 (璧城街道)	璧山县(治今区) 璧山区 注:原属四川省(1950—1952年曾属川东行署区),1997年直属重庆市。	唐 2014年
	铜梁区 (巴川街道)	铜梁县(治今区) 铜梁区 注:原属四川省(1950—1952年曾属川东行署区),1997年直属重庆市。	唐 2014年
	潼南区 (桂林街道)	东安县(治今区) 潼南县 潼南区 注:原属四川省(1950—1952年曾属川北行署区),1997年直属重庆市。	1913年 1914年 2015年
	荣昌区 (昌元街道)	昌元县(治今区东北) 昌州治 昌宁县 荣昌县(治今区) 荣昌区 注:原属四川省(1950—1952年曾属川东行署区),1997年直属重庆市。	唐 唐 元末 明 2015年
	开州区 (汉丰街道)	汉丰县(治今区南) 永宁县 盛山县 开江县(治今址) 开州治 开县 开州区 注:原属四川省(1950—1952年曾属川东行署区),1997年直属重庆市。	东汉 北周 隋 唐 唐 明 2016年

续 表

	今地名	沿 革 变 迁	
重庆市	梁平区 （梁山街道）	梁山县（治今区西）	北周
		梁山军（治今址）	北宋
		梁山州	元
		梁山县	明
		梁平县	1952年
		梁平区	2016年
		注：原属四川省（1950—1952年曾属川东行署区），1997年直属重庆市。	
	武隆区 （芙蓉街道）	武龙县（治今区西北）	唐
		枳县	北宋
		武龙县	南宋
		武隆县	明
		武隆镇	清
		武隆巡检司	清
		涪陵分县	1912年
		武隆设治局	1941年
		武隆县（治今址）	1944年
		武隆区	2016年
		注：原属四川省（1950—1952年曾属川东行署区），1997年直属重庆市。	
	城口县 （葛城街道）	城口厅（治今县）	清
		城口县	1913年
		注：原属四川省（1950—1952年曾属川东行署区），1997年直属重庆市。	
	丰都县 （三合街道）	平都县（治今县名山镇）	东汉
		丰都县	隋
		酆都县	明
		丰都县（2003年迁今址）	1958年
		注：原属四川省（1950—1952年曾属川东行署区），1997年直属重庆市。	

续　表

	今地名	沿革变迁	
重庆市	垫江县（桂阳街道）	垫江县(治今址)	西魏
		魏安县	北周
		垫江县	隋
		注：原属四川省(1950—1952年曾属川东行署区),1997年直属重庆市。	
	忠　县（忠州街道）	临江县(治今址)	西汉
		临江郡	南朝梁
		临州	西魏
		忠州	唐
		咸淳府	南宋
		忠州	元
		忠州直隶州	清
		忠县	1913年
		注：原属四川省(1950—1952年曾属川东行署区),1997年直属重庆市。	
	云阳县（双江街道）	朐忍县(治今县西)	秦
		朐腮县	西晋
		云安县(治今县云阳镇)	北周
		云安军	北宋
		云阳州	元
		云阳县(2005年迁今址)	明
		注：原属四川省(1950—1952年曾属川东行署区),1997年直属重庆市。	
	奉节县（永安街道）	鱼复县(治今县东白帝城)	西汉(一说秦)
		巴东郡治	东汉
		永安县	三国蜀汉
		鱼复县	西晋
		人复县	西魏
		奉节县	唐
		夔州治	唐
		夔州路治(治今址)	北宋
		夔州府治	明
		夔州	明
		夔州府	明
		奉节县	明
		注：原属四川省(1950—1952年曾属川东行署区),1997年直属重庆市。	

续 表

<table>
<tr><th></th><th>今地名</th><th colspan="2">沿 革 变 迁</th></tr>
<tr><td rowspan="19">重
庆
市</td><td rowspan="4">巫山县
（高唐街道）</td><td>巫郡（治今县）</td><td>战国楚</td></tr>
<tr><td>巫县</td><td>战国秦</td></tr>
<tr><td>巫山县</td><td>隋</td></tr>
<tr><td colspan="2">注：原属四川省（1950—1952 年曾属川东行署区），1997 年直属重庆市。</td></tr>
<tr><td rowspan="5">巫溪县
（柏场街道）</td><td>大宁监（治今县）</td><td>北宋</td></tr>
<tr><td>大宁州</td><td>元</td></tr>
<tr><td>大宁县</td><td>明</td></tr>
<tr><td>巫溪县</td><td>1914 年</td></tr>
<tr><td colspan="2">注：原属四川省（1950—1952 年曾属川东行署区），1997 年直属重庆市。</td></tr>
<tr><td rowspan="10">石柱土家族自治县
（南宾街道）</td><td>石砫安抚司（治今县东）</td><td>南宋</td></tr>
<tr><td>石砫军民安抚司</td><td>元</td></tr>
<tr><td>石砫宣抚司</td><td>明</td></tr>
<tr><td>石砫宣慰司</td><td>明</td></tr>
<tr><td>石砫厅</td><td>清</td></tr>
<tr><td>石砫直隶厅</td><td>清</td></tr>
<tr><td>石砫县（治今址）</td><td>1913 年</td></tr>
<tr><td>石柱县</td><td>1959 年</td></tr>
<tr><td>石柱土家族自治县</td><td>1984 年（1983 年批准）</td></tr>
<tr><td colspan="2">注：原属四川省（1950—1952 年曾属川东行署区），1997 年直属重庆市。</td></tr>
<tr><td></td><td rowspan="3">秀山土家族苗族自治县
（中和街道）</td><td>秀山县（治今县西，寻迁今址）</td><td>清</td></tr>
<tr><td></td><td>秀山土家族苗族自治县</td><td>1983 年</td></tr>
<tr><td></td><td colspan="2">注：原属四川省（1950—1952 年曾属川东行署区），1997 年直属重庆市。</td></tr>
</table>

续　表

	今地名	沿革变迁	
重庆市	酉阳土家族苗族自治县(钟多街道)	酉阳州(治今址)	元
		酉阳宣抚司	明
		酉阳宣慰司	明
		酉阳直隶州	清
		酉阳县	1913 年
		酉阳土家族苗族自治县	1983 年
		注:原属四川省(1950—1952 年曾属川东行署区),1997 年直属重庆市。	
	彭水苗族土家族自治县(汉葭街道)	涪陵县(治今址)	西汉
		涪陵郡治	东汉
		彭水县(治今县东北)	隋
		黔安郡治	隋
		黔州治(治今址)	唐
		绍庆府	南宋
		彭水苗族土家族自治县	1984 年(1983 年批准)
		注:原属四川省(1950—1952 年曾属川东行署区),1997 年直属重庆市。	

四　川　省

	今地名	沿　革　变　迁
四川省	四川省 （成都市）	简称川或蜀。 巴、蜀等国　春秋、战国 巴、蜀二郡　秦 巴、蜀、广汉、犍为等郡　西汉 巴、蜀、广汉、越嶲等郡　东汉 蜀汉　三国 梁、益二州　西晋 蜀、巴、汶山等郡　隋 剑南道　唐 西川路和峡路　宋 益、梓、利、夔四州路　宋 四川路　宋 四川行中书省　元 四川布政使司　明 四川省（省会成都）　清 川东、川西、川南、川北四行署区　1950 年 四川省（省会成都）　1952 年 注：① 清为四川省，治成都府（今成都市）。1939 年西部雅安、西昌等地析出，与西藏昌都地区合并，设置西康省。1950 年撤销四川省，分设川东、川西、川南、川北四行署区和重庆市。1952 年川东、川西、川南、川北四行署区撤销，恢复四川省。1955 年西康省撤销，将金沙江以东地区并入。1997 年重庆升设中央直辖市，所属行政区域一并划出。 ② 川西行署区—1950 年由四川省西部分置，行署驻今成都市。1952 年撤销，与川东、川南、川北三行署区合并复为四川省。 ③ 川南行署区—1950 年由四川省南部分置，行署驻今泸州市。1950 年撤销，与川东、川西、川北三行署区合并复为四川省。 ④ 川北行署区—1950 年由四川省北部分置，行署驻今南充市。1952 年撤销，与川东、川西、川南三行署区合并复为四川省。 ⑤ 西康省—1914 年设川边特别区，1928 年改西康省。1935 年设西康建省委员会，1939 年划入四川省的雅安、西昌等县正式建制。省会雅安。1950 年金沙江以西改设昌都地区。1955 年西康省撤销，金沙江以东地区划归四川省。1956 年昌都地区划归西藏自治区。

续 表

	今地名	沿革变迁	
成都市	成都市(武侯区)	五代时前、后蜀均都此。孟蜀后主时,成都城上遍植芙蓉,因名芙蓉城,简称蓉城。	
		成都县(治今市)	战国秦
		蜀郡治	战国秦
		益州治	东汉
		蜀郡治	隋
		益州治	唐
		蜀县	唐
		益州治	唐
		蜀郡治	唐
		成都府	唐
		南京	唐
		华阳县	唐
		益州	北宋
		成都府	北宋
		益州	北宋
		成都府	北宋
		益州路	北宋
		成都府路	北宋
		成都路	元
		成都府(四川省会)	明、清
		成都县	1913 年
		华阳县	1913 年
		成都市(省辖,四川省会)	1930 年
		注:1950—1952 年川西行政公署驻此,1952 年成都县撤销并入,成都市复为四川省会、地级市。	
	武侯区(浆洗街街道)	治今址。	1990 年
	新都区(新都街道)	新都县(治今区城东)	西汉
		始康郡	南朝梁
		兴乐县(治今区)	隋
		新都县	唐
		新都区	2001 年
		注:1950—1952 年曾属川西行政区。	

续 表

	今地名	沿革变迁	
成都市	温江区 （柳城街道）	温江县（治今区） 万春县 温江县 温江区 注：1950—1952 年曾属川西行署区。	西魏 隋 唐 2002 年
	双流区 （东升街道）	广都县（治今区东南） 双流县（治今区） 双流区 注：1950—1952 年曾属川西行署区。	西汉 隋 2015 年
	郫都区 （郫筒街道）	郫县（治今区） 郫都区 注：古为蜀国杜宇都城。秦灭蜀国置郫县，治今址。1950—1952 年曾属川西行署区。	秦 2016 年
	新津区 （五津街道）	新津县 新津区 注：1950—1952 年曾属川西行署区。	北周 2020 年
	都江堰市 （灌口街道）	都安县（治今市东南） 汶山县 盘龙县（治今市） 灌宁县 导江县 灌宁县 导江县 灌州 灌县 都江堰市 注：1950—1952 年曾属川西行政区。	三国蜀汉 北周 唐 唐 唐 唐 唐 元 明 1988 年

续 表

	今地名	沿革变迁	
成都市	彭州市（天彭街道）	晋寿县(治今市西北)	南朝宋
		南晋寿郡治	南朝宋
		南晋寿县	南朝齐
		晋寿县	南朝齐
		东益州治	南朝梁
		九陇县	北周
		彭州治(治今市)	唐
		彭县	明
		彭州市	1993 年
		注：1950—1952 年曾属川西行政区。	
	邛崃市（临邛街道）	临邛县(治今市)	秦
		临邛郡	西魏
		邛州	唐
		邛县	明
		邛州	明
		邛崃县	1913 年
		邛崃市	1994 年
		注：1950—1952 年曾属川西行署区。	
	崇州市（崇阳街道）	江原县(治今市东南)	西汉
		晋源郡治	东晋
		多融县	北周
		晋原县(治今市)	北周
		蜀州治	唐
		崇庆军	南宋
		崇庆府	南宋
		崇庆路	元
		崇庆州	元
		崇庆县	1913 年
		崇州市	1994 年
		注：1950—1952 年曾属川西行署区。	

续表

	今地名	沿革变迁	
成都市	简阳市 （简城街道）	牛鞞县(治今市西) 鞞县 牛鞞县 阳安县 简州 简县 简州(治今市) 简阳县 注：1950—1952年曾属川南行署区。	西汉 南朝宋 南朝齐 西魏 隋 明 明 1913年
	金堂县 （赵镇街道）	金堂县(治今址) 怀安军 怀安州 金堂县 注：1950—1952年曾属川西行署区。	唐 北宋 元 元
	大邑县 （晋原街道）	治今址。 注：1950—1952年曾属川西行署区。	唐
	蒲江县 （鹤山街道）	广定县(治今址) 蒲原郡治 蒲江县 注：1950—1952年曾属川西行政区。	西魏 西魏 隋
自贡市	自贡市 （自流井区）	治自流井(治今址) 注：1950—1952年属川南行署区，为地级市。	1942年

续　表

	今地名	沿　革　变　迁	
自贡市	自流井区 (丹桂街道)	桐垱镇 自井镇 自贡市第一区 自流井区	清 1942 年 1950 年 1953 年
	荣　县 (旭阳镇)	旭川县(治今址) 荣州 荣德县 绍熙府治 荣怀县 绍熙路治 荣州 荣县 注：1950—1952 年曾属川南行署区。	唐 唐 北宋 南宋 元 元 元末 明
	富顺县 (富世街道)	富世县(治今址) 富义县 富义监 富顺监 富顺县 富顺州 富顺县 注：1950—1952 年曾属川南行署区。	北周 唐 北宋 北宋 北宋 元 明
攀枝花市	攀枝花市 (东区)	渡口市 攀枝花市 注：1965 年由四川省米易、盐边和云南省永仁、华坪等县析置渡口市(地级)。	1965 年 1987 年
	东　区 (大渡口街道)	治今址(原属渡口市，1987 年改属攀枝花市)。	1973 年

续表

	今地名	沿革变迁	
攀枝花市	米易县 (攀莲镇)	米易千户所(治今县西南) 米易所巡检司 米易县佐 迷易县(治今址) 米易县	明 清 1912年 1951年 1952年
攀枝花市	盐边县 (桐子林镇)	盐边巡检司(治今址) 盐边厅 盐边县 注：1939—1955年曾属西康省。	清 清 1913年
泸州市	泸州市 (江阳区)	泸州(治今市) 泸川郡 泸州 泸川郡 泸州 江安州 泸州 泸州直隶州 泸县 泸州市 注：1950—1952年曾为川南行政公署驻地,1950年设县级市,1983年升地级市。	南朝梁 隋 唐 唐 唐 南宋 元 明 1913年 1950年
泸州市	江阳区 (大山坪街道)	江阳县 市中区 江阳区	西汉 1983年 1995年
泸州市	纳溪区 (安富街道)	纳谿县(治今泸州市西) 纳溪县 纳溪区(治泸州市) 注：1950—1952年曾属川南行署区。	南宋 1935年 1995年

续 表

	今地名	沿 革 变 迁	
泸州市	泸 县 (玉蟾街道)	江阳县(治今泸州市) 江阳郡治 泸州治 东江阳郡治 泸州治 泸川县 泸川郡治 泸州 泸县(1995 年迁今址) 注:1950—1952 年曾属川南行署区。	西汉 东汉 南朝梁 南朝梁 隋 隋 隋 唐 1913 年
	合江县 (符阳街道)	符县(治今址) 符节县 符县 安乐县 安乐戍 合江县 注:1950—1952 年曾属川南行署区。	西汉 东汉 西晋 东晋 南朝梁 北周
	叙永县 (叙永镇)	西南番总管府(治今县西南) 永宁路(治今址) 永宁宣抚司 永宁安抚司 永宁卫 永宁宣抚司 永宁县 叙永厅 叙永直隶厅 永宁直隶州 叙永县 注:1950—1952 年曾属川南行署区。	元 元 元 明 明 明 清 清 清 清 1913 年

续 表

	今地名	沿革变迁	
泸州市	古蔺县 （彰德街道）	蔺州（治今县） 古蔺巡检司 永宁县 古蔺县 注：1950—1952 年曾属川南行署区。	唐 清 清 清
德阳市	德阳市 （旌阳区）	绵竹县（治今市北） 德阳县（治今市） 德州 德阳县 德阳市（地级） 注：1950—1952 年曾属川西行署区。	西汉 唐 元 元 1983 年
	旌阳区 （东湖街道）	由德阳县改置，治今区。	1984 年
	罗江区 （万安镇）	万安县（治今梓潼县北） 潺亭县（治今址） 罗江县 罗江区 注：1950—1952 年曾属川西行署区。	西晋 南朝梁 唐 2017 年
	广汉市 （雒城街道）	雒县（治今市） 广汉郡治 新都郡治 广汉郡治 绵竹县 雒县 汉州治 雒县 汉州 广汉县 广汉市 注：1950—1952 年曾属川西行署区。	西汉 东汉 西晋 西晋 隋 隋 唐 元末 明 1913 年 1988 年

续　表

	今地名	沿　革　变　迁
德阳市	什邡市 (方亭街道)	什方县(治今市)　西汉 什邡县　东汉 方亭县　北周 什邡县　唐 通计县　五代前蜀 什邡县　北宋 什邡市　1995年 注：1950—1952年曾属川西行署区。
	绵竹市 (剑南街道)	晋熙县(治今市)　东晋 晋熙郡治　东晋 阳泉县　北周 孝水县　隋 绵竹县　隋 绵竹市　1996年 注：1950—1952年曾属川西行署区。
	中江县 (凯江镇)	五城县(治今址)　三国蜀汉 伍城县　南朝宋 玄武郡治　北周 玄武县　隋 凯州　隋 中江县　北宋 注：1950—1952年曾属川北行署区。

续 表

	今地名	沿革变迁
绵阳市	绵阳市（涪城区）	涪县（治今市） 西汉 涪城县 西晋 涪县 南朝宋 梓潼郡治 南朝宋 巴西县 西魏 巴西郡治 西魏 绵州治 隋 绵州直隶州 清 绵阳县 1913年 绵阳市 1976年 注：① 1976年设县级市，1979年绵阳县撤销并入。1985年升地级市，原县级绵阳市改置市中区（1992年改名涪城区）。 ② 1950—1952年曾属川西行署区。
	涪城区（城厢街道）	绵阳市中区 1985年 涪城区 1992年
	安州区（花荄镇）	安州（治今县西北） 元 安县（2000年迁今址） 明 安州区 2016年 注：1950—1952年曾属川西行署区。
	江油市（中坝街道）	江油戍 三国蜀汉 江油县（治今平武县东南） 西魏 江油郡治 西魏 龙州 西魏 平武郡治 隋 龙门郡治 唐 龙门州治 唐 江油郡治 唐 应灵郡治 唐 龙州治 唐 政州治 北宋 龙州治（治今市北旧县坝） 南宋 江油县（1958年迁今市） 元末 江彰县 1958年 江油县 1959年 江油市 1988年 注：1950—1952年曾属川北行署区。

续 表

	今地名	沿革变迁	
绵阳市	三台县(潼川镇)	郪县(治今县南)	西汉
		北伍城县	南朝宋
		新城郡治	南朝宋
		新城县	西魏
		昌城县	西魏
		郪县	隋
		新城郡治(今址)	隋
		梓州治	唐
		潼川府治	北宋
		潼川州	明
		潼川府	清
		三台县	清
		附：1950—1952 年曾属川北行署区。	
	盐亭县(凤灵街道)	盐亭县(治今址)	西魏
		盐亭郡	西魏
		盐亭县	隋
		注：1950—1952 年曾属川北行署区。	
	梓潼县(文昌镇)	梓潼县(治今址)	西汉
		广汉郡治	西汉
		梓潼郡治	东汉
		安寿县(治今县西南)	西魏
		潼川郡治	西魏
		梓潼县(治今址)	隋
		注：1950 —1952 年曾属川西行署区。	

续 表

	今地名	沿革变迁	
绵阳市	平武县（龙安镇）	广武县（治今县东北）	三国蜀汉
		平武县	西晋
		宁武县	明
		平武县	明
		龙安府（治今址）	明
		平武县	1913年
		注：1950—1952年曾属川北行署区。	
	北川羌族自治县（永昌镇）	北川县（治今县西北）	北周
		石泉县	唐
		北川县	1914年
		北川羌族自治县（2009年迁今址）	2003年
		注：1950—1952年曾属川北行署区。	
广元市	广元市（利州区）	兴安县（治今市）	东晋
		东晋寿郡治	南朝齐
		黎州	南朝梁
		利州	西魏
		晋寿郡	北周
		绵谷县	隋
		利州治	隋
		义城郡治	隋
		利州路治	宋
		广元路	元
		广元府	明
		广元州	明
		广元县	明
		广元市（地级）	1985年
		注：1950—1952年曾属川北行署区。	
	利州区（东坝街道）	治今址。	2007年

续 表

	今地名	沿革变迁	
广元市	旺苍县（东河镇）	旺苍设治局(治今址) 旺苍县 注：1950—1952年曾属川北行署区。	1941年 1945年
	青川县（乔庄镇）	马盘县(治今县南) 马盘郡治 青川县 龙州 青川县(1951年迁今址) 注：1950—1952年曾属川北行署区。	西魏 西魏 唐 元 1941年
	剑阁县（下寺镇）	剑阁县(治今县东北) 南安县 南安郡治 安州治 始州治 普安县 普安郡治 剑州治 隆庆府治 剑州治 剑阁县(2000年迁今址) 注：1950—1952年曾属川北行署区。	西晋 南朝齐 南朝齐 南朝梁 西魏 西魏 西魏 唐 南宋 元 1913年
	苍溪县（陵江镇）	苍溪县(治今县西南) 汉昌县 苍溪县(明治今址) 注：1950—1952年曾属川北行署区。	西晋 南朝宋 隋

续 表

	今地名	沿革变迁	
遂宁市	遂宁市 （船山区）	小汉县（治今市） 小溪县 东遂宁郡 方义县 遂州 遂宁郡 遂州 遂宁郡 遂州 小溪县 遂州 遂宁府 遂宁州 遂宁县 遂宁市（地级） 注：1950—1952 年曾属川北行署区。	南朝齐 南朝梁 南朝梁 西魏 北周 隋 唐 唐 唐 北宋 北宋 北宋 元 明 1985 年
	船山区 （凯旋路街道）	遂宁县 市中区 船山区（析设）	明 1985 年 2003 年
	射洪市 （太和街道）	射江县（治今市西北） 射洪县（1950 年迁今址） 射洪市 注：1950—1952 年曾属川北行署区。	西魏 北周 2019 年
	蓬溪县 （赤城镇）	唐兴县（治今县南） 武丰县 唐兴县（治今址） 蓬溪县 注：1950—1952 年曾属川北行署区。	唐 唐 唐 唐
	大英县 （蓬莱镇）	析蓬溪县置大英县，治今址。	1997 年

续 表

	今地名	沿革变迁	
内江市	内江市（市中区）	中江县(治今市西南) 内江县(南宋迁今市) 内江市 注：1950—1952 年曾属川南行署区。1951 年设县级市。1985 年升地级市,原县级内江市改置市中区。1989 年内江县撤销并入。	北周 隋 1951 年
	市中区（城东街道）	治今址。 注：2003 年由市中区析置船山区。	1985 年
	东兴区（东兴街道）	由内江县改置,治今区。	1989 年
	隆昌市（古湖街道）	隆昌县 隆昌市 注：1950—1952 年曾属川南行署区。	明 2017 年
	威远县（严陵镇）	威远戍 威远县(治今址) 注：1950—1952 年曾属川南行署区。	隋 隋
	资中县（重龙镇）	盘石县(治今县北) 资中郡治 资州治 资阳郡治 资州治 资县(治今址) 资州直隶州 资中县 注：1950—1952 年曾为川南行署区。	北周 北周 隋 隋 唐 明 清 1913 年

续 表

	今地名	沿革变迁	
乐山市	乐山市（市中区）	平羌县(治今市)	北周
		平羌郡	北周
		嘉州	北周
		峨眉县	隋
		青衣县	隋
		龙游县	隋
		眉山郡	隋
		嘉州	唐
		犍为郡	唐
		嘉州	唐
		嘉祥县	北宋
		龙游县	南宋
		嘉定府	南宋
		嘉定府路	元
		嘉定府	明
		嘉定州	明
		嘉定府	清
		乐山县	清
		乐山市(县级)	1979 年
		注：1950—1952 年曾属川南行署区。1979 年乐山县改设乐山市(县级)。1985 年升地级市,原县级乐山市置市中、沙湾、五通桥三区。	
	市中区（海棠街道）	治今址。	1985 年
	五通桥区（竹根镇）	五通桥市	1951 年
		五通桥区	1964 年
		注：1979 年废,1985 年复置。	
	峨眉山市（绥山镇）	峨眉县(治今市西,唐乾元初迁治今市)	隋
		峨眉山市	1988 年
		注：1950 —1952 年曾属川南行署区。	

续 表

	今地名	沿 革 变 迁	
乐山市	犍为县(玉津镇)	武阳县(治今县南) 犍为县(明洪武中迁今址) 注：1950—1952 年曾属川南行署区	北周 隋
	井研县(研城街道)	初治今县南,唐武德中迁今址。 注：1950—1952 年曾属川南行署区。	隋
	夹江县(漹城街道)	初治今县北,唐初迁今址。 注：1950—1952 年曾属川北行署区。	隋
	沐川县(沐溪镇)	沐川长官司(治今址) 沐川州 沐川长官司 沐川镇 沐川设治局 沐川县 注：1950—1952 年曾属川南行署区。	元 明 明 清 1940 年 1942 年
	峨边彝族自治县(沙坪镇)	峨边厅(治今县南) 峨边县(1950 年迁今址) 峨边彝族自治县 注：1950—1952 年曾属川南行署区。	清 1914 年 1984 年
	马边彝族自治县(民建镇)	马边营 马边厅(治今址) 马边县 马边彝族自治县 注：1950—1952 年曾属川南行署区。	清 清 1914 年 1984 年

续 表

	今地名	沿 革 变 迁	
南充市	南充市（顺庆区）	安汉县（治今市北）	西汉
		南充县	隋
		果州	唐
		南充郡	唐
		果州	唐
		充州	唐
		果州	唐
		顺庆府	南宋
		东川路	蒙古
		东川府	蒙古
		顺庆府	元
		顺庆路	元
		顺庆府（治今市）	明、清
		南充县	1913年
		南充市	1950年
		注：1950—1952年曾为川北行政公署驻地。1950年设县级市。1993年升地级市，南充县撤销并入。	
	顺庆区（北城街道）	治今址。	1993年

续 表

	今地名	沿革变迁	
南充市	阆中市 (七里街道)	古为巴国别都。	
		阆中县(治今市)	战国秦
		巴西郡治	东汉
		北巴西郡治	东晋末
		南梁州治	南朝梁
		盘龙郡治	西魏
		隆州治	西魏
		阆内县	隋
		隆州治	隋
		巴西郡治	隋
		阆中县	唐
		隆州治	唐
		阆州治	唐
		阆中郡治	唐
		阆州治	唐
		保宁军治	五代唐
		阆州治	北宋
		保宁府治	元
		保宁路治	元
		保宁府治	明、清
		阆中县	1913 年
		阆中市	1991 年
		注：1950—1952 年曾属川北行署区。	
	南部县 (蜀北街道)	充国县(治今县西北)	西汉
		南充国县(治今址)	东汉
		南国县	南朝宋
		南部县	南朝梁
		注：1950—1952 年曾属川北行署区。	

续 表

	今地名	沿革变迁	
南充市	营山县（绥安街道）	朗池县（唐初治今县北，贞元初迁治今址）	唐
		营山县	北宋
		注：1950—1952 年曾属川北行署区。	
	蓬安县（相如街道）	相如县（治今县西）	南朝梁
		梓潼郡治（五代后蜀迁今址）	南朝梁
		蓬州治	元
		蓬安县	1913 年
		注：1950—1952 年曾属川北行署区。	
	仪陇县（新政镇）	仪陇县（治今县西）	南朝梁
		蓬州	明
		仪陇县（2003 年迁今址）	明
		注：1950—1952 年曾属川北行署区。	
	西充县（晋城街道）	治今址。	唐
		注：1950—1952 年曾属川北行署区。	
眉山市	眉山市（东坡区）	齐通县（治今市）	南朝齐
		青州	南朝梁
		齐通郡	南朝梁
		眉州	西魏
		广通县	隋
		通义县	隋
		眉山县	北宋
		眉州	元
		眉县	明
		眉州	明
		眉山县	1913 年
		眉山市（地级）	2000 年
		注：1950—1952 年曾属川西行署区。	

续　表

	今地名	沿革变迁	
眉山市	东坡区 (苏祠街道)	由眉山县改置,治今区。	2000 年
	彭山区 (凤鸣街道)	武阳邑(治今区东北) 武阳县 犍为县(治今址) 隆山县 彭山县 彭山区 注:1950—1952 年曾属川西行署区。	战国蜀 秦 南朝梁 西魏 唐 2014 年
	仁寿县 (文林街道)	怀仁县(治今县东) 普宁县 仁寿县(唐贞观初迁今址) 注:1950—1952 年曾属川南行署区。	南朝梁 西魏 隋
	洪雅县 (洪川镇)	洪雅镇 洪雅县(治今址) 犍州 义州 洪雅县 注:1950—1952 年曾属川西行署区。	北周 隋 唐 唐 唐
	丹棱县 (齐乐镇)	齐乐县(治今县东北) 洪雅县(治今址) 丹棱县 注:1950—1952 年曾属川西行署区。	北周 北周 隋
	青神县 (青竹街道)	青衣县(治今县南) 青神县 青神郡治 青神县(唐武德中迁今址) 注:1950—1952 年曾属川西行署区。	西魏 北周 北周 隋

续 表

	今地名	沿革变迁	
宜宾市	宜宾市（翠屏区）	戎州（治今市西南）	南朝梁
		犍为郡	隋
		戎州	唐
		南溪郡	唐
		戎州（治今市）	唐
		叙州	北宋
		叙州路	元
		叙州府	明、清
		宜宾县	1913 年
		宜宾市	1951 年
		注：1950—1952 年曾属川南行署区，1996 年升设地级市。	
	翠屏区（合江门街道）	治今址。	1996 年
	南溪区（南溪街道）	南广县（治今区西南）	南朝梁
		南溪县（北宋乾德中迁今址）	隋
		南溪区	2011 年
		注：1950—1952 年曾属川南行署区。	
	叙州区（柏溪街道）	僰道县（治今宜宾市西南）	西汉
		犍为郡治	西汉
		戎州治	南朝梁
		外江县	北周
		僰道县	隋
		犍为郡治	隋
		郁鄢县	隋末
		戎州治	唐
		义宾县	唐
		宜宾县	北宋
		僰道县	北宋
		宜宾县（1965 年迁今址）	北宋
		叙州区	2018 年
		注：1950—1952 年曾属川南行署区。	

续　表

	今地名	沿革变迁	
宜宾市	江安县 (江安镇)	汉安县(治今纳溪区西南) 东江阳郡 江安县(北宋熙宁中迁今址) 注：1950—1952年曾属川南行署区。	东晋 南朝宋 隋
	长宁县 (长宁镇)	长安军(治今县西南) 安宁县(治今址) 长宁军 长宁州(治今县南) 长宁县(1950年迁今址) 注：1950—1952年曾属川南行署区。	北宋 南宋 元 元 明
	高　县 (庆符镇)	高州(治今县西南) 高县 高州 高县(2001年迁今址) 注：1950—1952年曾属川南行署区。	唐 明 明 清
	珙　县 (巡场镇)	巩州(治今县西南) 珙州(治今珙泉镇) 珙县(2001年迁今址) 注：1950—1952年曾属川南行署区。	唐 元末 明
	筠连县 (筠连镇)	筠州(治今县) 连州 筠连州 筠连县 注：1950—1952年曾属川南行署区。	唐 唐 元 明

续 表

	今地名	沿革变迁	
宜宾市	兴文县（古宋镇）	晏州(治今县兴文镇)	唐
		戎州	元
		戎县	明
		兴文县(1983年迁今址)	明
		注：1950—1952年曾属川南行署区。	
	屏山县（屏山镇）	马湖路(治今绥江县西北,后迁屏山镇)	元
		马湖府	明
		屏山县	明
		注：1950—1952年曾属川南行署区。	
广安市	广安市（广安区）	始安县(治今市东北)	南朝梁
		賨城县	隋
		始安县	唐
		渠江县	唐
		广安军(治今市)	北宋
		宁西军	南宋
		广安府	元
		广安州	明
		广安县	1913年
		广安市(地级)	1998年
		注：1950—1952年曾属川东行署区。	
	广安区（浓洄街道）	由广安县改置,治今区。	1998年
	华蓥市（双河街道）	华云工农区(治今市)	1979年
		华蓥市	1985年

续 表

	今地名	沿革变迁	
广安市	岳池县 (九龙街道)	初治今县东北,明初迁今址。 注:1950—1952年曾属川北行署区。	唐
	武胜县 (沿口镇)	武胜军(治今县南) 定远州 定远县 武胜县(1953年迁今址) 注:1950—1952年曾属川北行署区。	蒙古 元 元 1914年
	邻水县 (鼎屏镇)	邻水县(治今县东北) 潾水县 邻水县(治今址) 注:1950—1952年曾属川东行署区。	南朝梁 唐 北宋
达州市	达州市 (通川区)	达县市(县级,治今市) 达川市 达州市(地级)	1976年 1993年 1999年
	通川区 (东城街道)	治今址。	1999年

续 表

	今地名	沿革变迁	
达州市	达川区（三里坪街道）	宣汉县(治今达州市)	东汉
		万州治	南朝梁
		石城县	西魏
		开巴郡治	西魏
		通州治	西魏
		通川县	隋
		通州治	隋
		通川郡治	隋
		通州治	唐
		通川郡治	唐
		通州治	唐
		达州治	北宋
		达县	明
		达州	明
		绥定府治	清
		达县(1997年迁今址)	清
		达川区	2013年
		注：1950—1952年曾属川北行署区。	
	万源市（太平镇）	太平县(治今市)	明
		太平直隶厅	清
		太平县	清
		万源县	1914年
		万源市	1993年
		注：1950—1952年曾属川北行署区。	
	宣汉县（东乡街道）	宣汉县(治今达州市)	东汉
		东乡县	南朝梁
		石州治	西魏
		巴渠郡治	西魏
		南石州治	唐
		东乡县(治今址)	明
		宣汉县	1914年
		注：1950—1952年曾属川北行署区。	

续　表

	今地名	沿　革　变　迁	
达州市	开江县 (新宁镇)	新宁县(治今县北,北宋至道迁治今址) 开江县 注:1950—1952年曾属川北行署区。	西魏 1914年
	大竹县 (竹阳街道)	潾山县(治今县东南) 邻山县 大竹县(治今址) 注:1950—1952年曾属川东行署区。	南朝梁 北宋 元
	渠　县 (渠江街道)	流江县(治今址) 渠州 流江郡 宕渠郡 渠州 渠县 注:1950—1952年曾属川东行署区。	北周 北周 北周 隋 唐 明
雅安市	雅安市 (雨城区)	始阳县(治今市西) 蒙山郡 蒙山县 雅州 临邛郡 严道县(北宋迁今市) 雅州 雅安县 雅州府 雅安县 雅安市 雅安县 雅安市 注:1939—1955年曾为西康省会。1951年设县级市。2000年升地级市,原县级雅安市改置雨城区。	西魏 西魏 隋 隋 隋 隋 明 清 清 1913年 1951年 1959年 1983年

续 表

	今地名	沿革变迁	
雅安市	雨城区 (青江街道)	由原县级雅安市改置，治今区。	2000年
	名山区 (蒙阳镇)	蒙山县(治今址) 名山县 名山区 注：1950—1952年曾属川西行署区。	西魏 隋 2012年
	荥经县 (严道街道)	严道县(治今址) 荥经县 注：1939—1955年曾属西康省。	秦 唐
	汉源县 (富林镇)	汉源县(治今县西) 黎州治 洪源郡治 黎州治 清溪县 汉源县(2006年迁今址) 注：1939—1955年曾属西康省。	隋 唐 唐 唐 清 1914年
	石棉县 (新棉街道)	由汉源、越西、冕宁三县析置，治今址。 注：1952—1955年曾属西康省。	1952年

续 表

	今地名	沿 革 变 迁	
雅安市	天全县(城厢镇)	天全招讨司(治今县西南) 天全六番招讨司 天全州(治今址) 天全县 注：1939—1955年曾属西康省。	元 明 清 1913年
雅安市	芦山县(芦阳街道)	卢山县(治今址) 泸山县 芦山县 注：1939—1955年曾属西康省。	隋 元 明
雅安市	宝兴县(灵关镇)	穆坪设治局(治今址) 宝兴县 注：1939—1955年曾属西康省。	1928年 1930年
巴中市	巴中市(巴州区)	汉昌县(治今址) 巴州 梁广县 化成县 清化郡 巴州 巴县 巴州 巴中县 巴中市 注：1950—1952年曾属川北行署区。1993年设县级市。2000年升地级市,原县级巴中市改置巴州区。	东汉 北魏 南朝梁 北周 隋 唐 明 明 1913年 1993年
巴中市	巴州区(东城街道)	由原县级巴中市改置,治今区。	2000年

续 表

	今地名	沿革变迁	
巴中市	通江县（诺江镇）	诺水县（治今址）	西魏
		壁州	唐
		通江县	唐
		始宁郡	唐
		壁州	唐
		通江县（元至正中迁今县东北，明洪武中迁今址）	北宋
		注：1950—1952年曾属川北行署区。	
	南江县（集州街道）	难江县（治今县南）	南朝梁
		盘道县	西魏
		难江县（治今址）	北周
		集州治	北周、唐
		化成县	元
		南江县	明
		注：1950—1952年曾属川北行署区。	
	平昌县（同州街道）	平州县（治今址）	西晋
		平周县	南朝宋
		平州县	南朝梁
		同昌县	北周
		归仁县	隋
		平昌设治局	1944年
		平昌县	1948年
		注：1950—1952年曾属川北行署区。	

续 表

	今地名	沿革变迁	
资阳市	资阳市 (雁江区)	资中县(治今资阳市) 资阳县 资州 资中郡 资阳郡 资州 资阳县 简州 资阳县 注：1950—1952 年曾属川南行署区。1993 年改设资阳市(县级)，2000 年升地级市，原县级资阳市改置雁江区。	西汉 北周 北周 北周 隋 唐 明 明 明
	雁江区 (资溪街道)	由原县级资阳市改置，治今区。	2000 年
	乐至县 (天池街道)	治今址，南宋废，明复置。 注：1950—1952 年曾属川北行署区。	唐
	安岳县 (岳城街道)	安岳县(治今西北) 普州治(北宋开宝中迁今址) 安岳县 注：1950—1952 年曾属川北行署区。	北周 北周 明
阿坝藏族羌族自治州	阿坝藏族羌族自治州 (马尔康市)	四川省藏族自治区(首府刷经寺) 阿坝藏族自治州(治今马尔康市) 阿坝藏族羌族自治州 注：汉属汶山郡，唐属剑南道，明、清隶四川省。1935 年中国工农红军长征过境时曾建立工农民主政权。	1953 年 1955 年 1987 年
	马尔康市 (马尔康镇)	马尔康办事处(治今址) 马尔康县(阿坝藏族自治州首府) 马尔康市	1953 年 1956 年 2015 年

续 表

	今地名	沿革变迁	
阿坝藏族羌族自治州	汶川县（威州镇）	绵虒县（治今县绵虒镇）	西汉
		汶川县	北周
		汶山郡治（1953 年迁今址）	北周
		茂汶羌族自治县	1958 年
		汶川县	1963 年
		注：1950—1952 年曾属川西行署区。	
	理 县（杂谷脑镇）	杂谷安抚司（治今址）	明
		杂谷厅	清
		杂谷直隶厅	清
		理番直隶厅	清
		理番县	1914 年
		理县	1945 年
		注：1950—1952 年曾属川西行署区。	
	茂 县（凤仪镇）	汶江县（治今县北）	西汉
		汶山郡治	西汉
		广阳县	西晋
		绳州治	南朝梁
		汶州	北周
		蜀州	隋
		会州	隋
		汶山县	隋
		汶山郡	隋
		会州	唐
		茂州	唐
		茂州直隶州	清
		茂县	1913 年
		茂汶羌族自治县（1963 年迁今址）	1958 年
		茂县	1987 年
		注：1950—1952 年曾属川西行署区。	

续 表

	今地名	沿革变迁	
阿坝藏族羌族自治州	松潘县 (进安镇)	松州(治今址) 松州卫 潘州卫 松潘卫 松潘厅 松潘直隶厅 松潘县 注：1950—1952年曾属川西行署区。	唐 明 明 明 清 清 1914年
	九寨沟县 (南坪镇)	南坪县(治今址) 九寨沟县	1953年 1997年
	金川县 (勒乌镇)	金川州 靖化县(治今址) 大金县 金川县 注：1950—1952年曾属川西行署区。	唐 1936年 1953年 1960年
	小金县 (美兴镇)	小金川安抚司(治今址) 美诺直隶厅 懋功屯务厅 懋功县 小金县 注：1950—1952年曾属川西行署区。	清 清 清 1914年 1953年
	黑水县 (芦花镇)	芦花行政委员会 芦花县(治今址) 黑水县	1952年 1953年 1954年
	壤塘县 (岗木达镇)	壤塘行政委员会 壤塘县(治南木达,1960年迁今址)	1953年 1958年

续 表

	今地名	沿革变迁	
阿坝藏族羌族自治州	阿坝县（阿坝镇）	阿坝办事处 阿坝县（治今址）	1951 年 1953 年
	若尔盖县（达扎寺镇）	初治纳摩寺，1954 年迁今址。	1953 年
	红原县（邛溪镇）	由理县、阿坝二县析置，治今址。	1960 年
甘孜藏族自治州	甘孜藏族自治州（康定市）	吐蕃地 川边道 川边特别区 西康省（省会雅安） 西康省藏族自治区（首府今康定市） 西康省藏族自治州 甘孜藏族自治州 注：唐、宋为吐蕃地，清末置川边道，1914 年属川边特别区，1939 年属西康省。	唐、宋 清末 1914 年 1939 年 1950 年 1950 年 1955 年
	康定市（榆林街道）	打箭炉厅（治今址） 打箭炉直隶厅 康定府 康定县 康定市 注：1939—1955 年曾属西康省。	清 清 清 1913 年 2015 年
	泸定县（沪桥镇）	泸定桥设治委员（治今址） 泸定县 注：1939—1955 年曾属西康省。	清 1913 年
	丹巴县（章谷镇）	治今址。 注：1939—1955 年曾属西康省。	1913 年
	九龙县（呷尔镇）	九龙设治局（治今址） 九龙县 注：1939—1955 年曾属西康省。	1914 年 1926 年

续 表

	今地名	沿革变迁	
甘孜藏族自治州	雅江县 (河口镇)	河口县(治今址) 雅江县 注：1939—1955年曾属西康省。	清 1913年
	道孚县 (鲜水镇)	道坞设治委员 道坞县(治今址) 道孚县 注：1939—1955年曾属西康省。	清 1912年 1913年
	炉霍县 (新都镇)	章谷设治委员 炉霍县(治今址) 注：1939—1955年曾属西康省。	清 1913年
	甘孜县 (甘孜镇)	甘孜委员 甘孜州(治今址) 甘孜县 注：1939—1955年曾属西康省。	清 1912年 1913年
	新龙县 (如龙镇)	瞻对安抚司 瞻对设治委员 怀柔县(治今址) 瞻化县 新龙县 注：1939—1955年曾属西康省。	清 清 1912年 1916年 1952年
	德格县 (更庆镇)	德化州(治今址) 德化县 德格县 注：1939—1955年曾属西康省。	清 1913年 1914年

续 表

	今地名	沿 革 变 迁	
甘孜藏族自治州	白玉县（建设镇）	麻陇设治委员	清
		白玉设治委员	清
		白玉州（治今址）	清
		白玉县	1913年
		注：1939—1955年曾属西康省。	
	石渠县（尼呷镇）	石渠设治委员	清
		石渠县（治今址）	清
		注：1939—1955年曾属西康省。	
	色达县（色柯镇）	色达办事处	1952年
		色达县（治今址）	1956年
	理塘县（高城镇）	里塘宣抚司	明
		里化县（治今址）	清
		里化厅	清
		理化县	1913年
		理塘县	1951年
		注：1939—1955年曾属西康省。	
	巴塘县（夏邛镇）	巴安县（治今址）	清
		巴安府	清
		巴安县	1913年
		巴塘县	1951年
		注：1939—1955年曾属西康省。	
	乡城县（香巴拉镇）	定乡县（治今址）	清
		乡城县	1951年
		注：1939—1955年曾属西康省。	

续　表

	今地名	沿革变迁	
甘孜藏族自治州	稻城县 (金珠镇)	稻坝委员	清
		稻成县(治今址)	清
		稻城县	1939年
		注：1939—1955年曾属西康省。	
	得荣县 (太阳谷镇)	得荣委员	清
		得荣县(治今址)	1913年
		注：1939—1955年曾属西康省。	
凉山彝族自治州	凉山彝族自治州 (西昌市)	凉山彝族自治区(首府昭觉县)	1952年
		凉山彝族自治州(1978年迁驻西昌市)	1955年
		注：汉属越嶲郡,元为马湖路等地,明为马湖府等地,清属宁远府及雷波厅,1939—1952年属西康省。1952年设凉山彝族自治区,首府昭觉县。1955年改凉山彝族自治州。1978年迁驻西昌市。	
	西昌市 (北城街道)	邛都县(治今市东南)	西汉
		越嶲郡	西汉
		越嶲县(治今市)	北周
		严州	北周
		西宁州	北周
		嶲州	隋
		越嶲郡	隋
		嶲州(咸通后地入南诏)	唐
		建昌府	南诏
		建昌路	元
		建昌府	明
		建昌卫	明
		西昌县(治今市)	清
		宁远府	清
		西昌县	1913年
		西昌市	1979年
		注：1939—1955年曾属西康省,今为凉山彝族自治州首府。	

续 表

	今地名	沿革变迁	
凉山彝族自治州	会理市 （城北街道）	会无县（治今址）	西汉
		会川县	唐
		会川路	元
		会理州	元
		会川府	明
		会川卫	明
		会理州	清
		会理县	1913 年
		会理市	2021 年
		注：1939—1955 年曾属西康省。	
	盐源县 （盐井街道）	定筰县（治今址）	西汉
		定笮县	西晋
		定筰县	南朝宋
		昆明县	唐
		闰盐县	元
		柏兴府	元
		柏兴州	明
		盐井卫	明
		盐源县	清
		盐源彝族自治县	1964 年
		盐源县	1978 年
		注：1939—1955 年曾属西康省。	
	德昌县 （德州街道）	德州	元
		昌州	元
		德昌府（治今址）	明
		德昌千户所	明
		德昌所巡司	清
		德昌设治局	1941 年
		德昌县	1945 年
		注：1939—1955 年曾属西康省。	

续 表

	今地名	沿 革 变 迁	
凉山彝族自治州	会东县（鲹鱼河镇）	由会理、巧家二县析置，治今址。 注：1952—1955 年曾属西康省。	1952 年
	宁南县（宁远镇）	由会理县析置，治今址。 注：1939—1955 年曾属西康省。	1930 年
	普格县（普基镇）	普格设治局（治今址） 普格县 注：1946—1955 年曾属西康省。	1946 年 1952 年
	布拖县（特木里镇）	初治布拖，1955 年迁今址。 注：1952—1955 年曾属西康省。	1952 年
	金阳县（天地坝镇）	由昭觉县析置，治今址。 注：1952—1955 年曾属西康省。	1952 年
	昭觉县（新城镇）	由西昌县析置，治今址。 注：1939—1955 年曾属西康省。	清
	喜德县（光明镇）	由西昌、冕宁二县设置，治今址。 注：① 1952—1955 年曾属西康省。 ② 宁东设治局—1938 年置，治今喜德县东南，属四川省，次年属西康省。1952 年改喜德县。1955 年复属四川省。	1952 年

续 表

	今地名	沿革变迁	
凉山彝族自治州	冕宁县（城厢镇）	台登县（治今县南） 泸沽县 宁番卫（治今址） 冕宁县 注：1939—1955年曾属西康省。	西汉 元 明 清
	越西县（越城镇）	越嶲卫（治今址） 越嶲厅 越嶲县 越西县 注：1939—1955年曾属西康省。	明 清 1914年 1959年
	甘洛县（新市坝镇）	呷洛县（治今址） 甘洛县	1956年 1959年
	美姑县（巴普镇）	由昭觉县析置，治今址。 注：1952—1955年曾属西康省。	1952年
	雷波县（锦城镇）	雷波长官司（治今址） 雷波卫 雷波厅 雷波县 注：1950—1952年曾属川南行署区。	元 清 清 1914年
	木里藏族自治县（乔瓦镇）	木里安抚司（治今县西北） 木里藏族自治区 木里藏族自治县（1962年迁今址） 注：1939—1955年曾属西康省。	清 1953年 1955年（1953年批准）

贵　州　省

	今地名	沿 革 变 迁	
贵州省	贵州省（贵阳市）	简称黔和贵，别称黔中、黔南。	
		黔中和且兰、夜郎	战国
		夜郎和象、黔中等郡	秦
		牂柯郡和犍为郡	西汉
		牂柯郡和犍为属国	东汉
		武陵、牂柯二郡	三国
		夜郎、平夷二郡	西晋
		牂柯郡	隋
		黔中道	唐
		夔州路	宋
		云南、四川、湖广三行中书省	元
		贵州布政使司	明
		贵州省（省会贵阳）	清
贵阳市	贵阳市（观山湖区）	矩州（治今市）	唐
		顺元路宣抚司	元
		顺元路宣慰司	元
		八番顺元宣慰司	元
		贵州卫	明
		贵州宣抚司	明
		贵州宣慰司	明
		程番府（明成化中治程番，隆庆初迁今市）	明
		贵阳府（贵州省会）	明
		新贵县（治今市）	明
		贵筑县	清
		贵阳县	1913 年
		贵筑县（治花溪）	1941 年
		贵阳市（治今市，贵州省会）	1941 年
		注：1941 年设县级市，1949 年升地级市，1957 年贵筑县并入。	
	观山湖区（宾阳街道）	治今址。	2012 年

续 表

	今地名	沿革变迁	
贵阳市	清镇市（红枫湖镇）	威清卫（治今市）	明
		镇西卫	明
		清镇县	清
		清镇市	1992年
	开阳县（硒城街道）	开州（治今县）	明
		开县	1913年
		紫江县	1914年
		开阳县	1930年
		开阳特区	1966年
		开阳县	1968年
	息烽县（永靖镇）	息烽千户所	明
		息烽县（治今址）	1914年
	修文县（龙场街道）	修文千户所	明
		修文县（治今址）	清
六盘水市	六盘水市（钟山区）	六盘水地区（治水城特区）	1970年
		六盘水市（治今址）	1978年
		注：1987年水城特区撤销，改置钟山区和水城县，市府驻钟山区。	
	钟山区（凤凰街道）	由水城特区析置。	1987年
	水城区（双水街道）	水城厅（治今钟山区老城）	清
		水城县	1913年
		水城特区	1966年
		水城县（治今址）	1987年
		水城区	2020年

续 表

	今地名	沿 革 变 迁	
六盘水市	盘州市（亦资街道）	普安路	元
		普安卫(治今双凤镇)	明
		普安州	明
		普安直隶州	清
		普安直隶厅	清
		盘州厅	清
		盘县	1913 年
		盘县特区	1970 年
		盘县	1999 年
		盘州市	2017 年
	六枝特区（九龙街道）	郎岱厅(治今郎岱镇)	清
		郎岱县	1913 年
		六枝市(治今址)	1960 年
		六枝县	1962 年
		六枝特区	1966 年
遵义市	遵义市（汇川区）	郎州(治今市)	唐
		恭水县	唐
		播州	唐
		罗蒙县	唐
		遵义县	唐
		遵义军	北宋
		播州安抚司	南宋
		播州宣抚司	元
		播州宣慰司	明
		遵义府	明、清
		遵义县	1913 年
		遵义市	1950 年
		遵义县	1951 年
		遵义市	1952 年
		注：1950 年设县级市，1955 年升地级市，1958 年降县级市。1997 年复升地级市，原县级遵义市改置红花岗区。	

续 表

	今地名	沿 革 变 迁	
遵义市	汇川区（董公寺街道）	由原红花岗区和遵义县部分区域析置。	2004年
	红花岗区（忠庄街道）	由原县级遵义市改置，治今区。	1997年
	播州区（南白街道）	鳖县（治今遵义市西） 恭水县（治今遵义市） 罗蒙县 遵义县（1956年迁今址） 遵义市 遵义县 播州区	西汉 唐 唐 唐 1958年 1961年 2016年
	赤水市（市中街道）	仁怀县（治今市南） 仁怀厅（治今市） 赤水厅 赤水县 赤水市	北宋 清 清 1913年 1990年
	仁怀市（盐津街道）	仁怀县（治今赤水市复兴镇） 仁怀堡 仁怀县（清雍正时迁今址，1956年迁茅台镇，1971年复迁今址） 仁怀市	北宋 北宋 明 1995年
	桐梓县（海校街道）	初治今县北新站镇，寻迁今址。	明
	绥阳县（洋川街道）	初治今凤冈县北绥阳镇，明万历中迁今址。	隋

续 表

	今地名	沿革变迁	
遵义市	正安县(凤仪街道)	珍州(治今县西北)	唐
		夜郎郡治	唐
		珍州	唐
		珍州思宁等处长官司	元
		真州思宁长官司	元
		真州长官司	明
		真安州(治今址)	明
		正安州	清
		正安县	1913年
	凤冈县(龙泉街道)	大保(堡)龙泉长官司(治今址)	元
		龙泉坪长官司	明
		龙泉县	明
		凤泉县	1913年
		凤冈县	1930年
	湄潭县(湄江街道)	义泉县(治今址)	隋
		牢州	唐
		湄潭县	明
	余庆县(白泥镇)	余庆州(治今县西北)	元
		余庆长官司	明
		余庆县(治今址)	明
	习水县(杉王街道)	鳛水县(治今赤水市东官渡)	1915年
		习水县(1950年迁今县西北,1951年迁今址)	1959年
	道真仡佬族苗族自治县(尹珍街道)	道真县(治今址)	1932年
		道真仡佬族苗族自治县	1987年(1986年批准)

续 表

	今地名	沿革变迁	
遵义市	务川仡佬族苗族自治县（丹砂街道）	务川县（治今铜仁市沿河土家族自治县北）	隋
		务州治	唐
		思州治（今址）	唐、宋
		婺川县	元
		务川县	1959年
		务川仡佬族苗族自治县	1987年（1986年批准）
安顺市	安顺市（西秀区）	普定府（治今市）	元
		普定路	元
		普定府	明
		安顺州	明
		安顺军民府	明
		安顺府	清
		安顺县	1913年
		安顺市（县级）	1958年
		安顺县	1962年
		安顺市	1966年
		注：1990年安顺县撤销并入。2000年升地级市，原县级安顺市改置西秀区。	
	西秀区（东关街道）	由原县级安顺市改置，治今区。	2000年
	平坝区（安平街道）	平坝卫（治今址）	明
		安平县	清
		平坝县	1914年
		平坝区	2014年
	普定县（穿洞街道）	普定县（治今安顺市旧州镇）	元
		普定卫（治今安顺市）	明
		普定县	清
		安顺府	清
		普定县（治今址）	1913年

续 表

	今地名	沿革变迁	
安顺市	镇宁布依族苗族自治县(白马湖街道)	镇宁州(治今县南,明嘉靖中迁治今址)	元
		镇宁县	1913年
		镇宁布依族苗族自治县	1963年
	关岭布依族苗族自治县(关索街道)	永宁州(治今县西南,明嘉靖中迁治今址)	元
		永宁县	1913年
		关岭县	1914年
		关岭布依族苗族自治县	1981年
	紫云苗族布依族自治县(松山街道)	归化厅(治今县)	清
		归化县	1913年
		紫云县	1914年
		紫云苗族布依族自治县	1966年(1965年批准)
毕节市	毕节市(七星关区)	毕节卫(治今市)	明
		毕节县	清
		毕节市	1993年
		注:2011年升地级市,原县级毕节市改置七星关区。	
	七星关区(麻园街道)	由原县级毕节市改置,治今区。	2011年
	黔西市(莲城街道)	水西城	明
		黔西府(治今址)	清
		黔西州	清
		黔西县	1913年
		黔西市	2021年
	大方县(红旗街道)	大方城	明
		大定府(治今址)	清
		大定州	清
		大定府	清
		大定县	1913年
		大方县	1958年

续 表

	今地名	沿革变迁	
毕节市	金沙县 （鼓场街道）	由黔西县析置，治今址。	1941 年
毕节市	织金县 （文腾街道）	织金城 平远府（治今址） 平远州 平远县 织金县	明 清 清 1913 年 1914 年
毕节市	纳雍县 （雍熙街道）	由大定县析置，治今址。	1932 年
毕节市	赫章县 （双河街道）	黑章递运所 赫章县（治今址）	明 1942 年
毕节市	威宁彝族回族苗族自治县 （海边街道）	乌撒部 乌撒路（治今县） 乌撒府 威宁府 威宁州 威宁县 威宁县彝族回族苗族自治区 威宁彝族回族苗族自治县	唐、宋 元 明 清 清 1913 年 1954 年 1956 年（1955 年批准）
铜仁市	铜仁市 （碧江区）	万安县（治今市西南） 常丰县 铜人大小江长官司（治今市） 铜仁县 铜仁府 铜仁市 注：2011 年升地级铜仁市，原县级铜仁市改置碧江区。	唐 唐 元 明 明 1987 年

续 表

	今地名	沿革变迁	
铜仁市	碧江区 (川硐街道)	由原县级铜仁市改置,治今区。	2011年
	万山区 (万山镇)	万山特区(治今址) 万山区	1966年 2011年
	江口县 (双江街道)	省溪坝场等处长官司(治今县北) 省溪长官司 江口县(治今址)	元 明 1913年
	石阡县 (泉都街道)	石阡等处军民长官司(治今址) 石阡府 石阡县	元 明 1913年
	思南县 (思唐街道)	涪川县(治今县北,唐迁今址) 安化县 思南府 思南县	隋 明 明 1913年
	德江县 (玉水街道)	安化县(治今思南县,清光绪中迁治今址) 德江县	明 1914年
	玉屏侗族自治县 (皂角坪街道)	平溪等处长官司(治今址) 平溪卫 玉屏县 玉屏侗族自治县	元 明 清 1984年(1983年批准)
	印江土家族苗族自治县 (峨岭街道)	思邛县(治今址) 印江县 印江土家族苗族自治县	唐 明 1987年(1986年批准)

续 表

	今地名	沿革变迁	
铜仁市	沿河土家族自治县（团结街道）	沿河祐溪等处长官司（治今址） 沿河祐溪长官司 沿河县 沿河土家族自治县	元 明 1913年 1987年（1986年批准）
	松桃苗族自治县（蓼皋街道）	松桃厅（治今址） 松桃直隶厅 松桃县 松桃苗族自治县	清 清 1913年 1956年
黔西南布依族苗族自治州	黔西南布依族苗族自治州（兴义市）	首府兴义县（今市）。	1982年
	兴义市（黄草街道）	附唐县（治今址） 盘州 兴义县 兴义市	唐 唐 清 1987年
	兴仁市（城北街道）	新城千户所 新城县（治今址） 兴仁县 兴仁市	明 1912年 1914年 2018年
	普安县（南湖街道）	盘水县（治今址） 新兴千户所 普安县	唐 明 清
	晴隆县（东观街道）	安南卫（治今址） 安南县 晴隆县	明 清 1941年

续 表

	今地名	沿革变迁	
黔西南布依族苗族自治州	贞丰县 (珉谷街道)	永丰州(治今址)	清
		贞丰州	清
		贞丰县	1913 年
		贞丰布依族苗族自治县	1966 年(1965 年批准)
		贞丰县	1981 年
	望谟县 (王母街道)	望谟县(治今址)	1940 年
		望谟布依族苗族自治县	1966 年(1965 年批准)
		望谟县	1981 年
	册亨县 (者楼街道)	册亨县(治今县西)	1913 年
		册亨布依族自治县(治今址)	1965 年
		册亨县	1981 年
	安龙县 (栖凤街道)	安笼千户所	明
		安笼府(治今址)	南明
		安笼所	清
		南笼厅	清
		南笼府	清
		兴义府	清
		南笼县	1913 年
		安龙县	1931 年
		安龙布依族苗族自治县	1966 年(1965 年批准)
		安龙县	1981 年
黔东南苗族侗族自治州	黔东南苗族侗族自治州 (凯里市)	首府凯里县(今市)。	1956 年
	凯里市 (大十字街道)	清平长官司(治今市西北)	明
		清平县	明
		凯里安抚司(治今市)	明
		凯里长官司	明
		凯里县丞	清
		炉山县(治今炉山镇)	1914 年
		凯里县(治今市)	1956 年
		凯里市	1983 年

续 表

	今地名	沿革变迁	
黔东南苗族侗族自治州	黄平县（新州镇）	黄平城（在今县西北旧州）	南宋
		黄平府	元
		黄平州（清康熙年间迁今址）	明
		黄平县	1913年
	施秉县（城关镇）	施秉前江等处长官司（治今县东南）	元
		施秉县（清康熙年间迁今址）	明
	三穗县（八弓镇）	邛水县（治今县西南）	北宋
		安定县	元
		邛水县	元
		邛水长官司	明
		邛水县丞	清
		邛水县（治今址）	1913年
		灵山县	1926年
		三穗县	1931年
	镇远县（㵲阳镇）	镇远沿边溪洞招讨司（治今县）	南宋
		镇远军民总管府	南宋
		镇远府	元
		镇远州	明
		镇远府	明
		镇远县	明
		镇远府	明
		镇远县	1913年
	岑巩县（思旸镇）	思州安抚司	元
		思州宣慰司	元
		思州府	明
		思县（治今址）	1913年
		岑巩县	1930年

续 表

	今地名	沿革变迁	
黔东南苗族侗族自治州	天柱县(凤城街道)	天柱千户所	明
		天柱县(治今址)	明
		龙塘县	明
		天柱县	明
	锦屏县(三江镇)	铜鼓千户所	明
		铜鼓卫(治今县东南)	明
		锦屏县	清
		开泰县	清
		锦屏县(1914 年迁今址)	1913 年
	剑河县(仰阿莎街道)	清江厅(治今柳川镇)	清
		清江县	1913 年
		剑河县(2005 年迁今址)	1914 年
	台江县(台拱街道)	台拱寨	明
		台拱厅(治今址)	清
		台拱县	1913 年
		台江县	1941 年
		台江县苗族自治区	1954 年
		台江苗族自治县	1955 年
		台江县	1956 年
	黎平县(德凤街道)	上黎平长官司	元
		五开卫(治今址)	明
		黎平府	明
		开泰县	清
		黎平县	1913 年
	榕江县(古州镇)	古州厅(治今址)	清
		榕江县	1913 年

续 表

	今地名	沿革变迁	
黔东南苗族侗族自治州	从江县 （丙妹镇）	由永从、下江二县合并设置，治今址。	1941年
		附：① 永从县—明正统七年（1442年）置，治今黎平县南。1941年与下江县合置从江县。 ② 下江县—1913年改下江厅置，治今从江县西下江镇。1941年与永从县合置从江县。	
	雷山县 （丹江镇）	丹江厅（治今址）	清
		丹江县	1913年
		雷山设治局	1944年
		雷山县	1949年
		雷山县苗族自治区	1954年
		雷山苗族自治县	1955年
		雷山县	1956年
	麻江县 （杏山街道）	麻峡县（治今址）	元
		麻哈州	明
		麻哈县	1913年
		麻江县	1930年
	丹寨县 （龙泉镇）	丹寨县（治今址）	1941年
		丹寨县苗族自治区	1952年
		丹寨苗族自治县	1955年
		丹寨县	1956年
黔南布依族苗族自治州	黔南布依族苗族自治州 （都匀市）	首府都匀县（今市）。	1956年

续　表

	今地名	沿革变迁
黔南布依族苗族自治州	都匀市 (广惠街道)	都云县(治今市西南)　元 都云军民府治　元 都匀安抚司(治今市)　明 都匀卫　明 都匀府治　明 都匀县　清 都匀市　1958年 都匀县　1962年 都匀市　1966年 注:为黔南布依族苗族自治州首府。
	福泉市 (金山街道)	平月长官司(治今市)　元 平越千户所　明 平越卫　明 平越府　明 平越县　清 平越州　清 平越县　1913年 福泉县　1953年 福泉市　1996年 注:元至元中置平月长官司,治今市。明洪武十四年(1381年)改平越千户所,十五年改平越卫。万历二十九年(1601年)置平越府。清康熙十一年(1672年)裁卫改平越县,嘉庆三年(1798年)废府、县,改置平越州。1913年废州改平越县。1953年改福泉县。1958年撤销,1961年复置。1996年改设福泉市。
	荔波县 (玉屏街道)	荔波州(治今县西北)　元 荔波县(清乾隆初迁今址)　明 注:元置荔波州,治今县西北。后废。明洪武十七年(1384年)置荔波县。清乾隆元年(1736年)迁治今址。1958年撤销,1961年复置。

续 表

	今地名	沿革变迁
黔南布依族苗族自治州	贵定县 (金南街道)	新添长官司(治今址) 明 新添千户所 明 新添卫 明 贵定县 明 注：明洪武四年(1371年)置新添长官司，治今址。洪武二十二年改新添千户所，二十三年改新添卫。万历三十六年(1608年)置贵定县，治今县南旧治镇。清康熙二十六年(1687年)迁治今址。
	瓮安县 (雍阳街道)	瓮水砦 南宋 瓮水安抚司(治今县西北) 明 草塘安抚司 明 重安长官司 明 瓮安县(治今址) 明
	独山县 (百泉镇)	独山州长官司(治今址) 元 九名九姓独山州长官司 明 独山州 明 独山县 1913年
	平塘县 (金盆街道)	由平舟、大塘二县合并设置，初治今县西通州镇，旋迁今址。 1942年 附：① 平舟县—1913年置，治今平塘县。1942年与大塘县合置平塘县。 ② 大塘县—1913年置，治今平塘县西。1942年与平舟县合置平塘县。
	罗甸县 (龙坪镇)	罗斛厅(治今址) 清 罗斛县 1913年 罗甸县 1930年 罗甸县布依族自治区 1954年 罗甸布依族自治县 1955年 罗甸县 1956年

续 表

	今地名	沿革变迁	
黔南布依族苗族自治州	长顺县 (长寨街道)	广顺州(治今县北) 长寨厅(治今址) 广顺县 长寨县 长顺县	明 清 1913年 1913年 1942年
	龙里县 (冠山街道)	龙里等处长官司(治今址) 龙里长官司 龙里卫 龙里县	元 明 明 清
	惠水县 (涟江街道)	定番州(治今址) 定番县 惠水县 惠水县布依族苗族自治区 惠水布依族苗族自治县 惠水县 惠水布依族苗族自治县 惠水县	明 1913年 1941年 1952年 1955年 1956年 1963年 1963年
	三都水族自治县 (三合街道)	三都县(治今址) 三都水族自治县	1942年 1956年

云　南　省

	今地名	沿　革　变　迁	
云南省	云南省 （昆明市）	简称滇或云。 昆明及滇国地 益州、牂柯、犍为等郡 益州、牂柯、永昌等郡 云南、永昌、朱提、建宁等郡 宁州 南宁州 南宁州总管府 剑南道 南诏 大理 云南行中书省 云南布政使司 云南省（省会昆明）	 秦 西汉 东汉 三国蜀汉 西晋 北周 隋 唐 唐 宋 元 明 清
昆明市	昆明市 （呈贡区）	滇国中心区 谷昌县 益宁县 昆州 拓东城（东京） 善阐府（上都） 善阐府（东京） 昆明千户 昆明县 中庆路 云南府（云南省会） 昆明县 昆明市（省辖） 谷昌县 昆明县 昆明市（地级，云南省会）	战国 西汉 南朝齐 唐 南诏 南诏 大理 蒙古 元 元 明、清 1913 年 1922 年 1945 年 1949 年 1949 年

续 表

	今地名	沿 革 变 迁	
昆明市	呈贡区 (龙城街道)	呈贡千户 呈贡县(治今址) 呈贡区	蒙古 元 2011年
	东川区 (铜都街道)	东川矿区 东川市(治今区西北,1960年迁今址) 东川区	1954年 1958年 1998年
	晋宁区 (昆阳街道)	滇池县(治今区东) 益州郡治 宁州治 益州郡治 晋宁郡治 晋宁县 晋宁州 阳城堡部 晋宁州 晋宁县(1958年迁今址) 晋宁区	西汉 西汉 西晋 西晋 西晋 唐 南诏 大理 元 1913年 2016年
	安宁市 (连然街道)	连然县(治今址) 安宁县 安宁千户 安宁州 安宁县 安宁区 安宁县 安宁市	西汉 唐 蒙古 元 1913年 1956年 1960年 1995年
	富民县 (永定街道)	初治今县东南旧县,明万历初迁今址。	元

续 表

	今地名	沿革变迁	
昆明市	宜良县 (匡远街道)	昆泽县(治今县北) 纪良州 宜良州(治今址) 宜良县	西汉 大理 元 元
	嵩明县 (嵩阳街道)	长州(治今址) 嵩明府 嵩明州 嵩明县	元 元 元 1913年
	石林彝族自治县 (鹿阜街道)	路南州(治今址) 路南县 路南彝族自治县 石林彝族自治县	元 1913年 1956年 1998年
	禄劝彝族苗族自治县 (屏山街道)	禄劝州(治今址) 禄劝县 禄劝彝族苗族自治县	元 清 1985年
	寻甸回族彝族自治县 (仁德街道)	牧靡县(治今址) 牧麻县 升麻县 仁德部 仁德府 寻甸府 寻甸州 寻甸县 寻甸回族自治县 寻甸县 寻甸回族彝族自治县	西汉 三国蜀汉 唐 大理 元 明 清 1913年 1957年 1960年 1979年

续 表

	今地名	沿革变迁	
曲靖市	曲靖市 (麒麟区)	味县(治今市) 建宁郡 南宁州 郎州 南宁州 南宁县 曲靖路 曲靖府 曲靖县 曲靖市 注：1993 年为县级市。1997 年升地级市,原县级曲靖市改置麒麟区,原沾益县行政区域析出复置,2016 年改沾益区。	西汉 三国蜀汉 唐 唐 唐 元 元 明、清 1913 年 1983 年
	麒麟区 (南宁街道)	由原县级曲靖市改置,治今区。	1997 年
	沾益区 (西平街道)	沾益州(治今宣威市,清顺治中迁今址) 沾益县 曲靖市 沾益县 沾益区	元 1913 年 1983 年 1997 年 2016 年
	马龙区 (通泉街道)	马龙州(治今址) 马龙县 马龙区	元 1913 年 2018 年
	宣威市 (宛水街道)	宣威州(治今市) 宣威县 榕峰县 宣威县 宣威市	清 1913 年 1954 年 1959 年 1994 年

续 表

	今地名	沿革变迁	
曲靖市	陆良县 (中枢街道)	陆凉州(治今县东北) 陆凉县 陆良县(治今址)	元 1913年 1913年
	师宗县 (丹凤街道)	师宗部 师宗州(治今县东,明万历中迁今址) 师宗县	南诏 元 清
	罗平县 (罗雄街道)	罗雄部 罗雄州(治今县北) 罗平州(治今址) 罗平县	大理 元 明 1913年
	富源县 (中安街道)	平夷县(治今址) 平夷卫 平彝县 富源县	唐 明 清 1954年
	会泽县 (古城街道)	会泽县(治今址) 东川府治 东川县 会泽县	清 清 1913年 1929年
玉溪市	玉溪市 (红塔区)	新兴州(治今市) 新兴县 休纳县 玉溪县 玉溪市 注:1983年为县级市。1997年升地级市,原县级玉溪市改置红塔区。	元 1913年 1914年 1916年 1983年
	红塔区 (玉兴街道)	由原县级玉溪市改置,治今区。	1997年

续 表

	今地名	沿革变迁	
玉溪市	江川区 (星云街道)	绛县(治今区东北) 江川县 江川州 江川县(1958年迁今址) 江川区	唐 南诏 元 元 2015年
	澄江市 (凤麓街道)	河阳州(治今市西) 澂江路 河阳县 澂江府治(明正德中迁今址) 澂江县 澄江县 澄江市	元 元 元 明、清 1913年 1955年 2019年
	通海县 (秀山街道)	通海镇 通海县(治今址) 杞麓县 通海县	唐 元 1956年 1960年
	华宁县 (宁州街道)	宁州(初治今江川县东南旧州,至正年间迁今址) 宁县 黎县 华宁县	元 1913年 1914年 1931年
	易门县 (龙泉街道)	洟门千户所(治今县南) 易门县(明万历初迁今址)	蒙古 元
	峨山彝族自治县 (双江街道)	嶍峨州(治今县东) 嶍峨县(明正德中迁今址) 峨山县 峨山县彝族自治区 峨山彝族自治县	元 元 1929年 1951年 1956年

续 表

	今地名	沿 革 变 迁	
玉溪市	新平彝族傣族自治县（桂山街道）	平甸县（治今县西南） 新平县（治今址） 新平彝族傣族自治县	元 明 1980年（1979年批准）
玉溪市	元江哈尼族彝族傣族自治县（红河街道）	元江路（治今址） 元江府 元江军民府 元江府 元江直隶州 元江县 元江哈尼族彝族傣族自治县	元 明 明 清 清 1913年 1980年（1979年批准）
保山市	保山市（隆阳区）	不韦县（治今市东北） 永昌郡 永昌府 永昌州 永昌府 保山县（治今市） 永昌府 永昌县 保山县 保山市 注：1983年为县级市。2000年升地级市，原县级保山市改置隆阳区。	西汉 东汉 大理 元 元 明 明 1913年 1914年 1983年
保山市	隆阳区（兰城街道）	由原县级保山市改置，治今区。	2000年

续 表

	今地名	沿革变迁	
保山市	腾冲市 (腾越街道)	软化府(治今市)	南诏
		腾冲府	大理
		腾越州	元
		腾越县(治今址)	元
		腾冲府	元
		腾越州	明
		腾越直隶厅	清
		腾越厅	清
		腾冲县	1913 年
		腾冲市	2015 年
	施甸县 (甸阳镇)	石甸长官司(治今县北)	元
		施甸长官司	明
		施甸县(治今址)	1962 年
	龙陵县 (龙山镇)	龙陵厅(治今址)	清
		龙陵县	1913 年
	昌宁县 (田园镇)	由保山、顺宁(今凤庆)二县析置,治今址。	1935 年
昭通市	昭通市 (昭阳区)	朱提县(治今市)	西汉
		朱提郡	东汉
		南朱提郡	南朝齐
		恭州	北周
		安上县	唐
		朱提县	唐
		曲州	唐
		乌蒙路	元
		乌蒙府	明
		恩安县	清
		乌蒙府	清
		昭通府	清
		昭通县	1913 年
		昭通市	1981 年
		注:1981 年为县级市,1983 年昭通县撤销并入。2001 年升地级市,原县级昭通市改置昭阳区。	

续　表

	今地名	沿革变迁	
昭通市	昭阳区 (凤凰街道)	由原县级昭通市改置,治今区。	2001年
	水富市 (云富街道)	水富县 水富市	1981年 2018年
	鲁甸县 (文屏街道)	鲁甸厅(治今址) 鲁甸县	清 1913年
	巧家县 (白鹤滩街道)	堂琅县(治今县东) 堂狼县 巧家厅(治今址) 巧家县	西汉 东汉 清 1913年
	盐津县 (盐井镇)	盐泉县(治今址) 盐津县	唐 1917年
	大关县 (翠华镇)	大关厅(初治今县北,后迁今址) 大关县	清 1913年
	永善县 (溪落渡街道)	初治今县东北,寻迁今县南,1951年迁今址。	清
	绥江县 (中城镇)	靖江县(治今址) 绥江县	清 1914年
	镇雄县 (乌峰街道)	芒部路(治今县北芒部镇) 芒部府 镇雄军民府(治今址) 镇雄府 镇雄州 镇雄直隶州 镇雄县	元 明初 明 明 清 清 1913年

续 表

	今地名	沿革变迁	
昭通市	彝良县(角奎街道)	益良州(治今县东南) 彝良州同 彝良县(治今址)	元 清 1913年
	威信县(扎西镇)	威信行政区(治今县北旧城址,1921年迁今址) 威信县	1913年 1936年
丽江市	丽江市(古城区)	丽江路(治今市西北) 丽江府(治今市) 丽江军民府 丽江县 丽江府 丽江县 丽江纳西族自治县 丽江市(地级)	元 明 明 清 清 1913年 1961年 2002年
	古城区(西安街道)	由丽江纳西族自治县城区析设。	2003年
	永胜县(永北镇)	旋州(治今县北) 北胜州 北胜府 北胜州 永北府(治今县) 永北厅 永北县 永胜县	元 元 元 明 清 清 1913年 1934年
	华坪县(中心镇)	治今址。	清
	玉龙纳西族自治县(黄山街道)	丽江县(治今丽江市) 丽江府 丽江县 丽江纳西族自治县 玉龙纳西族自治县(治今址)	清 清 1913年 1961年 2002年

续 表

	今地名	沿革变迁	
丽江市	宁蒗彝族自治县（大兴街道）	宁蒗设治局（治今址）	1936年
		宁蒗设治区	1950年
		宁蒗县	1952年
		宁蒗彝族自治县	1956年
普洱市	普洱市（思茅区）	思摩部	大理
		思茅寨	明
		思茅厅（治今址）	清
		思茅县	1913年
		思茅市（县级）	1993年
		普洱市（地级）	2007年
		注：2003年思茅市升地级市，原县级思茅市改置翠云区。2007年改名普洱市，翠云区改思茅区。	
	思茅区（思茅街道）	翠云区（治今址）	2003年
		思茅区	2007年
	宁洱哈尼族彝族自治县（宁洱镇）	宁洱县（治今址）	清
		普洱府	清
		普洱县	1913年
		宁洱县	1917年
		普洱县	1951年
		普洱哈尼族彝族自治县	1985年
		宁洱哈尼族彝族自治县	2007年
	墨江哈尼族自治县（联珠镇）	马龙他郎甸长官司（治今县）	元
		恭顺州	明
		他郎厅	清
		他郎县	1913年
		墨江县	1916年
		墨江哈尼族自治县	1979年

续 表

	今地名	沿 革 变 迁	
普洱市	景东彝族自治县(锦屏镇)	景东府(治今县)	元
		景东州	明
		景东府	明
		景东直隶厅	清
		景东县	1913 年
		景东彝族自治县	1985 年
	景谷傣族彝族自治县(威远镇)	威远城	南诏
		威远赕	大理
		威远州(治今址)	元
		威远府	明
		威远州	明
		威远厅	清
		威远县	1913 年
		景谷县	1914 年
		景谷傣族彝族自治县	1985 年
	镇沅彝族哈尼族拉祜族自治县(恩乐镇)	镇沅州(治今县)	明
		镇沅府	明
		镇沅直隶州	清
		镇沅直隶厅	清
		镇沅县	1913 年
		镇沅彝族哈尼族拉祜族自治县	1990 年
	江城哈尼族彝族自治县(勐烈镇)	江城县(治今址)	1929 年
		江城县哈尼族彝族自治区	1954 年
		江城哈尼族彝族自治县	1955 年
	孟连傣族拉祜族佤族自治县(娜允镇)	孟连长官司(治今县)	明
		孟连宣抚司	清
		孟连县傣族拉祜族佧佤族自治区	1954 年
		孟连傣族拉祜族佧佤族自治县	1959 年
		孟连傣族拉祜族佤族自治县	1963 年

续　表

	今地名	沿革变迁	
普洱市	澜沧拉祜族自治县（勐朗镇）	镇边直隶厅（治今县东北）	清
		镇边县	1913年
		澜沧县	1914年
		澜沧县拉祜族自治区（1954年迁今址）	1953年
		澜沧拉祜族自治县	1959年
	西盟佤族自治县（勐梭镇）	西盟县佐	1929年
		西盟山区（治今县勐卡镇）	1956年
		西盟佤族自治县（1996年迁今址）	1965年
临沧市	临沧市（临翔区）	缅宁厅（治今市）	清
		缅宁县	1913年
		临沧县	1954年
		临沧市（地级）	2003年
	临翔区（凤翔街道）	由临沧县改置，治今区。	2003年
	凤庆县（凤山镇）	顺宁府（治今县）	元
		顺宁州	明
		顺宁府	明
		顺宁县	清
		顺宁府	清
		顺宁县	1913年
		凤庆县	1954年
	云　县（爱华镇）	宝通州（治今县）	元
		大侯长官司	明
		云州	明
		云县	1913年

续 表

	今地名	沿革变迁	
临沧市	永德县 (德党镇)	由镇康县析置,治今址。	1963年
	镇康县 (南伞镇)	镇康路(治今永德县东北) 镇康府 镇康州 永康州 永康县 镇康县(治今永康镇,2001年迁今址)	元 明 明 清 1913年 1914年
	双江拉祜族佤族布朗族傣族自治县 (勐勐镇)	双江县(治今址) 双江拉祜族佤族布朗族傣族自治县	1929年 1985年
	耿马傣族佤族自治县 (耿马镇)	耿马安抚司(治今县) 耿马宣抚司 耿马设治局 耿马设治区 耿马县 耿马傣族佧佤族自治县 耿马傣族佤族自治县	明 明 1942年 1949年 1952年 1955年 1963年
	沧源佤族自治县 (勐董镇)	沧源设治局(治今县) 沧源设治区(1950年迁今岩帅镇) 沧源县(治今址) 沧源佧佤族自治县 沧源佤族自治县	1937年 1949年 1952年 1958年 1964年
楚雄彝族自治州	楚雄彝族自治州 (楚雄市)	首府楚雄县(治今市)。	1958年(1957年批准)
	楚雄市 (鹿城镇)	威州(治今市) 威楚路 威楚县 楚雄县 楚雄府 楚雄县 楚雄市	元 元 元 明 明 1913年 1983年

续 表

	今地名	沿革变迁	
楚雄彝族自治州	禄丰市（金山镇）	禄丰县	元
		禄丰市	2021年
	双柏县（妥甸镇）	双柏县（治今县南）	西汉
		摩刍千户所	元
		南安州	元
		南安县	1913年
		摩刍县	1914年
		双柏县（1963年迁今址）	1929年
	牟定县（共和镇）	牟州（治今县西）	南诏
		定远州	元
		定远县（明迁今址）	元
		牟定县	1914年
	南华县（龙川镇）	俗富郡	南诏
		镇南州（治今县）	元
		镇南县	1913年
		南华县	1954年
	姚安县（栋川镇）	姚州（治今县西北）	唐
		姚城县	唐
		姚州	元
		姚州路治	元
		姚安府治（迁今址）	明
		姚安县	1913年
	大姚县（金碧镇）	青蛉县（治今址）	西汉
		大姚县	元
	永仁县（永定镇）	深利县（治今址）	唐
		利州治	唐
		微州治	唐
		苴郤行政区	1913年
		永仁县	1929年

续 表

	今地名	沿革变迁	
楚雄彝族自治州	元谋县(元马镇)	初治今县南老城,清光绪初迁今址。	元
	武定县(狮山镇)	南甸县(治今县东)	元
		武定路治	元
		武定府治(迁今址)	明
		武定直隶州	清
		武定县	1913 年
红河哈尼族彝族自治州	红河哈尼族彝族自治州(蒙自市)	首府蒙自县(治今市),1958 年首府迁个旧市,2003 年复迁治今市。	1957 年
	蒙自市(文澜街道)	蒙自县(治今市)	元
		乐新县	南明
		蒙自县	清
		蒙自市	2010 年
	个旧市(金湖街道)	个旧厅(治今市)	清
		个旧县	1913 年
		个旧市	1951 年
	开远市(乐白道街道)	阿迷州	明
		阿迷县(治今市)	1913 年
		开远县	1931 年
		开远市	1981 年
	弥勒市(弥阳街道)	弥勒千户	元
		弥勒州(治今市)	元
		弥勒县	清
		弥勒县彝族自治区	1953 年
		弥勒彝族自治县	1956 年
		弥勒县	1957 年
		弥勒市	2013 年

续 表

	今地名	沿革变迁	
红河哈尼族彝族自治州	建水县 （临安镇）	建水州（治今县） 建水县 临安县 建水县	元 清 1913年 1914年
	石屏县 （异龙镇）	石坪州（治今县） 石屏州 石屏县	蒙古 明 1913年
	泸西县 （中枢镇）	漏江县（治今县东） 弥鹿部（治今县） 广西路 广西府 广西直隶州 广西县 泸西县	西汉 南诏 元 明 清 1913年 1929年
	元阳县 （南沙镇）	新民县（治今县西北） 元阳县（1998年迁今址）	1950年 1951年
	红河县 （迤萨镇）	红河县（治今址） 红河县爱尼族自治区 红河县	1950年 1951年 1954年（1953年批准）
	绿春县 （大兴镇）	由元阳、红河、墨江三县析置，治今址。	1958年
	屏边苗族自治县 （玉屏镇）	靖边行政区（治今县） 屏边县 屏边苗族自治县 河口瑶族苗族自治县 屏边苗族自治县	1913年 1933年 1958年 1960年 1963年（1962年批准）

续 表

	今地名	沿革变迁	
红河哈尼族彝族自治州	金平苗族瑶族傣族自治县(金河镇)	金河行政区(治今县)	1917年
		金河设治区	1932年
		平河设治区	1932年
		金平县	1936年
		金平苗族瑶族傣族自治县	1985年
	河口瑶族自治县(河口镇)	河口副督办区(治今县)	清
		河口对汛督办区	1914年
		河口市	1950年
		河口县	1955年
		河口瑶族自治县	1958年
		河口县	1960年
		河口瑶族自治县	1963年(1962年批准)
文山壮族苗族自治州	文山壮族苗族自治州(文山市)	文山僮族自治州(首府文山县,今文山市)	1958年(1957年批准)
		文山壮族自治州	1965年
	文山市(卧龙街道)	文山县(治今市)	清
		开化府治	清
		开化县	1913年
		文山县	1914年
		文山市	2010年
	砚山县(江那镇)	砚山设治局(治今县)	1933年
		砚山县	1935年
	西畴县(西洒镇)	普兰行政区(治西洒镇)	1914年
		西畴县(治今址)	1920年
	麻栗坡县(麻栗镇)	麻栗坡副督办区(治今县)	清
		麻栗坡对汛督办区	1914年
		麻栗坡对汛特别区	1933年
		麻栗坡市	1950年
		麻栗坡县	1955年

续 表

	今地名	沿革变迁	
文山壮族苗族自治州	马关县 （马白镇）	马白关	清
		安平厅（初治文山市，后迁今址）	清
		安平县	1913 年
		马关县	1914 年
	丘北县 （锦屏镇）	维摩州	元
		丘北州同	清
		丘北县（治今址）	清
	广南县 （莲城镇）	广南西路宣抚司（治今县）	元
		广南府	明
		宝宁县	清
		广南府治	清
		广南县	1913 年
	富宁县 （新华镇）	富州（治今县）	北宋
		富州厅	清
		富州县	1913 年
		富宁县	1927 年
西双版纳傣族自治州	西双版纳傣族自治州 （景洪市）	车(彻)里路军民总管府	元
		车(彻)里宣慰司	明、清
		普思沿边行政总局	1913 年
		普思殖边总办公署	1925 年
		西双版纳傣族自治区（首府今景洪市）	1953 年
		西双版纳傣族自治州	1955 年
	景洪市 （允景洪街道）	车里县（治今市）	1927 年
		版纳景洪	1957 年
		景洪县	1960 年
		景洪市	1993 年
	勐海县 （勐海镇）	佛海县（治今址）	1927 年
		版纳勐海	1954 年
		勐海县	1960 年
	勐腊县 （勐腊镇）	镇越县（治今址）	1927 年
		版纳勐腊	1957 年
		勐腊县	1960 年

续 表

	今地名	沿革变迁	
大理白族自治州	大理白族自治州(大理市)	首府下关市(今大理市)	1956年
	大理市(下关街道)	叶榆县(治今市东北) 西河阳郡 太和县 大理路 大理府 大理县 下关市(治今址) 大理市 下关市 大理市	西汉 南朝宋 元 元 明、清 1913年 1951年 1960年 1962年 1983年
	祥云县(祥城镇)	云南县(治今县东南云南驿) 云南郡 云南州 云南县(治今址) 祥云县	西汉 西晋 元 明 1929年
	宾川县(金牛镇)	宾川州(治今县东南) 宾川县(1958年迁今址)	明 1913年
	弥渡县(弥城镇)	迷渡市巡检司(治今县) 弥渡州 弥渡县	明 清 1913年
	永平县(博南镇)	博南县(治今县西南) 永平县(治今址)	东汉 元

续 表

	今地名	沿革变迁	
大理白族自治州	云龙县 (诺邓镇)	比苏县(治今县北) 云龙甸 云龙赕 云龙甸军民府 云龙州 云龙县(1929年迁今址)	西汉 南诏 大理 元 明 1913年
	洱源县 (茈碧湖镇)	浪穹州(治今县) 浪穹县 洱源县	唐 元 1913年
	剑川县 (金华镇)	剑川节度 义督赕 剑川县(治今县南) 剑川州(治今县) 剑川县	南诏 大理 元 明 1913年
	鹤庆县 (云鹤镇)	鹤州(治今县) 鹤庆路 鹤庆军民府 鹤庆州 鹤庆县	蒙古 元 明 清 1913年
	漾濞彝族自治县 (苍山西镇)	漾濞巡检司 漾濞江巡检司 漾濞县(治今县东,1915年迁今址) 漾濞彝族自治县	明 清 1912年 1985年
	南涧彝族自治县 (南涧镇)	定边县(治今址) 南涧县 南涧彝族自治县	元 1961年 1965年(1963年批准)

续　表

	今地名	沿革变迁	
大理白族自治州	巍山彝族回族自治县(南诏镇)	邪龙县(治今址)	西汉
		蒙舍赕	南诏
		蒙化府	元
		蒙化路	元
		蒙化州	元
		蒙化府	明
		蒙化直隶厅	清
		蒙化县	1913年
		巍山县	1954年
		巍山彝族自治县	1956年
		永建回族自治县	1956年
		巍山彝族回族自治县	1960年
德宏傣族景颇族自治州	德宏傣族景颇族自治州(芒市)	德宏傣族景颇族自治区(首府潞西县,今芒市)	1953年
		德宏傣族景颇族自治州	1956年
	芒市(勐焕街道)	芒市长官司(治今市)	明
		芒市安抚司	明
		芒遮板行政区	1915年
		潞西设治局	1935年
		潞西设治区	1949年
		潞西县	1950年
		潞西市	1996年
		芒市	2010年
	瑞丽市(勐卯街道)	瑞丽设治局(治今市)	1935年
		瑞丽设治区	1949年
		瑞丽县	1952年
		瑞丽市	1992年

续 表

	今地名	沿革变迁	
德宏傣族景颇族自治州	梁河县 (遮岛镇)	南甸路军民总管府(治今县东北) 南甸府 南甸州 南甸宣抚司 梁河设治局 梁河设治区 梁河县傣族景颇族自治区(治今址) 梁河县	元 明 明 明 1935年 1949年 1952年 1954年
	盈江县 (平原镇)	镇西路军民总管府(治今县东北) 镇西府 干崖长官司 干崖宣抚司 盈江设治局 盈江设治区 盈江县(1958年迁今址)	元 明 明 明 1935年 1949年 1952年
	陇川县 (章凤镇)	陇川宣抚司(治今县南) 陇川弹压委员 陇川行政区 陇川设治局 陇川设治区 陇川县(1998年迁今址)	明 1912年 1917年 1935年 1949年 1952年
怒江傈僳族自治州	怒江傈僳族自治州 (泸水市)	怒江傈僳族自治区(首府碧江县知子罗) 怒江傈僳族自治州(1978年迁治今泸水市六库)	1954年 1957年(1956年批准)
	泸水市 (六库街道)	泸水行政区(治今市鲁掌镇) 泸水设治局 泸水设治区 泸水县(1978年迁六库镇) 泸水市(县级)	1914年 1935年 1949年 1952年 2016年

续　表

	今地名	沿　革　变　迁	
怒江傈僳族自治州	福贡县(上帕镇)	上帕行政区(治今县) 康乐设治局 福贡设治局 福贡设治区 福贡县傈僳族自治区 福贡县	1916 年 1932 年 1935 年 1949 年 1952 年 1954 年
	贡山独龙族怒族自治县(茨开镇)	菖蒲桶殖边公署 贡山行政区(治今茨开镇) 贡山设治局 贡山设治区 贡山县傈僳族自治区 贡山县 贡山独龙族怒族自治县	1912 年 1916 年 1935 年 1949 年 1952 年 1954 年 1956 年
	兰坪白族普米族自治县(金顶街道)	兰州 兰坪县(治今址) 兰坪白族普米族自治县	元 1912 年 1987 年
迪庆藏族自治州	迪庆藏族自治州(香格里拉市)	首府中甸县(今香格里拉市)。	1957 年
	香格里拉市(建塘镇)	大旦当 忠甸 中甸 中甸厅(治中心镇) 中甸县(1988 年迁今址) 香格里拉县 香格里拉市	元 明 清 清 1913 年 2001 年 2014 年

续 表

	今地名	沿革变迁	
迪庆藏族自治州	德钦县（升平镇）	阿墩子行政区（治今址）	1912年
		德钦设治局	1935年
		德钦设治区	1949年
		德钦县藏族自治区	1952年
		德钦县	1956年
	维西傈僳族自治县（保和镇）	临西县（治今县西）	元
		维西厅（治今址）	清
		维西县	1913年
		维西傈僳族自治县	1985年

西藏自治区

<table>
<tr><th></th><th>今地名</th><th>沿 革 变 迁</th></tr>
<tr><td>西藏自治区</td><td>西藏自治区
（拉萨市）</td><td>简称藏，古为羌、戎地。
吐蕃　唐、宋
乌思、藏、纳里速古鲁孙三路宣慰使司　元
乌思藏、朵甘思二都指挥使司　明
卫、藏、喀木、阿里四部　清
西藏　清
蒙藏委员会办事处　民国
西藏自治区筹备委员会　1956 年
西藏自治区（西藏自治区首府）　1965 年

注：“西藏”一词，最早见于清康熙二年(1663 年)。康熙四十八年曾派员赴藏管理西藏事务。乾隆十八年(1753 年)公布《钦定西藏章程》，西藏正式成为政区名。民国时在拉萨设立蒙藏委员会办事处。1951 年 5 月和平解放。1956 年将昌都地区并入，并成立西藏自治区筹备委员会。1959 年进行民主改革，农牧业经济迅速发展。1965 年建立西藏自治区，首府拉萨市。</td></tr>
<tr><td rowspan="2">拉萨市</td><td>拉萨市
（城关区）</td><td>热萨　吐蕃
乌思藏万户府　元
乌思藏都指挥使司　明
蒙藏委员会办事处　民国
拉萨办事处　1955—1959 年
拉萨市（地级，1965 年起为西藏自治区首府）　1960 年

附：① 吐蕃，称热萨(又作逻娑)，公元 7 世纪，松赞干布赞普王迁都于此，向为西藏的政治、经济、文化中心。
② 清朝在拉萨设与达赖、班禅同等地位的驻藏大臣，督办藏内事务。民国时在此设蒙藏委员会办事处。1951 年和平解放，1955—1959 年设拉萨办事处。1960 年设市，1965 年起为西藏自治区首府。</td></tr>
<tr><td>城关区
（吉崩岗街道）</td><td>治今址。　1961 年</td></tr>
</table>

续 表

	今地名	沿革变迁	
拉萨市	堆龙德庆区（东嘎街道）	堆龙德庆宗（治朗嘎） 堆龙德庆县（1998 年迁今区） 堆龙德庆区	清 1960 年 2015 年
	达孜区（德庆镇）	达孜宗（治达孜） 达孜县（治今址） 达孜区	明 1960 年 2017 年
	林周县（甘丹曲果镇）	冷竹宗 林周宗 林周县（治松盘 1966 年迁旁多，1990 年迁今址）	清 清 1960 年
	当雄县（当曲卡镇）	当雄宗（治当曲卡） 当雄县（治当雄，1964 年迁今址）	1913 年 1960 年
	尼木县（塔荣镇）	尼木宗（治今县） 尼木县	清 1960 年
	曲水县（曲水镇）	曲水宗（治曲水） 曲水县（1965 年迁雪村，1998 年迁今址）	清 1960 年
	墨竹工卡县（工卡镇）	墨竹工卡宗（治今县） 墨竹工卡县	清 1960 年
日喀则市	日喀则市（桑珠孜区）	日喀则基巧（治今市） 日喀则办事处 日喀则专区 日喀则地区 日喀则市	1949 年 1955 年 1960 年 1970 年 2014 年

续 表

	今地名	沿革变迁	
日喀则市	桑珠孜区（城南街道）	日喀则宗(治今区)	1913年
		日喀则县	1960年
		日喀则市	1986年
		桑珠孜区	2014年
		注：2014年日喀则市升设地级市,日喀则地区撤销。	
	南木林县（南木林镇）	南木林宗(治今县)	清
		南木林县	1960年
	江孜县（江孜镇）	江孜,全称江卡尔孜。	
		江孜宗(治今县)	清
		江孜县	1960年
	定日县（协格尔镇）	定日豁(治定日)	清
		定日县(1968年迁今址)	1960年
	萨迦县（萨迦镇）	萨迦豁(治今县)	1954年
		萨迦县	1960年
	拉孜县（曲下镇）	拉孜宗(治拉孜)	明
		拉孜县(1968年迁今址)	1960年
	昂仁县（卡嘎镇）	昂仁宗(治今县)	明
		昂仁县	1960年
	谢通门县（卡嘎镇）	谢通门豁	元
		谢通门县(治吉丁,1990年迁今址)	1960年
	白朗县（洛江镇）	巴朗宗(治觉洛)	明
		白朗县(1966年迁今址)	1960年
	仁布县（德吉林镇）	仁布宗(治今县)	明
		仁布县	1960年

续 表

	今地名	沿革变迁	
日喀则市	康马县 （康马镇）	由江孜县析置，治今址。	1962年
	定结县 （江嘎镇）	定结宗（治定结） 定结县（治今址）	明 1960年
	仲巴县 （拉让乡）	仲巴洛强豁（治岗久） 仲巴县（1964年迁扎东，1966年迁今址）	清 1960年
	亚东县 （下司马镇）	亚东关 亚东办事处 亚东县（治今址）	清 1956年 1960年
	吉隆县 （宗嘎镇）	吉隆宗（治今县） 吉隆县	清 1960年
	聂拉木县 （聂拉木镇）	聂拉木宗（治今县） 聂拉木县	清 1960年
	萨嘎县 （加加镇）	萨噶宗（治今县） 萨噶县 萨嘎县	清 1960年 1976年
	岗巴县 （岗巴镇）	康巴宗（治今县） 岗巴宗 康巴区 岗巴县	明 明 1960年 1962年
昌都市	昌都市 （卡若区）	昌都总管（治今市） 昌都地区人民解放委员会 昌都专区 昌都地区 昌都市	民国 1950年 1960年 1970年 2014年

续 表

	今地名	沿革变迁	
昌都市	卡若区 (城关镇)	昌都府(治今区) 昌都县 昌都宗 昌都县 卡若区 注：1939年属西康省。	1912年 1913年 1928年 1960年 2014年
	江达县 (江达镇)	同普县(治同普) 江达宗(治嘎通) 江达县(治今址)	清 民国 1960年
	贡觉县 (莫洛镇)	贡县(治今县东南) 贡觉宗(治喀沙) 贡觉县(治今址)	1913年 民国 1960年
	类乌齐县 (桑多镇)	类乌齐宗(治类乌齐) 类乌齐县(1966年迁热扎卡,1998年迁今址)	清 1960年
	丁青县 (丁青镇)	丁青宗(治甲木塘) 昌都第一办事处 丁青县(治今址)	1916年 1951年 1960年
	察雅县 (烟多镇)	察雅县(治今县东) 察雅宗 察雅县(治今址)	清末 民国 1960年
	八宿县 (白玛镇)	八宿宗(治同卡) 八宿县(1964年迁今址)	清 1960年
	左贡县 (旺达镇)	左贡宗(治亚中) 左贡县(1966年迁今址)	民国 1960年

续 表

	今地名	沿革变迁	
昌都市	芒康县（嘎托镇）	江卡委员（治江卡）	1911年
		宁静县	1912年
		芒康宗	民国
		宁静县（治今址）	1960年
		芒康县	1965年
	洛隆县（孜托镇）	洛隆宗（治康沙）	清末
		洛隆县（治今址）	1960年
	边坝县（草卡镇）	边坝宗（治边坝）	民国
		边坝县（1966年治东马同，1998年迁今址）	1960年
林芝市	林芝市（巴宜区）	林芝专区（治八一村）	1960年
		林芝地区（治八一镇）	1983年
		林芝市	2015年
	巴宜区（八一镇）	林芝县（治尼池，1974年迁普拉，2015年迁今址）	1960年
		巴宜区	2015年
	米林市（米林镇）	米林县	1960年
		米林市	2023年
	工布江达县（工布江达镇）	工布江达宗（治太昭）	清
		太昭县	1912年
		工布江达宗	1950年
		工布江达县（治阿沛桥，1965年治峡龙，1966年迁今址）	1960年
	墨脱县（墨脱镇）	墨脱宗（治马尼翁）	清
		墨脱县（1974年迁今址）	1960年
	波密县（扎木镇）	波曲宗（治今县西）	清
		昌都第二办事处	1951年
		波密县（治今址）	1960年

续　表

	今地名	沿　革　变　迁	
林芝市	察隅县 (竹瓦根镇)	桑昂曲宗(治今县西北) 科麦县 桑昂曲宗 桑昂曲县 察隅县(治吉公,1998年迁今址)	清 1913年 1950年 1960年 1966年
	朗　县 (朗镇)	朗宗(治朗村) 朗县(1966年迁今址)	清 1960年
山南市	山南市 (乃东区)	洛喀基巧(治泽当) 山南专区 山南地区 山南市	清 1960年 1970年 2016年
	乃东区 (泽当街道)	乃东宗(治今址) 乃东县 乃东区	明 1960年 2016年
	错那市 (麻麻门巴民族乡)	翠纳宗(治雪下) 错那宗 错那县(1966年迁今址) 错那市	明 清 1960年 2023年
	扎囊县 (扎塘镇)	札囊宗(治今县) 札囊县 扎囊县	清 1960年 1976年
	贡嘎县 (吉雄镇)	贡噶宗(治今县) 贡噶县 贡嘎县	明 1960年 1976年
	桑日县 (桑日镇)	桑日宗(治今县) 桑日豀 桑日宗 桑日县	明 清 清 1960年

续 表

	今地名	沿革变迁	
山南市	琼结县 (琼结镇)	琼结达孜宗(治今县) 琼结宗 穷结县 琼结县	明 清 1960年 1986年
	曲松县 (曲松镇)	拉加里宗(治拉加里) 拉加里县 曲松县(治今址)	清 1960年 1965年
	措美县 (措美镇)	哲古宗(治今县) 哲古县 措美县	明 1960年 1965年
	洛扎县 (洛扎镇)	多宗(治今县) 洛扎县	清 1960年
	加查县 (安绕镇)	加查宗(治仲坝) 加查县(治加查,1964年迁仲坝,1990年迁今址)	1951年 1960年
	隆子县 (隆子镇)	隆子宗(治新巴) 隆子县(治机当,1990年迁新巴,1998年迁今址)	清 1960年
	浪卡子县 (浪卡子镇)	浪卡子宗(治今县) 浪卡子县	明 1960年
那曲市	那曲市 (色尼区)	绛曲基巧 黑河基巧 那曲专区 那曲地区 那曲市	1942年 1956年 1960年 1970年 2017年

续 表

	今地名	沿革变迁	
那曲市	色尼区 (那曲镇)	坎囊宗(治今区) 黑河宗 那曲宗 黑河县 那曲县 色尼区	清 清 清 1960年 1965年 2017年
	嘉黎县 (阿扎镇)	拉里宗(治阿加里) 嘉黎县(治嘉黎,1966年迁达玛,1972年迁阿扎,1983年迁达玛,1988年迁今址)	1912年 1960年
	比如县 (比如镇)	哲如宗(治今县) 比如宗 比如县	1916年 1942年 1960年
	聂荣县 (聂荣镇)	阿札白索宗(治聂荣) 聂荣宗 聂荣县(治错阳,1964年迁色贡,1990年迁今址)	1941年 1942年 1960年
	安多县 (帕那镇)	初治安多,1966年迁今址。	1960年
	申扎县 (申扎镇)	申扎宗(治今县) 申扎县	清 1960年
	索　县 (亚拉镇)	索宗(治嘎切塘) 索县(治亚拉,1966年迁赞丹雪,1990年迁嘎切塘,1998年迁今址)	1916年 1960年
	班戈县 (普保镇)	治今址。	1960年

续表

	今地名	沿革变迁	
那曲市	巴青县 (拉西镇)	巴青宗(治今县) 巴青县(1966年迁达尔塘,1990年迁益塔塘,1998年迁今址)	1916年 1960年
	尼玛县 (尼玛镇)	由申扎、班戈二县析置,治今址。	1983年
	双湖县 (多玛乡)	由尼玛乡析置,治今址。	2010年
阿里地区	阿里地区 (噶尔县)	阿里总管 阿里专区(治昆沙) 阿里地区(治狮泉河镇)	清 1960年 1970年
	噶尔县 (狮泉河镇)	噶尔宗(治噶尔昆沙) 噶尔县(1988年迁今址)	清 1960年
	普兰县 (普兰镇)	普兰宗(治今县) 普兰县	清 1960年
	札达县 (托林镇)	札布让、达巴二宗 札达县(治今址)	清 1960年
	日土县 (日土镇)	日土宗(治德汝) 日土县(治今址)	清 1960年
	革吉县 (革吉镇)	治今址。	1960年
	改则县 (改则镇)	治今址。	1960年
	措勤县 (措勤镇)	由改则县析置,治今址。	1970年

陕　西　省

	今地名	沿　革　变　迁	
陕西省	陕西省（西安市）	简称陕或秦。	
		秦国	春秋、战国
		内史及上、汉中等郡	秦
		京兆尹、左冯翊、右扶风和上、西河、汉中等郡	西汉
		司隶部和上、西河、汉中等郡	东汉
		魏、蜀	三国
		雍州及梁、司等州和羌胡地	西晋
		京兆、延安、西城等郡	隋
		关内、山南等道	唐
		陕西路	宋
		陕西行中书省	元
		陕西布政使司	明
		陕西左布政使司	清
		西安布政使司	清
		陕西布政使司	清
		陕西省（省会西安）	清
		注：土地革命时期，在陕北建有革命根据地。1937—1947年延安为中共中央所在地。	

续 表

<table>
<tr><th></th><th>今地名</th><th colspan="2">沿 革 变 迁</th></tr>
<tr><td rowspan="3">西
安
市</td><td>西安市
（未央区）</td><td colspan="2">长安邑 战国秦
长安县 西汉
京兆尹治 西汉
京兆郡治 三国魏
雍州治 唐
京兆府治 唐
西京 唐
中京 唐
西京 唐
大安府治 五代梁
京兆府治 五代唐
陕西路治 北宋
永兴路治 北宋
安西府治 元
安西路治 元
奉元路治 元
西安府（陕西省会） 明、清
西安市 1928 年
西京市 1931 年
西安市 1943 年

注：西安古名长安，中国八大古都之一。西汉、新莽、东汉（献帝初）、西晋（愍帝）、前赵、前秦、后秦、西魏、北周、隋、唐等代均在此建都。1928 年设省辖市，1949 年直属中央，1954 年为地级市。</td></tr>
<tr><td>未央区
（张家堡街道）</td><td colspan="2">未央区 1954 年
郊区（由未央等区合设） 1965 年
未央区 1980 年</td></tr>
<tr><td>临潼区
（骊山街道）</td><td colspan="2">骊邑县（治今区东北） 秦
新丰县 西汉
庆山县 唐
新丰县 唐
会昌县（治今区） 唐
昭应县 唐
临潼县 北宋
临潼区 1997 年</td></tr>
</table>

续 表

	今地名	沿革变迁	
西安市	长安区 (韦曲街道)	长安县(治今西安市西北,隋迁今西安市)	西汉
		大安县	五代梁
		长安县	五代唐
		长安区(1949年迁今址)	2002年
		注:1928年析长安县城置西安市,后市、县分置。1944年长安县治迁火兆镇,1949年5月迁大兴善寺,同年7月迁今址。	
	高陵区 (鹿苑街道)	高陵邑	西周
		高陵县(治今区西南)	战国秦
		高陆县(治今区)	三国魏
		高陵县	隋
		高陵区	2014年
	鄠邑区 (甘亭街道)	鄠邑(治今区城北)	秦
		鄠县(隋迁治今址)	西汉
		户县	1964年
		鄠邑区	2016年
	蓝田县 (蓝关街道)	蓝田县(治今县西北)	战国秦
		霸城县	北魏
		蓝田县	北魏
		蓝田郡	北周
		蓝田县(治今址)	北周
	周至县 (二曲街道)	盩厔县(治今终南镇,北周治今址)	西汉
		宜寿县	唐
		盩厔县	唐
		周至县	1964年

续 表

	今地名	沿革变迁	
铜川市	铜川市 （耀州区）	铜官县（治今市东南） 同官县（治今市北） 铜川县（1956年迁今市） 铜川市（地级） 注：1961年降县级市，1966年为省直辖，1979年升地级市。	北魏 北周 1946年 1958年
	耀州区 （永安路街道）	祋栩县（治今区） 泥阳县（治今区南） 北地郡治 华原县（治今区） 永安县 华原县 耀州 耀县 耀州区	西汉 三国魏 三国魏 隋 唐 唐 唐 1913年 2002年
	宜君县 （宜阳街道）	宜君护军（治今铜川市） 宜君县 宜君郡治 宜君县（唐龙朔年迁今址）	前秦 北魏 西魏 隋
宝鸡市	宝鸡市 （金台区）	宝鸡县（治今市） 宝鸡市（县级） 注：1949年设县级市，1960年升地级市，1961年降为县级市。1971年复升地级市，原县级宝鸡市改置渭滨、金台二区。	唐 1949年
	金台区 （中山东路街道）	由原金台区、斗鸡区合设。	1971年
	陈仓区 （虢镇街道）	虢县（治今虢镇） 陈仓县 宝鸡县（治宝鸡市） 陈仓区（1950年迁治今址）	春秋秦 战国秦 唐 2003年

续 表

	今地名	沿 革 变 迁	
宝鸡市	凤翔区 (城关镇)	雍县(治今区西南) 平秦郡治(隋开皇初迁今址) 凤翔县 凤翔府治 天兴县 凤翔县 凤翔府治 凤翔县 凤翔区	战国秦 北魏 唐 唐 唐 金 金 1913 年 2021 年
	岐山县 (凤鸣镇)	三龙县(治今县东北) 岐山县(唐贞观中迁今址)	北周 隋
	扶风县 (城关街道)	沛川县(治今县西) 扶风县(治今址) 扶兴县 扶风县	唐 唐 金初 金
	眉 县 (首善街道)	郿邑 郿县(治今县东) 平阳县 郿城县 周城县 渭滨县 郿县 郿城郡治(唐初迁今址) 郿州 郿县 眉县	西周 秦 北魏 西魏 北周 隋 隋 隋 元初 元 1964 年

续 表

	今地名	沿 革 变 迁	
宝鸡市	陇 县（城关镇）	汧邑	春秋秦
		汧县（治今县东）	春秋秦
		汧阴县	北魏
		杜阳县	西魏
		陇州（治今址）	北周
		陇东郡治	北周
		汧阴县	北周
		汧源县	隋
		陇州治	隋
		陇东郡治	隋
		陇州	唐
		陇县	1913 年
	千阳县（城关镇）	隃糜县（治今县东南）	西汉
		隃糜侯国	东汉
		隃糜县	三国魏
		汧阳县（治今县西北）	北周
		汧阳郡治（明嘉靖中迁今址）	北周
		千阳县	1964 年
	麟游县（九成宫镇）	初治今县西北，唐贞观中迁今县东旧城。1969 年迁今址。	隋
	凤 县（双石铺镇）	梁泉县（治今县东北凤州镇）	北魏
		固道郡治	北魏
		南岐州治	北魏
		凤州	西魏
		归真郡治	西魏
		凤州	隋
		河池郡治	隋
		凤州	唐
		凤县（1951 年迁今址）	明
	太白县（嘴头镇）	太白中心区（治今址）	1952 年
		太白县	1961 年

续 表

	今地名	沿革变迁	
咸阳市	咸阳市 (秦都区)	咸阳县(治今市东北) 新城县 渭城县 咸阳县(明初迁今市) 咸阳市 注:① 战国秦孝公置咸阳县,并为国都。 ② 1952 年设县级市,1958 年咸阳县并入。1983 年升地级市,原县级咸阳市改置秦都区。1986 年析置渭城区。	战国秦 西汉 西汉 唐 1952 年
	秦都区 (人民路街道)	由原县级咸阳市改置,治今区。	1983 年
	杨陵区 (杨陵街道)	杨陵镇(治今区) 杨陵区	清 1982 年
	兴平市 (东城街道)	废丘县(治今市东南) 槐里县 右扶风治 扶风郡治 始平郡治 始平县(治今市) 金城县(治马嵬城) 兴平县(治今市) 兴平市	秦 西汉 东汉 三国魏 西晋 隋 唐 唐 1993 年
	彬州市 (城关街道)	漆县(治今市城西) 新平郡治 白土县 新平县(治今址) 豳州治 邠州治 新平郡治 邠州治 邠县 彬县 彬州市	秦 东汉 北魏 隋 隋 唐 唐 唐 1913 年 1964 年 2018 年

续 表

	今地名	沿革变迁	
咸阳市	三原县（城关街道）	三原县（治今淳化县东，后迁今县西北）	北魏
		池阳县	唐
		华池县	唐
		三原县（元至元中迁今址）	唐
	泾阳县（泾干街道）	泾阳邑	西周
		池阳县（治今县西北）	西汉
		泾阳县（隋开皇初迁今址）	前秦
	乾县（城关街道）	好畤县（治今县城东）	战国秦
		莫西县（治今县西北）	北魏
		好畤县	隋
		上宜县	隋
		好畤县	唐
		奉天县（治今址）	唐
		乾州	唐
		醴州	北宋
		乾州	金
		乾县	1913年
	礼泉县（城关街道）	宁夷县（治今县东北）	北魏
		宁夷郡治	西魏
		秦郡治	西魏
		醴泉县（明洪武初迁今址）	隋
		礼泉县	1964年
	永寿县（监军街道）	广寿县（治今县北）	西魏
		永寿县（治今县城北，1930年迁今址）	北周
	长武县（昭仁街道）	东阴槃县（治今址）	北魏
		宜禄县	西魏
		长武县	明

续　表

	今地名	沿　革　变　迁	
咸阳市	旬邑县 (城关街道)	栒邑县(治今县北)	秦
		邠邑县	西晋
		三水县(治今县西北,明成化中迁治今址)	北魏
		栒邑县	1913 年
		旬邑县	1964 年
	淳化县 (城关街道)	云阳县(治今县西北)	秦
		淳化县(治今址)	北宋
	武功县 (普集街道)	武功县(治今眉县东,东汉迁故斄城,北周迁治今县西北武功镇)	秦
		武亭县	金
		武功县(1961 年迁治今址)	蒙古
渭南市	渭南市 (临渭区)	渭南县(治今市北)	前秦
		南新丰县	北魏
		渭南县(治今市东南,隋开皇中迁今市)	西魏
		渭南市	1983 年
		注:1983 年设县级市。1994 年升地级市,原县级渭南市改置临渭区。	
	临渭区 (杜桥街道)	由原县级渭南市改置,治今区。	1994 年
	华州区 (华州街道)	郑国	西周
		郑县(治今区)	春秋秦
		华山郡治	北魏
		东雍州治	北魏
		华州治	西魏
		郑县	元
		华州	元
		华州直隶州	清
		华州	清
		华县	1913 年
		华州区	2015 年

续 表

	今地名	沿革变迁	
渭南市	韩城市 （新城街道）	夏阳县（治今市南）	战国秦
		韩城县	隋
		韩原县	唐
		韩城县（蒙古至元中迁今市）	五代唐
		韩城市	1983 年
	华阴市 （太华路街道）	宁秦县（治今市东南）	战国秦
		华阴县（隋大业中迁今市）	西汉
		仙掌县	唐
		华阴县	唐
		太阴县	唐
		华阴县	唐
		华阴市	1990 年
	潼关县 （城关街道）	潼津县（治今县西北）	唐
		潼关千户所	明
		潼关卫	明
		潼关县	清
		潼关厅	清
		潼关县（1961 年迁今址）	1913 年
	大荔县 （城关街道）	临晋邑	战国魏
		临晋县（治今县东，东汉建安中迁治今址）	秦
		大荔县	西晋
		临晋县	北魏
		华阴县	北魏
		武乡县	北魏
		冯翊县	隋
		同州	蒙古
		大荔县	清

续 表

	今地名	沿 革 变 迁	
渭南市	合阳县（城关街道）	合阳县(治今县东) 郃阳县(隋开皇中迁今址) 合阳县	战国秦 西汉 1964年
	澄城县（城关街道）	澄城县(治今址) 澄城郡治 澄城县	北魏 北魏 隋
	蒲城县（城关街道）	南白水县(治今址) 蒲城县 奉先县 蒲城县	北魏 西魏 唐 北宋
	白水县（城关街道）	白水县(治今址) 白水郡治 白水县	北魏 北魏 隋
	富平县（城关街道）	初治今县西北怀德城,西魏大统五年(539年)迁今县城南贾家堡,元至正中迁窑家堡,1970年迁今址。	三国魏
延安市	延安市（宝塔区）	高奴县(治今市西北) 肤(膚)施县 延安郡治 延州治 延安府(治今市) 延安路治 延安府治 延安县 延安市 延安县 延安市 注:1937年设延安市(县级),为陕甘宁边区首府。1937—1947年为中共中央所在地。1996年升地级市。	秦 隋 隋 唐 北宋 元 明、清 1936年 1937年 1949年 1972年

续 表

	今地名	沿革变迁	
延安市	宝塔区 (宝塔山街道)	由原县级延安市改置,治今区。	1996年
	安塞区 (真武洞街道)	广洛县(治今区东南) 金明县 安塞县(治今沿河湾镇,1942年迁治今址) 安塞区	北魏 隋 蒙古 2016年
	子长市 (瓦窑堡街道)	安定堡(治今市北) 安定县 子长县(治今址) 子长市 注:为纪念谢子长烈士改今名。	北宋 蒙古 1942年 2019年
	延长县 (七里村街道)	广安县(治今县西) 延安县 延长县(治今址)	西魏 隋 唐
	延川县 (大禹街道)	文安县(治今县西南) 延川县(治今址)	西魏 隋
	志丹县 (保安街道)	保安军(治今址) 保安县 保安州 保安县 赤安县 志丹县 注:为纪念刘志丹烈士改今名。	北宋 金 金 蒙古 1934年 1936年
	吴起县 (吴起街道)	吴旗县(治今址) 吴起县 注:1935年10月19日,中共中央和毛泽东率第一方面红军主力的长征到达本县吴起镇,宣告长征胜利结束。	1942年 2005年

续 表

	今地名	沿 革 变 迁	
延安市	甘泉县 (美水街道)	伏陆县(治今址) 甘泉县	唐 唐
	富 县 (茶坊街道)	洛交县(治今址) 鄜城郡 上郡 鄜州 鄜县 富县	隋 隋 隋 唐 1913 年 1964 年
	洛川县 (凤栖街道)	洛川县(治今县东北) 雒川县 洛川县(清乾隆中迁今址)	后秦 明 明
	宜川县 (丹州街道)	义川县(治今县东北) 义川郡治 丹州治 丹阳县 义川县 丹州治 咸宁郡治 丹州治(今址) 宜川县	西魏 西魏 西魏 北周 隋 隋 唐 唐 北宋
	黄龙县 (石堡镇)	黄龙山垦区筹备处(治今县) 黄龙山垦区办事处 黄龙山垦区管理局 黄龙山设治局 黄龙县	1937 年 1938 年 1939 年 1941 年 1948 年
	黄陵县 (桥山街道)	中部县(治今铜川市宜君县东北) 中部郡治 北华州治 内部县(治今址) 中部县 坊州治 黄陵县	后秦 后秦 西魏 隋 唐 唐 1944 年

续 表

	今地名	沿革变迁	
汉中市	汉中市 （汉台区）	南郑县（治今汉中市） 汉中郡治 光义县 南郑县 梁州治 汉中郡治 梁州治 汉中郡治 梁州治 兴元府治 兴元路治 汉中府治 南郑县 南郑市 汉中市 汉中县 汉中市 注：1949年设县级市。1996年升地级市，原县级汉中市改置汉台区。	战国秦 战国秦 西魏 隋 隋 隋 唐 唐 唐 唐 元 明、清 1913年 1949年 1953年 1964年 1980年
	汉台区 （中山街街道）	由原县级汉中市改置，治今区。	1996年
	南郑区 （汉山街道）	南郑县（治今汉中市） 光义县 南郑县（1961年迁今址） 南郑区	战国秦 西魏 隋 2017年
	城固县 （博望街道）	成固县（治今县东） 乐城县 成固县 城固县 唐固县 城固县（北宋崇宁初迁今址）	秦 三国蜀汉 西晋 南朝宋 唐 唐

续 表

	今地名	沿革变迁	
汉中市	洋县(洋州街道)	兴道县(治今县东)	西晋
		兴势县(治今县东北,隋大业初迁今址)	北魏
		兴道县	唐
		洋州治	唐
		洋川郡治	唐
		洋州治	唐
		洋县	明
	西乡县(城北街道)	南乡县(治今县南)	东汉
		西乡县	西晋
		丰宁县	北魏
		丰宁郡治	北魏
		西乡县	隋
		洋州治	唐
		洋川郡治	唐
		西乡县(元末迁今址)	唐
	勉县(勉阳街道)	沔阳县(治旧州铺)	西汉
		沔州	元
		沔县(1935 年迁今址)	明
		勉县	1964 年
	宁强县(汉源街道)	宁羌卫(治今县)	明
		宁羌州	明
		宁羌县	1913 年
		宁强县	1941 年
	略阳县(兴州街道)	武兴城	三国蜀汉
		武兴县(治今址)	北魏
		东益州治	北魏
		武兴郡治	北魏
		汉曲县	西魏
		顺政县	隋
		略阳县	南宋

续 表

	今地名	沿革变迁	
汉中市	镇巴县 （泾洋街道）	定远厅（治今县） 定远县 镇巴县	清 1913年 1914年
	留坝县 （紫柏街道）	留坝厅（治今县） 留坝县	清 1913年
	佛坪县 （袁家庄街道）	佛坪厅（治今周至县西南） 佛坪县（1925年迁今址）	清 1913年
榆林市	榆林市 （榆阳区）	榆林寨（治今市） 榆林卫 榆林县 榆林府 榆林县 榆林市 榆林县 榆林市 注：1988年设县级市。1999年升地级市，原县级榆林市改榆阳区。	明 明 清 清 1913年 1949年 1950年 1988年
	榆阳区 （青山路街道）	由原县级榆林市改置，治今区。	1999年
	横山区 （城关街道）	怀远堡（治今区） 怀远县 横山县 横山区	明 清 1914年 2015年
	神木市 （滨河新区街道）	石城县（治今址） 银城县 神木县 神木市	北魏 西魏 蒙古 2017年

续 表

	今地名	沿 革 变 迁	
榆林市	府谷县 (府谷镇)	府谷县(治今址) 府州治 府谷县	五代梁 五代梁 蒙古
	靖边县 (张家畔街道)	靖边营(治今县西南) 靖边县(1942 年迁今址)	明 清
	定边县 (定边街道)	定边城 定边营(治今址) 定边县	北宋 明 清
	绥德县 (名州镇)	上县(治今址) 雕阴郡治 绥州治 龙泉县 上郡治 绥州治 绥德城 绥德军 绥德州 绥德县	西魏 隋 唐 唐 唐 唐 北宋 北宋 金 1913 年
	米脂县 (银州街道)	米脂砦 米脂县(治今址) 天保县 米脂县	北宋 金 明 清
	佳　县 (佳州街道)	晋宁军(治今址) 晋宁州 葭州 葭县 佳县	北宋 金 金 明 1964 年
	吴堡县 (宋家川街道)	吴堡砦(治吴堡城) 吴堡县(1936 年迁今址)	北宋 金

续 表

	今地名	沿 革 变 迁	
榆林市	清涧县 （宽洲镇）	清涧城 清涧县（治今址）	北宋 金
	子洲县 （双湖峪街道）	由绥德、子长、横山、米脂、清涧等县析置，治今址。1958年撤销，1961年复置。 注：以李子洲烈士命名。	1944年
安康市	安康市 （汉滨区）	西城县（治今市西北） 汉中郡治 西城郡治 魏兴郡治 南梁州治 东梁州治 金州治 吉安县（治今市） 金川县 西城郡治 西城县 金州治 安康郡治 汉南郡治 金州治 兴安州 安康县 兴安府 安康县 安康市 注：1988年设县级市。2000年升地级市，原县级安康市改汉滨区。	秦 西汉 东汉 三国魏 南朝梁 西魏 西魏 北周 隋 隋 隋 隋 唐 唐 唐 明 清 清 1913年 1988年
	汉滨区 （老城街道）	由原县级安康市改置，治今区。	

续　表

	今地名	沿革变迁	
安康市	旬阳市 (城关镇)	旬阳县(治今市北) 洵阳县 旬阳县 洵阳县(治今址) 洵州治 洵阳郡治 洵州治 洵阳县 旬阳县 旬阳市	西汉 西晋 南朝宋 西魏 西魏 西魏 唐 唐 1964 年 2021 年
	汉阴县 (城关镇)	安阳县(治今石泉县东南) 安康县 汉阴县(南宋绍兴初迁今址) 汉阴厅 汉阴县	三国魏 西晋 唐 清 1913 年
	石泉县 (城关镇)	长乐县(治今西乡县东) 晋昌郡治 永乐县 石泉县(治今县南,北周迁今址) 武安县 石泉县	东晋 东晋 北魏 西魏 唐 唐
	宁陕县 (城关镇)	五郎厅(治今县北老城) 宁陕厅 宁陕县(1936 年迁今址)	清 清 1913 年
	紫阳县 (城关镇)	紫阳堡 紫阳县(治今址)	明 明
	岚皋县 (城关镇)	砖坪厅(治今址) 砖坪县 岚皋县	清 1913 年 1917 年

续 表

	今地名	沿 革 变 迁	
安康市	平利县（城关镇）	上廉县（治今县西北）	西晋
		吉阳县	南朝梁
		吉安县	西魏
		平利县（清嘉庆中迁今址）	唐
	镇坪县（城关镇）	镇坪巡检司（治今县）	明
		镇坪县	1920 年
	白河县（城关镇）	白河堡（治今县西）	明
		白河县（清康熙时迁今址）	明
商洛市	商洛市（商州区）	上雒县（治今市）	西汉
		上雒侯国	东汉
		上洛县	三国魏
		上洛郡治	西晋
		荆州治	北魏
		洛州治	北魏
		商州治	北周
		上洛郡治	隋
		商州治	唐
		上洛郡治	唐
		商州治	唐
		商县	明
		商州	明
		商州直隶州	清
		商县	1913 年
		商州市（县级）	1988 年
		商洛市（地级）	2001 年

续 表

	今地名	沿革变迁	
商洛市	商州区 (城关街道)	上雒邑 上雒县(治今区) 上雒侯国 上洛县 商州 商县 商州 商州直隶州 商县 商州市 商州区	春秋晋 西汉 东汉 三国魏 元 明 明 清 1913年 1988年 2001年
	洛南县 (城关街道)	拒阳县(治今县南) 洛南县(治今址) 雒南县 洛南县	西晋 隋 明 1964年
	丹凤县 (龙驹寨街道)	龙驹寨设治局(治今址) 丹凤县	1947年 1949年
	商南县 (城关街道)	南商县(治今县西) 苌和郡 慎政郡 商南县(1949年迁今址)	北魏 北魏 北魏 明
	山阳县 (城关街道)	丰阳县(治今址) 丰阳镇 山阳县	西晋 金 明
	镇安县 (永乐街道)	初治今柞水县南,天顺中迁今址。	明
	柞水县 (乾佑街道)	孝义厅(治今县北,清嘉庆时迁今址) 孝义县 柞水县	清 1913年 1914年

甘 肃 省

	今地名	沿 革 变 迁	
甘肃省	甘肃省（兰州市）	简称甘或陇。	
		秦和西戎	春秋
		陇西、北地二郡	秦
		武威、张掖、天水等郡	西汉
		陇西、武都、张掖等郡	东汉
		金城、天水、武威等郡	隋
		陇右道	唐
		陕西路和秦凤路	宋
		陕西行中书省	元
		陕西布政使司	明
		陕西右布政使司	清
		巩昌布政使司	清
		甘肃布政使司	清
		甘肃省（省会兰州）	清
兰州市	兰州市（城关区）	金城县（治今市西北西固城）	西汉
		金城郡治	前凉
		子城县	西魏
		兰州治	隋
		金城县	隋
		金城郡治	隋
		五泉县	隋末
		金城郡治	隋末
		兰州治	唐
		金城县	唐
		五泉县	唐
		金城郡治	唐
		兰州治	唐
		兰泉县（治今兰州市）	北宋
		兰州	金
		兰县	明
		兰州	明
		兰州府（甘肃省会）	清
		皋兰县	清
		兰州市（省辖）	1941 年
		注：1941 年析皋兰县城置兰州市，为甘肃省会。1949 年为地级市。	

续 表

	今地名	沿 革 变 迁	
兰州市	城关区(张掖路街道)	城关区(兰州市第一、二区合并)	1955 年
		东风区	1968 年
		城关区	1973 年
	永登县(城关镇)	永登县(治今县南)	前凉
		广武县	后凉
		邑次县	隋
		广武县	隋
		邑次县	隋
		允吾县	隋
		会宁县	隋
		广武县	唐
		金城县	唐
		庄浪县(治今址)	元
		庄浪卫	明
		庄浪千户所	明
		庄浪卫	明
		庄浪千户所	清
		平番县	清
		永登县	1928 年
	皋兰县(石洞镇)	初治兰州市,1955 年迁今址。	清
	榆中县(城关镇)	榆中县(治今县北上古城)	西汉
		金州(蒙古至元中迁今址)	金
		金县	明
		金城县	1912 年
		榆中县	1919 年
嘉峪关市	嘉峪关市(雄关街道)	嘉峪关市筹备委员会	1958 年
		嘉峪关市(县级)	1965 年
		嘉峪关市(地级)	1971 年

续　表

	今地名	沿革变迁	
金昌市	金昌市 （金川区）	原为永昌县金川镇。1981年设金昌市（地级），治今金川区。	1981年
	金川区 （广州路街道）	金川镇 金川区	1962年 1984年
	永昌县 （城关镇）	番和县（治今址） 番禾县 番和县 番禾县 天宝县 永昌路 永昌卫 永昌县	西汉 西晋 隋 唐 唐 元 明 清
白银市	白银市 （白银区）	白银市筹备委员会 白银市（地级）	1956年 1958年
	白银区 （人民路街道）	郊区（兰州市辖区） 白银区（兰州市辖区） 白银区（白银市辖区）	1961年 1963年 1985年
	靖远县 （乌兰镇）	会宁县（治今址） 凉川县 会宁县 西会州 敷川县 保川县 靖虏卫 靖远卫 靖远县	西魏 隋 唐 唐 北宋 金 明 清 清
	会宁县 （会师镇）	会州（治今县） 会宁州 会宁县	元 元 明

续 表

	今地名	沿革变迁	
白银市	景泰县 (一条山镇)	红水县(治今县西北) 景泰县(治今芦阳镇,1978年迁今址)	1913年 1933年
天水市	天水市 (秦州区)	邽县(治今市) 上邽县 天水郡治 上封县 上邽县 秦州治 成纪县 秦州治 天水县 天水市 注:1950年设县级市。1985年天水县撤销并入;同年升地级市,原县级天水市改置秦城(今秦州)、北道(今麦积)二区。	春秋秦 秦 西晋 北魏 隋 唐 北宋 北宋 1913年 1950年
	秦州区 (大城街道)	秦城区(由原县级天水市析置) 秦州区	1985年 2004年
	麦积区 (道北街道)	北道区(由原县级天水市析置) 麦积区	1985年 2004年
	清水县 (永清镇)	清水县(治今县西北) 清水郡 清水县(北宋迁今址)	西汉 北魏 隋
	秦安县 (兴国镇)	治今址。	金
	甘谷县 (大像山镇)	当亭县(治今县西南) 冀城县(隋大业初迁今址) 伏羌县 伏州 伏羌寨 伏羌城 伏羌县 甘谷县	北魏 北周 唐 唐 北宋 北宋 元 1928年

续 表

	今地名	沿革变迁	
天水市	武山县 （城关镇）	宁远寨 宁远县（治今址） 武山县	北宋 北宋 1914 年
	张家川回族自治县 （张家川镇）	张家川回族自治区（治今址） 张家川回族自治县	1953 年 1955 年
武威市	武威市 （凉州区）	姑臧县（治今市） 武威郡治 凉州治 林中县 姑臧县 凉州治 西凉府治 西凉州 凉州卫 凉州府治 武威县 武威市 注：① 十六国时，为前凉、后凉、南凉、北凉国都。 ② 1985 年设县级市。2001 年升地级市，原县级武威市改置凉州区。	西汉 西汉 三国魏 北魏 西魏 唐 北宋 元 明 清 清 1985 年
	凉州区 （东大街街道）	由原县级武威市改置，治今区。	2001 年
	民勤县 （三雷镇）	镇番卫（治今址） 镇番县 民勤县	明 清 1928 年
	古浪县 （古浪镇）	古浪城 古浪卫（治今址） 古浪千户所 古浪县	元 明 明 清

续 表

	今地名	沿革变迁	
武威市	天祝藏族自治县（华藏寺镇）	天祝区	1949 年
		天祝自治区（治南冲寺，1951 年迁安远驿）	1950 年
		天祝藏族自治区	1953 年
		天祝藏族自治县（1984 年迁今址）	1955 年
张掖市	张掖市（甘州区）	觻得县（治今市西北）	西汉
		张掖郡治	西汉
		永平县	西晋
		酒泉县	隋
		张掖县（治今市）	隋
		甘州治	隋
		张掖郡治	隋
		宣化府治	西夏
		甘肃路治	元
		甘州路治	元
		甘肃卫	明
		甘州卫	明
		甘州府	清
		张掖县	清
		张掖市	1958 年
		张掖县	1961 年
		张掖市	1985 年
		注：1958 年设县级市。2002 年升地级市，原县级张掖市改置甘州区。	
	甘州区（南街街道）	由原县级张掖市改置，治今区。	2002 年
	民乐县（洪水镇）	氐池县（治今址）	西汉
		东乐县	1913 年
		民乐县	1933 年
	临泽县（沙河镇）	昭武县（治今县东北）	西汉
		临泽县	西晋
		抚彝厅	清
		抚彝县	1913 年
		临泽县（1952 年迁今址）	1928 年

续 表

	今地名	沿革变迁	
张掖市	高台县 （城关镇）	表是县（治今县西） 表氏县 高台千户所（治今址） 高台县	西汉 东汉 明 清
	山丹县 （清泉镇）	删丹县（治今址） 山丹县 删丹县 山丹县 山丹州 山丹卫 山丹县	西汉 北魏 隋 蒙古 元 明 清
	肃南裕固族自治县 （红湾寺镇）	肃南裕固族自治区（治今址） 肃南裕固族自治县	1954年 1955年
平凉市	平凉市 （崆峒区）	平凉城 平凉郡治 平凉县（治今市） 原州治 渭州治 平凉府治 平凉县 平凉市 平凉县 平凉市 注：1950年设县级市。2002年升地级市，原县级平凉市改置崆峒区。	前秦 前秦 北周 唐 唐 金至清 1913年 1950年 1964年 1983年
	崆峒区 （西郊街道）	由原县级平凉市改置，治今区。	2002年

续 表

	今地名	沿革变迁	
平凉市	华亭市(东华镇)	华亭县(治今址)	隋
		亭川县	唐
		华亭县	唐
		义州	五代周
		仪州	北宋
		华亭县	北宋
		华亭市	2018年
	泾川县(城关镇)	安定县(治今县北)	西汉
		安定郡治	西晋
		泾州	北魏
		保定县	唐
		泾川县	金
		泾州(治今址)	明
		泾县	1913年
		泾川县	1914年
	灵台县(中台镇)	鹑孤县(治今县东北)	西汉
		鹑觚县	东汉
		灵台县(治今址)	隋
	崇信县(锦屏镇)	崇信军(治今县西)	唐
		崇信县(治今址)	北宋
	庄浪县(水洛镇)	庄浪路(治今县西北)	元
		庄浪州	元
		庄浪县	明
		隆德县	清
		庄浪县(治今址)	1913年
	静宁县(城关镇)	陇干县(治今址)	北宋
		德顺军	北宋
		德顺州	金
		静宁州	元
		静宁县	1913年

续 表

	今地名	沿革变迁	
酒泉市	酒泉市（肃州区）	禄福县(治今市)	西汉
		酒泉郡治	西汉
		福禄县	西晋
		酒泉军	北魏
		酒泉郡治	北魏
		肃州治	隋
		酒泉县	隋
		酒泉郡治	唐
		肃州治	唐
		肃州路治	蒙古
		肃州卫	明
		肃州	清
		酒泉县	1913 年
		酒泉市	1958 年
		酒泉县	1964 年
		酒泉市	1985 年
		注：1985 年设县级市。2002 年升地级市，原县级酒泉市改置肃州区。	
	肃州区（西北街道）	由原县级酒泉市改置，治今区。	2002 年
	玉门市（玉门镇）	玉门县(治今市西北)	西汉
		玉门郡	北魏
		会稽县	北周
		玉门县	隋
		玉门军	唐
		玉门镇	唐
		玉门县	唐
		赤金卫(治今赤金镇)	明
		靖逆厅(治今址)	清
		玉门县	清
		玉门矿区	1953 年
		玉门市(县级)	1955 年
		注：1958 年玉门县撤销并入，升地级市，1961 年复为县级市。	

续 表

	今地名	沿革变迁	
酒泉市	敦煌市 (沙州镇)	敦煌县(治今市西)	西汉
		敦煌郡治	西汉
		鸣沙县	北周
		敦煌县	隋
		沙州	唐
		沙州路	元
		沙州卫	明
		敦煌县(治今市)	清
		敦煌市	1987年
	金塔县 (金塔镇)	治今址。	1913年
	瓜州县 (渊泉镇)	瓜州(治今县东南)	唐
		安西厅	清
		安西府	清
		安西州(治今址)	清
		安西县	1913年
		瓜州县	2006年
	肃北蒙古族自治县 (党城湾镇)	肃北设治局(治今县东北)	1938年
		肃北自治区	1950年
		肃北蒙族自治区(治今址)	1953年
		肃北蒙族自治县	1955年
		肃北蒙古族自治县	1956年
	阿克塞哈萨克族自治县 (红柳湾镇)	阿克塞哈族自治区(治博罗转井)	1954年
		阿克塞哈族自治县	1955年
		阿克塞哈萨克族自治县(1995年迁今址)	1956年
庆阳市	庆阳市 (西峰区)	由庆阳地区和西峰市改设市(地级),治西峰区。	2002年

续 表

	今地名	沿革变迁	
庆阳市	西峰区 (南街街道)	西峰市(治西峰镇,今西峰区) 西峰区	1949年 2002年
	庆城县 (庆城镇)	合水县(治今址) 庆州治 弘化郡治 合川县 庆州治 弘化县 安化县 安化郡治 顺化县 顺化郡治 安化县 庆阳府治 安化县 庆阳县 庆城县	隋 隋 隋 唐 唐 唐 唐 唐 唐 唐 唐 北宋 明 1914年 2002年
	环　县 (环城镇)	方渠县(治今县东南) 方渠镇(治今址) 通远县 威州 环州 通远军 环州 环县	西汉 唐 五代晋 五代晋 五代周 五代周 北宋 明
	华池县 (柔远镇)	华池县(治今县东南) 林州治 华池镇 华池县(1951年迁今址)	西魏 唐 北宋 1934年

续表

	今地名	沿革变迁	
庆阳市	合水县（西华池镇）	乐蟠县(治今址)	隋
		蟠交县	唐
		合水县	唐
		乐蟠县	五代周
		合水县	北宋
	正宁县（山河镇）	阳周县(治今县西)	北魏
		显州治	西魏
		罗川县	隋
		真宁县	唐
		正宁县(1929年迁今址)	清
	宁　县（新宁镇）	定安县(治今址)	北魏
		豳州治	北魏
		赵兴郡治	北魏
		宁州治	西魏
		赵兴郡治	西魏
		北地郡治	隋
		宁州治	唐、宋
		安定县	金
		宁州	蒙古
		宁县	1913年
	镇原县（城关镇）	湫谷县(治今址)	隋
		临泾县	隋
		原州	唐
		镇原州	蒙古
		镇原县	明

续表

	今地名	沿革变迁	
定西市	定西市（安定区）	定西城 定西县(治今市西南) 定西州 安定州 安定县(治今址) 定西县 定西市	北宋 金 金 元 明 1914年 2003年
	安定区（永定路街道）	由定西县改置，治今区。	2003年
	通渭县（平襄镇）	平襄县(治今县西北) 通渭寨 通渭县(治今址)	西汉 北宋 金
	陇西县（巩昌镇）	襄武县(治今县东南) 陇西郡治 古渭寨(治今址) 陇西县 巩州治 巩昌路治 巩昌府治 陇西县	西汉 三国魏 北宋 北宋 北宋 元 明 1913年
	渭源县（清源镇）	首阳县(治今县东北) 渭源县 渭源郡治 渭源堡(治今址) 渭源县	西汉 西魏 西魏 北宋 元

续 表

	今地名	沿革变迁	
定西市	临洮县 (洮阳镇)	狄道县(治今址) 陇西郡治 狄道郡治 临州治 狄道县 熙州治 临洮府治 狄道州 狄道县 临洮县	秦 秦 西晋 唐 北宋 北宋 金 清 1913 年 1928 年
	漳　县 (武阳镇)	鄣县(治今县西南) 彰县 广宁郡治 广安府治 障县 鄣县 武阳县 鄣县 漳县(治今址)	东汉 北魏 北魏 西魏 隋 唐初 唐 唐 明
	岷　县 (岷阳镇)	临洮县(治今址) 溢乐县 岷州 临洮县 溢乐县 岷州 岷州千户所 岷州卫 岷州 岷县	秦 西魏 西魏 隋 唐 北宋 明 明 清 1913 年
陇南市	陇南市 (武都区)	由陇南地区和武都县改设市(地级),治武都区。	2004 年

续 表

	今地名	沿革变迁	
陇南市	武都区（钟楼街道）	石门县（治今区东南）	北魏
		武都郡治	北魏
		安育县	西魏
		将利县	北周
		武州治	唐
		阶州治	唐
		福津县	唐
		阶州（明迁今址）	蒙古
		武都县	1913 年
		武都区	2004 年
	成县（城关镇）	白石县（治今址）	北魏
		广业郡	北魏
		同谷县	西魏
		康州治	北周
		西康州治	唐
		成州	唐
		成县	明
		徽成县	1958 年
		成县	1961 年
	文县（城关镇）	曲水县（治今县西南）	西魏
		阴平郡治	西魏
		文州	北周
		阴平郡	唐
		文州（治今县）	唐
		文县	明
		阶州	明
		文县千户所	明
		文县	明
	宕昌县（城关镇）	怀道县（治今址）	北周
		甘松郡治	北周
		宕州治	唐
		宕昌砦	北宋
		西固县	1913 年
		宕昌县	1954 年

续　表

	今地名	沿　革　变　迁	
陇南市	康　县 (城关镇)	永康县(治今县东北)	1928年
		康县(1962年迁今址)	1929年
	西和县 (汉源镇)	长道县(治今县北长道镇)	西魏
		长道郡治	西魏
		西和州	蒙古
		西和县(治今址)	明
		西礼县	1958年
		西和县	1961年
	礼　县 (城关镇)	兰仓县(治今址)	北魏
		汉阳县	西魏
		礼店文州军民府(治今县东)	元
		礼店千户所	
		礼县(治今址)	明
		西礼县	明
		礼县	1958年
			1961年
	徽　县 (城关镇)	河池县(治今县西北)	西汉
		广化县	北魏
		河池县(北宋开宝中迁今址)	隋
		南凤州	南宋
		徽州	蒙古
		徽县	清
		徽成县	1958年
		徽县	1961年
	两当县 (城关镇)	初治今县东北,北宋至道初迁今址。	北魏

续 表

	今地名	沿革变迁	
临夏回族自治州	临夏回族自治州（临夏市）	治今址。	1956年
	临夏市（城南街道）	治今址。	1950年
	临夏县（韩集镇）	枹罕县（治今临夏市） 河州治 枹罕镇 枹罕县 河州治 枹罕郡治 河州治 河州路 河州卫 河州府 河州卫 河州 导河县 临夏县（1950年迁今址）	秦 前凉 北魏 北魏 北魏 北周 北宋 元 明 明 明 明 1913年 1928年
	康乐县（附城镇）	康乐寨（治今县） 康乐县 康乐设治局 康乐县	北宋 金 1933年 1940年
	永靖县（刘家峡镇）	初治莲花城，1962年迁治小川，1979年迁今址。	1929年
	广河县（城关镇）	定羌城（治今县） 定羌县 宁定县 广通回族自治区 广通回族自治县 广通县 广河县	北宋 元 1919年 1953年 1955年 1956年 1957年

续 表

	今地名	沿革变迁	
临夏回族自治州	和政县(城关镇)	宁河寨 宁河县(治今址) 和政县	北宋 北宋 1929年
	东乡族自治县(锁南镇)	东乡自治区(治今址) 东乡族自治区 东乡族自治县	1950年 1953年 1955年
	积石山保安族东乡族撒拉族自治县(吹麻滩镇)	由临夏县析置,治今址。	1981年
甘南藏族自治州	甘南藏族自治州(合作市)	甘南藏族自治区(治今夏河县拉卜楞) 甘南藏族自治州(1996年迁今址)	1953年 1955年
	合作市(坚木克尔街道)	合作镇(治今市) 合作市	1956年 1996年
	临潭县(城关镇)	汎潭县(治今址) 临潭县 洮州 洮州千户所 洮州卫 洮州厅 临潭县	北周 隋 唐、宋 明 明 清 1913年
	卓尼县(柳林镇)	卓尼土司(治今址) 卓尼设治局 卓尼自治区 卓尼县	清 1939年 1950年 1955年

续 表

	今地名	沿 革 变 迁	
甘南藏族自治州	舟曲县 （城关镇）	羌道县（治今县西北） 西固城千户所 西固县 舟曲行政委员会 宕昌县（治今址） 舟曲县 龙叠县 舟曲县	西汉 明 1913年 1954年 1954年 1955年 1959年 1961年
	迭部县 （电尕镇）	治今址。	1961年
	玛曲县 （尼玛镇）	玛曲行政委员会 玛曲县（治今址） 洮江县 玛曲县	1954年 1955年 1958年 1961年
	碌曲县 （玛艾镇）	碌曲行政委员会 碌曲县（治西仓） 洮江县（治桥头） 碌曲县（1964年迁今址）	1954年 1955年 1958年 1961年
	夏河县 （拉卜楞镇）	拉卜楞设治局（治今址） 夏河县 德乌鲁市 夏河县	1926年 1928年 1958年 1961年

青 海 省

<table>
<tr><th></th><th>今地名</th><th colspan="2">沿 革 变 迁</th></tr>
<tr><td>青海省</td><td>青海省
(西宁市)</td><td>简称青,古为西戎地。
西海郡
西平郡
西平、金城、陇西三郡
西海、西平等郡
吐蕃
贵德州和吐蕃、朵甘思等处宣慰使司
西番
西宁府和青海蒙古额鲁特部、玉树等土司
青海省(省会西宁)</td><td>
西汉
东汉
西晋
隋
唐
元
明
清
1928 年</td></tr>
<tr><td rowspan="4">西宁市</td><td>西宁市
(城中区)</td><td colspan="2">西都县(治今市) 东汉
西平郡 东汉
鄯城县 唐
鄯州 北宋
西宁州 北宋
西宁卫 明
西宁府治 清
西宁县(青海省会) 清
西宁市 1945 年
注:1945 年设县级市,1949 年为省直辖行政单位,1956 年升地级市。</td></tr>
<tr><td>城中区
(饮马街街道)</td><td>治今址(后撤销,1963 年复设)。</td><td>1956 年</td></tr>
<tr><td>湟中区
(鲁沙尔镇)</td><td>西宁县(治今西宁市)
西宁府治(1945 年迁今址)
湟中县
湟中区</td><td>清
清
1946 年
2019 年</td></tr>
<tr><td>湟源县
(城关镇)</td><td>丹噶尔厅(治今县)
湟源县</td><td>清
1913 年</td></tr>
</table>

续 表

	今地名	沿革变迁	
西宁市	大通回族土族自治县（桥头镇）	大通卫（治今县西北） 大通县（治今城关镇，1957年迁今址） 大通回族土族自治县	清 清 1986年（1985年批准）
海东市	海东市（乐都区）	海东地区（治今平安区平安镇） 海东市（地级，治今址）	1978年 2013年
	乐都区（碾伯街道）	破羌县（治今区东） 乐都郡治 西都县（治今址） 鄯州治 乐都郡治 湟水县 鄯州治 西平郡治 鄯州治 湟州 乐州 碾伯卫 碾伯千户所 碾伯县 乐都县 乐都区	西汉 后凉 北魏 北魏 北周 隋 隋 隋 唐 北宋 北宋 明 明 清 1928年 2013年
	平安区（平安街道）	平安县（治今址） 平安区	1978年 2015年
	民和回族土族自治县（川口镇）	民和县（治上川口，1933年治今址） 民和回族土族自治县	1930年 1986年（1985年批准）

续 表

	今地名	沿 革 变 迁	
海东市	互助土族自治县(威远镇)	互助县(治今址)	1931 年
		互助土族自治区	1954 年(1953 年批准)
		互助土族自治县	1955 年
	化隆回族自治县(巴燕镇)	石城县(治今县西南)	北魏
		化隆县	西魏
		化成县	唐
		广威县	唐
		摆羊戎厅	清
		巴燕戎格厅(治今县)	清
		巴戎县	1913 年
		巴燕县	1928 年
		化隆县	1931 年
		化隆回族自治区	1954 年(1953 年批准)
		化隆回族自治县	1955 年
	循化撒拉族自治县(积石镇)	循化厅(治今县)	清
		循化县	1913 年
		循化撒拉族自治区	1954 年(1953 年批准)
		循化撒拉族自治县	1955 年
海北藏族自治州	海北藏族自治州(海晏县)	海北藏族自治区(治门源回族自治县)	1953 年
		海北藏族自治州(1995 年迁今址)	1955 年
	海晏县(三角城镇)	西海郡(治今县)	西汉
		海东设治局	1940 年
		海晏设治局	1940 年
		海晏县	1943 年
		海晏藏族自治区	1952 年
		海晏县	1953 年

续 表

	今地名	沿革变迁	
海北藏族自治州	祁连县 (八宝镇)	祁连设治局(治今县) 祁连行政委员会 祁连自治区 祁连县	1939年 1951年 1952年 1953年
	刚察县 (沙柳河镇)	由海晏县析置,治今址。	1953年
	门源回族自治县 (浩门镇)	亹源县(治今址) 亹源回族自治区 亹源回族自治县 门源回族自治县	1931年 1953年 1955年 1959年
黄南藏族自治州	黄南藏族自治州 (同仁市)	黄南藏族自治区(治今址) 黄南藏族自治州	1953年 1955年
	同仁市 (隆务镇)	同仁县(治今址) 同仁藏族自治区 同仁县 同仁市	1931年 1952年 1953年 2020年
	尖扎县 (马克唐镇)	尖扎藏族自治区(治康杨镇) 尖扎县(治今址)	1952年 1953年
	泽库县 (泽曲镇)	治贸乃亥,即今泽曲镇。	1953年
	河南蒙古族自治县 (优干宁镇)	河南蒙旗区 河南区 河南蒙族自治区(治今址) 河南蒙族自治县 河南蒙古族自治县	清 1952年 1954年(1953年批准) 1955年 1964年

续 表

	今地名	沿革变迁	
海南藏族自治州	海南藏族自治州(共和县)	海南藏族自治区(治今址) 海南藏族自治州	1953年 1955年
	共和县(恰卜恰镇)	共和县(治曲沟大庄) 共和藏族自治区 共和县(治今址)	1931年 1952年 1953年
	同德县(尕巴松多镇)	同德县(治拉加寺) 同德藏族自治区 同德县(治今址)	1935年 1950年(1951年批准) 1953年
	贵德县(河阴镇)	贵德州(治今县) 归德千户所 贵德厅 贵德县	元 明 清 1913年
	兴海县(子科滩镇)	兴海设治局(治今县西大河坝) 兴海县 兴海藏族自治区 兴海县(1958年迁今址)	1939年 1943年 1952年 1953年
	贵南县(茫曲镇)	初治鲁仓,1958年迁拉曲,1959年迁今址。	1953年
果洛藏族自治州	果洛藏族自治州(玛沁县)	果洛藏族自治区(治吉迈) 果洛藏族自治州(1960年迁今址)	1954年(1953年批准) 1955年
	玛沁县(大武镇)	由甘德、同德、兴海三县析置,治今址。	1957年

续 表

	今地名	沿革变迁	
果洛藏族自治州	班玛县（赛来塘镇）	治今址。	1955年
	甘德县（柯曲镇）	初治甘德，1962年迁今址。	1954年
	达日县（吉迈镇）	初治达日，1960年迁今址。	1955年
	久治县（智青松多镇）	治今址。	1955年
	玛多县（玛查理镇）	由甘德、达日二县析置，治今址。	1957年
玉树藏族自治州	玉树藏族自治州（玉树市）	玉树藏族自治区（治今址） 玉树藏族自治州	1951年 1955年
	玉树市（西杭街道）	玉树县（治今市） 玉树市	1931年 2013年
	杂多县（萨呼腾镇）	扎朵县（治于玉日本，今日历滩） 杂多县（1983年迁今址）	1953年 1954年
	称多县（称文镇）	初治周均，2004年迁今址。	1938年
	治多县（加吉博洛镇）	优秀设治局 优秀县（治今址） 直多县 治多县	1939年 1953年 1953年 1954年

续 表

	今地名	沿革变迁	
玉树藏族自治州	囊谦县(香达镇)	由玉树县析置,治今址。	1933年
	曲麻莱县(约改镇)	星川设治局(治哈姜) 曲麻莱设治局 曲麻莱县(治色吾沟,1977年治野马滩,1980年迁今址)	1941年 1950年 1953年
海西蒙古族藏族自治州	海西蒙古族藏族自治州(德令哈市)	海西蒙藏哈萨克族自治区(治都兰县察汗乌苏) 海西蒙藏哈萨克族自治州 海西蒙古族藏族哈萨克族自治州(治今址) 海西蒙古族藏族自治州	1954年(1953年批准) 1955年 1963年 1985年
	德令哈市(河西街道)	德令哈工作委员会(治今市) 德令哈县 德令哈城关区 德令哈镇 德令哈市	1955年 1958年 1973年 1983年 1988年
	格尔木市(昆仑路街道)	噶尔穆工作委员会(治今市) 格尔木市 格尔木县 格尔木市	1955年 1960年 1965年 1980年
	茫崖市(花土沟镇)	治今址。	2018年
	乌兰县(希里沟镇)	茶卡工作委员会(治今县) 乌兰县	1958年 1959年

续 表

	今地名	沿革变迁	
海西蒙古族藏族自治州	都兰县（察汗乌苏镇）	都兰理事	1917年
		都兰县（治都兰寺，1932年迁乌兰县希里沟镇，1951年迁向日德）	1931年
		都兰自治区	1952年
		都兰蒙族自治区	1954年（1953年批准）
		都兰县（1959年迁今址）	1955年
	天峻县（新源镇）	天峻藏族自治区（治今址）	1954年（1953年批准）
		天峻县	1955年

宁夏回族自治区

	今地名	沿革变迁	
宁夏回族自治区	宁夏回族自治区（银川市）	简称宁。	
		北地郡	秦、汉
		夏国	东晋
		平凉、灵武二郡	隋
		关内道	唐
		西夏国	北宋
		宁夏府路	元
		宁夏府（治银川）	明
		宁夏卫	明
		宁夏府	清
		宁夏省（省会银川）	1928 年
		宁夏回族自治区（首府银川市）	1958 年
		注：宁夏省 1954 年并入内蒙古自治区和甘肃省。1958 年以甘肃省银川专区和固原、吴忠二回族自治州等为基础建立宁夏回族自治区，治今银川市。	
银川市	银川市（金凤区）	怀远县（治今银川市东南，唐迁今址）	北周
		怀远郡治	北周
		怀远镇	北宋
		兴州	北宋
		兴庆府	西夏
		中兴府	西夏
		宁夏府路治	元
		宁夏府治	明
		宁夏卫	明
		宁夏县	清
		宁夏府	清
		宁夏县	1913 年
		贺兰县	1942 年
		银川市（省辖）	1945 年
		注：1945 年由贺兰县城析置银川市（省辖），治今市区（兴庆区），为宁夏省会。1958 年为宁夏回族自治区首府。2012 年迁治金凤区。	

续 表

	今地名	沿革变迁	
银川市	金凤区（长城中路街道）	由新城区、郊区部分地域析设。	2002年
银川市	灵武市（东塔镇）	灵州县（治今市北） 回乐县（治今市西南） 普乐郡治 灵武郡治 灵州治 灵州千户所（治今市） 灵州 灵武县 灵武市	西汉 北周 北周 隋 唐、元 明 清 1913年 1996年
银川市	永宁县（团结西路街道）	由贺兰、宁朔二县析置，治今址。	1942年
银川市	贺兰县（习岗镇）	宁夏卫（治今银川市） 宁夏县 宁夏府 宁夏县 贺兰县（治今址）	明 清 清 1913年 1942年
石嘴山市	石嘴山市（大武口区）	由惠农县改置（县级），治石嘴山镇。1975年升设地级市，迁治大武口（今址）。	1960年
石嘴山市	大武口区（人民路街道）	大武口镇 大武口区 石嘴山市第一区 大武口区	1960年 1973年 1975年 1981年
石嘴山市	惠农区（北街街道）	惠农县（治今平罗县宝丰镇，1960年撤销，1987年复设，治今址） 惠农区	1942年 2003年

续　表

	今地名	沿革变迁	
石嘴山市	平罗县 (城关镇)	平虏千户所(治今址) 平罗所 平罗县	明 清 清
吴忠市	吴忠市 (利通区)	吴忠堡(治今市) 吴忠镇 吴忠市(县级) 吴忠县 吴忠市(县级) 注：1998 年升地级市,原县级吴忠市改置利通区。	明 1929 年 1950 年 1963 年 1983 年
	利通区 (胜利镇)	由原县级吴忠市改置,治今区。	1998 年
	青铜峡市 (裕民街道)	青铜峡市(治青铜峡街道) 青铜峡县 青铜峡市	1960 年 1963 年 1984 年
	盐池县 (盐州路街道)	花马池营 花马池千户所 宁夏后卫 灵州花马池分州 盐池县(治今址)	明 明 明 清 1913 年
	同心县 (豫海镇)	平远县(治下马关) 镇戎县 豫旺县 同心县(治今址)	清 1914 年 1928 年 1938 年

续 表

	今地名	沿革变迁	
固原市	固原市（原州区）	高平县（治今市）	西汉
		安定郡治	西汉
		高平镇	北魏
		高平县	北魏
		高平郡治	北魏
		原州治	北魏
		平高县	西魏
		原州治	隋
		平凉郡治	隋
		原州治	唐
		平凉郡治	唐
		原州治	唐
		镇戎军治	北宋
		镇戎州治	金
		原州	元
		开成府	元
		开成州	元
		固原巡检司	明
		固原千户所	明
		固原卫	明
		固原州	明
		固原直隶州	清
		固原县	1913 年
		固原市（地级）	2001 年
	原州区（南关街道）	由固原县改置，治今区。	2001 年
	西吉县（吉强镇）	由海原、固原、隆德等县析置，治今址。	1941 年
	隆德县（城关镇）	隆德寨	北宋
		隆德县（治今县东南，元迁今址）	金

续　表

	今地名	沿　革　变　迁	
固原市	泾源县(香水镇)	安化县(治今址) 化平县 化平州 化平县 泾源县 泾源回族自治区 泾源回族自治县 泾源县	北宋 金 清 1913 年 1951 年 1953 年 1955 年 1958 年
	彭阳县(白阳镇)	彭阳城 彭阳堡 彭阳县(治今址)	北宋 金 1983 年
中卫市	中卫市(沙坡头区)	宁夏中卫(治今市) 中卫县 中卫市(地级)	明 清 2003 年
	沙坡头区(滨河镇)	由中卫县改置,治今区。	2003 年
	中宁县(宁安镇)	由中卫县析置,治今址。	1933 年
	海原县(三河镇)	海喇都堡 海喇都营 盐茶厅(治今址) 海城县 海原县	元 明 清 清 1914 年

新疆维吾尔自治区

	今地名	沿革变迁	
新疆维吾尔自治区	新疆维吾尔自治区（乌鲁木齐市）	简称新，古称西域。	
		西域都护府	西汉
		宜禾都尉、西域都护府、西域长史府	东汉
		高昌郡、西域都护府	东晋
		鄯善、伊吾等郡	隋
		北庭都护府和安西都护府	唐
		别失八里、阿力麻里等行省	元
		伊犁将军府	清
		新疆省（省会迪化）	清
		新疆维吾尔自治区（首府乌鲁木齐市）	1955 年
乌鲁木齐市	乌鲁木齐市（天山区）	迪化市（省辖，新疆省会）	1945 年
		乌鲁木齐市	1953 年
		注：1955 年为新疆维吾尔自治区首府。	
	天山区（幸福路街道）	由原天山区、多斯鲁克区合并设立。	1960 年
	米东区（古牧地镇）	由米泉市和乌鲁木齐市东山区合并设置，治今址。	2007 年
	乌鲁木齐县（板房沟镇）	乌鲁木齐厅（治今乌鲁木齐市）	清
		迪化直隶州	清
		迪化府	清
		迪化县	清
		乌鲁木齐县	1953 年

续　表

	今地名	沿　革　变　迁	
克拉玛依市	克拉玛依市(克拉玛依区)	治今址,1984年降县级市,1990年复为地级市。	1958年
	克拉玛依区(昆仑路街道)	治今址,1982年设,1984年撤销,1990年复设。	1982年
吐鲁番市	吐鲁番市(高昌区)	吐鲁番地区 吐鲁番市	1975年 2015年
	高昌区(老城路街道)	吐鲁番厅(治今区) 吐鲁番直隶厅 吐鲁番县 吐鲁番市 高昌区	清 清 1913年 1984年 2015年
	鄯善县(鄯善镇)	蒲昌县(治今址) 鄯善县	唐 清
	托克逊县(托克逊镇)	托克逊设治局(治今县) 托克逊县	1929年 1944年
哈密市	哈密市(伊州区)	哈密专区(治今市) 哈密地区 哈密市	1949年 1970年 2016年
	伊州区(东河街道)	哈密卫(治今区) 哈密城 哈密厅 哈密直隶厅 哈密县 哈密市 哈密县 哈密市 伊州区 注:1983年哈密县撤销并入,哈密地区行署驻此。	明 清 清 清 1913年 1961年 1962年 1977年 2016年

续 表

	今地名	沿革变迁	
哈密市	巴里坤哈萨克自治县（巴里坤镇）	蒲类国	西汉
		安西厅（治今县）	清
		镇西府	清
		镇西直隶厅	清
		镇西县	1913年
		巴里坤县	1953年
		巴里坤哈萨克自治区	1954年
		巴里坤哈萨克自治县	1955年
	伊吾县（伊吾镇）	伊吾设治局（治今县）	1937年
		伊吾县	1944年
阿克苏地区	阿克苏地区（阿克苏市）	阿克苏专区（治今阿克苏市）	1949年
		阿克苏地区	1970年
	阿克苏市（英巴扎街道）	温宿直隶州（治今市）	清
		温宿府	清
		阿克苏县	1913年
		阿克苏市	1983年
		注：阿克苏地区行署驻此。	
	库车市（新城街道）	龟兹国	西汉
		龟兹都督府（治今市东）	唐
		库车厅（治今市）	清
		库车直隶州	清
		库车县	1913年
		库车市	2019年
	温宿县（温宿镇）	姑墨国	西汉
		姑墨州（治今县东）	唐
		温宿县（治今址）	清
	沙雅县（沙雅镇）	治今址。	清

续 表

	今地名	沿革变迁	
阿克苏地区	新和县 (新和镇)	托克苏县(治今址) 新和县	1930 年 1941 年
	拜城县 (拜城镇)	治今址。	清
	乌什县 (乌什镇)	温宿国 乌什直隶厅(治今县) 乌什县	西汉 清 1913 年
	阿瓦提县 (阿瓦提镇)	由阿克苏县析置,治今址。	1930 年
	柯坪县 (柯坪镇)	柯坪分防县丞 柯坪县(治今址)	清 1930 年
喀什地区	喀什地区 (喀什市)	喀什专区(治今喀什市) 喀什地区	1949 年 1970 年
	喀什市 (恰萨街道)	治今址。 注:喀什地区行署驻此。	1952 年
	疏附县 (托克扎克镇)	治今址。 注:清光绪八年(1882 年)置县,治今喀什市。1955 年迁今址。	清
	疏勒县 (疏勒镇)	疏勒国 疏勒直隶州(治今县) 疏勒府 疏勒县	西汉 清 清 1913 年
	英吉沙县 (英吉沙镇)	英吉沙尔直隶厅(治今县) 英吉沙县	清 1913 年

续 表

	今地名	沿革变迁	
喀什地区	泽普县 (泽普镇)	泽普县(治今址) 皮山县 泽普县	清 清 1922 年
	莎车县 (叶尔羌街道)	莎车国 莎车直隶州(治今县) 莎车府 莎车县	西汉 清 清 1913 年
	叶城县 (喀格勒克镇)	治今址。	清
	麦盖提县 (麦盖提镇)	治今址。	1922 年
	岳普湖县 (岳普湖镇)	岳普湖设治局(治今县) 岳普湖县	1940 年 1943 年
	伽师县 (巴仁镇)	治今址。	清
	巴楚县 (巴楚镇)	巴尔楚克城 玛喇巴什直隶厅(治玛喇巴什城) 巴楚州(治今县) 巴楚县	唐 清 清 1913 年
	塔什库尔干塔吉克自治县 (塔什库尔干镇)	葱岭守捉 蒲犁厅(治今县) 蒲犁县 塔什库尔干塔吉克自治县	唐 清 1913 年 1954 年

续 表

	今地名	沿革变迁	
和田地区	和田地区 (和田市)	和阗专区(治今和田市) 和田地区	1949年 1970年
	和田市 (努尔巴格街道)	由和田县析置,治今址。 注:和田地区行署驻此。	1983年
	和田县 (百和镇)	于阗国 和阗直隶州(治今和田市) 和阗县 和田县	西汉 清 1913年 1959年
	墨玉县 (喀拉喀什镇)	由和阗县(今和田县)析置,治今址。	1919年
	皮山县 (固玛镇)	皮山国 皮山县(治今址)	西汉 清
	洛浦县 (洛浦镇)	治今址。	清
	策勒县 (策勒镇)	由于阗县析置,治今址。	1929年
	于田县 (木尕拉镇)	扜弥国 于阗县(治今址) 玉田县 于田县	西汉 清 1959年 1959年
	民丰县 (尼雅镇)	民丰设治局(治今县) 民丰县	1945年 1947年
	和安县 (红柳镇)	治今址。	2024年
	和康县 (赛拉图镇)	治今址。	2024年

续 表

	今地名	沿 革 变 迁	
昌吉回族自治州	昌吉回族自治州（昌吉市）	昌吉回族自治区（治今昌吉市） 昌吉回族自治州	1954 年 1955 年
	昌吉市（延安北路街道）	昌吉厅（治今市） 昌吉县 昌吉市 注：昌吉回族自治州首府驻此。	清 清 1983 年
	阜康市（博峰街道）	阜康堡 阜康县（治今市） 阜康市	清 清 1992 年
	呼图壁县（呼图壁镇）	景化城 呼图壁县（治今址） 景化县 呼图壁县	清 1918 年 1947 年 1953 年
	玛纳斯县（玛纳斯镇）	绥来堡 绥来县（治今址） 玛纳斯县	清 清 1953 年
	奇台县（奇台镇）	奇台堡 奇台县（治今址）	清 清
	吉木萨尔县（吉木萨尔镇）	金满县（治今县北） 庭州 北庭都护府 后庭县 别失八里元帅府 孚远县（治今址） 吉木萨尔县	唐 唐 唐 唐 元 清 1953 年
	木垒哈萨克自治县（木垒镇）	木垒河县（治今址） 木垒哈萨克自治区 木垒哈萨克自治县	1930 年 1954 年 1955 年

续 表

	今地名	沿革变迁	
博尔塔拉蒙古自治州	博尔塔拉蒙古自治州(博乐市)	博尔塔拉蒙古自治区(治今博乐市) 博尔塔拉蒙古自治州	1954 年 1955 年
	博乐市(青得里街道)	博乐县(治今市) 博乐市	1920 年 1985 年
	阿拉山口市(阿拉套街道)	治今址。	2012 年
	精河县(精河镇)	精河直隶厅(治今县) 精河县	清 1913 年
	温泉县(博格达尔镇)	温泉设治局(治今县) 温泉县	1938 年 1942 年
巴音郭楞蒙古自治州	巴音郭楞蒙古自治州(库尔勒市)	巴音郭楞蒙古自治区(治焉耆回族自治县) 巴音郭楞蒙古自治州(1960 年迁库尔勒市)	1954 年 1955 年
	库尔勒市(萨依巴格街道)	库尔勒设治局(治今市) 库尔勒县 库尔勒市 注:巴音郭楞蒙古自治州首府驻此。	1929 年 1944 年 1979 年
	轮台县(轮台镇)	轮台国 轮台县(治今址)	西汉 清
	尉犁县(尉犁镇)	新平县(治今县东北) 尉犁县(治今址)	清 1914 年

续 表

	今地名	沿革变迁	
巴音郭楞蒙古自治州	若羌县（若羌镇）	鄯善国 婼羌县（治今址） 若羌县	西汉 清 1959年
巴音郭楞蒙古自治州	且末县（且末镇）	且末国 且末县（治今址）	西汉 1914年
巴音郭楞蒙古自治州	和静县（和静镇）	和靖设治局（治今县） 和靖县 和静县	1938年 1944年 1965年
巴音郭楞蒙古自治州	和硕县（特吾里克镇）	和硕特部 和硕特设治局（治今县东） 和硕县（1950年迁今址）	清 1938年 1944年
巴音郭楞蒙古自治州	博湖县（博湖镇）	由和硕县析置，治今址。	1970年
巴音郭楞蒙古自治州	焉耆回族自治县（焉耆镇）	焉耆府（治今县） 焉耆县 焉耆回族自治区 焉耆回族自治县	清 1913年 1954年 1955年
克孜勒苏柯尔克孜自治州	克孜勒苏柯尔克孜自治州（阿图什市）	克孜勒苏柯尔克孜自治区（治今阿图什市） 克孜勒苏柯尔克孜自治州	1954年 1955年
克孜勒苏柯尔克孜自治州	阿图什市（光明街道）	阿图什设治局（治今市） 阿图什县 阿图什市 注：克孜勒苏柯尔克孜自治州首府驻此。	1938年 1943年 1986年

续　表

	今地名	沿革变迁	
克孜勒苏柯尔克孜自治州	阿克陶县(阿克陶镇)	由英吉沙、乌恰、疏附等县析置,治今址。	1955 年
	阿合奇县(阿合奇镇)	阿合奇设治局(治今县) 阿合奇县	1938 年 1944 年
	乌恰县(乌恰镇)	乌鲁克恰提设治局(治今县) 乌恰县	1929 年 1944 年
伊犁哈萨克自治州	伊犁哈萨克自治州(伊宁市)	伊犁哈萨克自治州(治今址)	1954 年
	伊宁市(艾兰木巴格街道)	由伊宁县析置,治今址。 注:1954—1975 年和 1979 年至今伊犁哈萨克自治州首府驻此。	1952 年
	奎屯市(团结路街道)	由克拉玛依市析置,治今址。	1975 年
	霍尔果斯市(亚欧东路街道)	治今址。	2014 年
	伊宁县(吉里于孜镇)	宁远县(治今伊宁市) 伊宁县(1955 年迁今址)	清 1913 年
	霍城县(水定镇)	霍尔果斯县(治今县西北霍城) 霍城县(1966 年迁今址)	1914 年 1947 年
	巩留县(巩留镇)	由伊宁县析置,治今址。	1932 年

续 表

	今地名	沿革变迁	
伊犁哈萨克自治州	新源县（新源镇）	新源设治局（治今县） 巩乃斯县 新源县	1939年 1945年 1946年
	昭苏县（昭苏镇）	昭苏设治局（治今县） 昭苏县	1938年 1942年
	特克斯县（特克斯镇）	特克斯设治局（治今县） 特克斯县	1937年 1944年
	尼勒克县（尼勒克镇）	尼勒克设治局（治今县） 巩哈县 倪利克县 尼勒克县	1938年 1939年 1953年 1954年
	察布查尔锡伯自治县（察布查尔镇）	河南设治局（治今县） 河南县 宁西县 察布查尔锡伯自治区 察布查尔锡伯自治县	1938年 1939年 1944年 1954年 1955年
塔城地区	塔城地区（塔城市）	塔城行政区（治今塔城市） 塔城专区 塔城地区	1933年 1945年 1970年
	塔城市（和平街道）	塔尔巴哈台厅（治今市） 塔城县 塔城市 注：塔城地区行署驻此。	清 1913年 1984年
	乌苏市（虹桥街道）	库尔喀喇乌苏直隶厅（治今市） 乌苏县 乌苏市	清 1913年 1996年

续 表

	今地名	沿革变迁
塔城地区	沙湾市 (桃园街道)	沙湾县 1915年 沙湾市 2021年
	额敏县 (额敏镇)	治今址。 1918年
	托里县 (托里镇)	托里中心区(治今县) 1951年 托里县 1953年
	裕民县 (哈拉布拉镇)	裕民设治局(治今县城西) 1940年 裕民县 1944年
	和布克赛尔蒙古自治县 (和布克赛尔镇)	和什托盖设治局(治和什托落盖) 1929年 和丰县(治今址) 1944年 和布克赛尔蒙古自治区 1954年 和布克赛尔蒙古自治县 1955年
阿勒泰地区	阿勒泰地区 (阿勒泰市)	阿山专区(治今址) 1949年 阿勒泰专区 1954年 阿勒泰地区 1970年
	阿勒泰市 (金山路街道)	承化县(治今阿勒泰市) 1921年 阿尔泰县 1953年 阿勒泰县 1954年 阿勒泰市 1984年 注：阿勒泰地区行署驻此。
	布尔津县 (布尔津镇)	布尔津河设治局(治今县) 1914年 布尔津县 1919年
	富蕴县 (库额尔齐斯镇)	可可托海设治局(治可可托海) 1937年 富蕴县(治今址) 1944年

续 表

	今地名	沿革变迁	
阿勒泰地区	福海县（福海镇）	布伦托海设治局(治今县) 布伦托海县 福海县	1914年 1922年 1944年
	哈巴河县（阿克齐镇）	治今址。	1930年
	青河县（青河镇）	青格里河设治局(治今县) 青河县	1937年 1944年
	吉木乃县（托普铁热克镇）	初治老吉木乃,1983年迁今址。	1930年
新疆维吾尔自治区	石河子市（红山街道）	治今址。 注：原为沙湾县石河子镇,1961年由新疆生产建设兵团管理。1976年析设石河子市(县级),属石河子地区。1978年直属自治区领导,1984年升设地级市,1986年复为自治区直辖行政单位。	1976年
	阿拉尔市（金银川路街道）	治今址。 注：1956年为新疆生产建设兵团农一师胜利六场,1958年改为农一师胜利八场,是农一师阿拉尔垦区管理局驻地。2002年设市。	2002年
	图木舒克市（锦绣街道）	巴楚县三区 图木舒克公社 农三师图木舒克垦区 图木舒克市	1950年 1958年 1969年 2002年
	五家渠市（人民路街道）	治今址。 注：1954年为新疆生产建设兵团农六师师部所在地,2002年设市。	2002年

续　表

	今地名	沿革变迁
新疆维吾尔自治区	北屯市（龙疆街道）	治今址。　2011 年
	铁门关市（迎宾街道）	治今址。　2012 年
	双河市（明珠街道）	治今址。　2014 年
	可克达拉市（幸福路）	治今址。　2015 年
	昆玉市（玉都街道）	治今址。　2016 年
	胡杨河市（胡杨街道）	治今址。　2019 年
	新星市（黄田农场）	治今址。　2021 年
	白杨市（光明路）	治今址。　2023 年

香港特别行政区

	今地名	沿革变迁
香港特别行政区	香港特别行政区	简称港、香港。包括香港岛、九龙、新界及离岛。因地产沉香并在此出口而得名。别称香江、香海。原属广东省新安县(今深圳市),自古就是中国领土。1840 年英国发动侵华的鸦片战争。1841 年 1 月,英军强占香港岛。1842 年 8 月英国强迫清政府签订《南京条约》,永久割占香港岛。1860 年 10 月英国又强迫清政府缔结《北京条约》,永久割占九龙半岛界限街以南地区。1898 年英国逼迫清政府签订《展拓香港界址专条》,强行租借界限街以北、深圳河以南的九龙半岛北部大片土地及附近 200 多个岛屿(后统称"新界"),租期九十九年,1997 年 6 月 30 日期满。中国人民一直反对上述三个不平等条约。1982 年至 1984 年,中国政府同英国政府进行了多轮谈判,于 1984 年 12 月 19 日签署了《中英关于香港问题的联合声明》。声明规定,中国政府于 1997 年 7 月 1 日对香港恢复行使主权,英国政府于同日将香港交还给中国。中国政府根据"一国两制"方针,宣布了对香港的基本政策,五十年不变。实行"港人治港"。1990 年 4 月《中华人民共和国香港特别行政区基本法》公布。1997 年 7 月 1 日,中国政府依法对香港恢复行使主权,香港特别行政区成立。
	九　龙	指香港九龙半岛界限街以南地区,包括旺角、油麻地、土瓜湾、红磡、尖沙嘴和昂船洲等地。广义的九龙指九龙半岛。现为香港特别行政区组成部分。原属广东省新安县(今深圳市),1860 年为英国侵占,1997 年 7 月 1 日与香港其他地区一起回归中国。
	新　界	在香港九龙半岛北部。香港特别行政区组成部分。其地原属广东省新安县(今深圳市),1898 年英国强行租借九龙半岛深圳河以南、界限街以北地区及附近岛屿,后统称为"新界"。1997 年 7 月 1 日与香港其他地区一起回归中国。

澳门特别行政区

	今地名	沿革变迁
澳门特别行政区	澳门特别行政区	简称澳、澳门。古称蠔镜、濠镜、濠镜澳，别称濠江、镜湖等。包括澳门半岛、氹仔岛和路环岛。自古就是中国领土。原属广东省香山县(今中山市)。1553 年葡萄牙人借口曝晒水浸货物，进入澳门。1557 年通过贿赂守澳中国官员，得以在澳门半岛定居。至 17 世纪初，已侵略至澳门半岛中部，但为中国政府所遏止。自 16 世纪中叶至 19 世纪 40 年代，明、清政府总体上仍对澳门行使主权。鸦片战争后，葡萄牙不断扩大其侵占地盘。1851 年和 1864 年又先后侵占了氹仔岛和路环岛。为恢复对澳门行使主权，中国政府与葡萄牙政府进行了多轮谈判，于 1987 年 4 月 13 日签署了《中葡关于澳门问题的联合声明》。两国政府声明：澳门地区是中国领土。中国政府根据“一国两制”的方针，宣布了对澳门的基本政策，五十年不变。实行“澳人治澳”。1993 年第八届全国人民代表大会第一次会议通过《中华人民共和国澳门特别行政区基本法》。1999 年 12 月 20 日，中国政府依法对澳门恢复主权，澳门特别行政区成立。

台　湾　省

省	今地名	沿革变迁
台湾省	台湾省 （台北市）	简称台。台湾是中国的一个省，自古就为中国领土。据考古发掘，台湾古人类渊源于祖国大陆。 岛夷　战国 东鲲和夷洲　两汉、三国 流求　隋、唐 流球　元 瑠球　元 台湾　明 台湾府（属福建省）　清 台湾行省　清 台湾省（省会台北市）　1945 年 注：清光绪二十一年（1895 年）台湾被日本占领，1945 年抗日战争胜利后收复。复置台湾省，省会台北市。
	台北市 （信义区）	台北府　清 台北市　1920 年 注：初名大加蚋，后称艋舺、莽甲。清光绪元年（1875 年）为台北府治。光绪二十年起为台湾省会。1920 年设市，1945 年升为省辖市。
	新北市 （板桥区）	淡水县（治今台北市）　清 台北县　清 台北厅　清 台北县（1947 年迁板桥镇，今区）　1945 年 新北市（省辖）　2010 年
	基隆市 （中正区）	鸡笼厅（治今市）　清 基隆厅　清 基隆市　1924 年 注：1945 年抗日战争胜利后升为省辖市。

续 表

	今地名	沿 革 变 迁
台湾省	高雄市 (苓雅区)	旧名打狗,又作打鼓。 高雄州 1920年 高雄市 1924年 注：① 1945年抗日战争胜利后升为省辖市。 ② 2010年高雄县撤销并入。 附：高雄县—清康熙二十三年(1684年)置凤山县,治兴隆庄,乾隆五十三年(1788年)迁治今址。光绪二十六年(1900年)改设凤山厅,后改阿缑厅。1920年改置高雄州。1945年抗日战争胜利后改高雄县。2010年撤销并入高雄市。
	台南市 (安平区)	旧称赤嵌。 承天府 清 台湾府 清 台南府 清 台南市 1920年 注：① 清顺治十八年(1661年)郑成功收复台湾后于赤嵌城设承天府,治今市,号东都。康熙二十二年(1683年)废。 ② 1945年抗日战争胜利升为省辖市。 ③ 2010年台南县撤销并入。 附：台南县—清康熙二十三年(1684年)置台湾县,治今台南市。光绪十三年(1887年)改安平县,二十一年改台南县,二十七年改台南厅。1920年废厅设台南州。1945年抗日战争胜利后复改台南县。2010年撤销并入台南市。
	台中市 (西屯区)	台湾府 清 台中市 1920年 注：① 旧称大墩。清光绪十三年(1887年)为台湾府和台湾县治,并为台湾省会(光绪二十年迁治台北市)。 ② 1945年抗日战争胜利后升为省辖市。 ③ 2010年台中县撤销并入。 附：台中县—清光绪十三年(1887年)置台湾县,治今台中市。二十二年改台中县。1950年迁治今址。2010年撤销并入台中市。
	新竹市 (北 区)	由新竹县析置,治今址。 1982年 注：1982年由新竹县辖市升为省辖市。

续 表

	今地名	沿革变迁	
台湾省	新竹县 (竹北市)	淡水厅(治今址) 新竹县	清 清
	嘉义市 (东 区)	诸罗城 诸罗县(治今址) 嘉义县 嘉义市 嘉义县 嘉义市	清 清 清 1945年 1950年 1982年
		注:1945年为省辖市,1950年降县级市,1982年复为省辖市。	
	嘉义县 (太保市)	诸罗县(治今台南县西南) 嘉义县(治今嘉义市) 嘉义市 嘉义县	清 清 1945年 1950年
	桃园市 (桃园区)	原名桃仔园。 桃园县(治今址) 桃园市(省辖)	 1950年 2014年
	屏东县 (屏东市)	屏东市(治今址) 屏东县	1945年 1950年
		注:① 旧称阿猴社,清光绪十年(1884年)筑阿猴城,1920年改屏东。 ② 1945年抗日战争胜利后升为省辖市。1950年改屏东县,降为县辖市。	
	台东县 (台东市)	卑南厅(治今县) 台东州 台东县	清 清 1945年
	花莲县 (花莲市)	花莲港厅(治今县) 花莲县	清 1945年

续　表

	今地名	沿　革　变　迁	
台湾省	宜兰县 (宜兰市)	噶玛兰厅(治今县) 宜兰县	清 清
	苗栗县 (苗栗市)	治今址。	清
	彰化县 (彰化市)	旧称半线社。 彰化县(治今址) 彰化市 彰化县	 清 1945 年 1950 年
	南投县 (南投市)	旧称南投社。 南投厅(治今址) 南投县	 清 1950 年
	云林县 (斗六市)	初治云林坪,1950 年迁今址。	清
	澎湖县 (马公市)	澎湖安抚司(治今县东) 澎湖厅(治今址) 澎湖县	清 清 1945 年

地名笔画索引

说　明

（1）本索引词目为对照表中所有今地名。

（2）今地名相同，只列一个词目，后列不同页码。

（3）所有词目，按照词目首字笔画数及起笔笔形一丨丿丶乛顺序排列。首字相同者，先按照词目字数由少到多排序；字数相同者，再按照第二字笔画数及笔形顺序排列，余类推。

二　画

〔一〕

〔丿〕

〔乛〕

三　画

〔一〕

四 画

〔一〕

〔丨〕

五 画

〔一〕

〔丨〕

〔乛〕

六　画

〔一〕

七　画

〔一〕

〔丨〕

〔丿〕

〔丶〕

八　画

〔一〕

〔丶〕

〔乛〕

十 画

〔一〕

〔乛〕

十一画

〔一〕

〔丨〕

〔丿〕

十二画

〔一〕

〔丨〕

十四画

〔一〕

十五画

〔一〕

〔丨〕

〔丿〕

〔丶〕

十六画

〔一〕

十七画

〔一〕

〔丿〕

〔丶〕

〔乛〕

十八画

〔一〕

〔丨〕

〔丶〕

〔乛〕

十九画

〔一〕

〔丶〕

廿　画

〔一〕

〔丨〕

〔丶〕

廿一画

〔一〕

〔丶〕

〔乛〕

廿二画

〔一〕

〔丿〕

廿三画

〔丶〕

廿四画

〔丿〕

图书在版编目（CIP）数据

中国地名沿革对照表 / 薛国屏编著. -- 2版.
上海 ：上海辞书出版社，2025. -- ISBN 978-7-5326-6388-0

Ⅰ. K92

中国国家版本馆 CIP 数据核字第 2025QX7821 号

中国地名沿革对照表（第二版）

薛国屏　编著

责任编辑　赵　航　陈宇奇
装帧设计　姜　明
责任印制　王亭亭

出版发行　上海世纪出版集团
上海辞书出版社®（www.cishu.com.cn）
地　　址　上海市闵行区号景路 159 弄 B 座（邮政编码：201101）
印　　刷　苏州市越洋印刷有限公司
开　　本　890 毫米×1240 毫米　1/32
印　　张　18.625
字　　数　856 000
版　　次　2025 年 6 月第 1 版　2025 年 6 月第 1 次印刷
书　　号　ISBN 978-7-5326-6388-0/K·1289
定　　价　98.00 元